반나절 만에 한 권으로 끝내는

주식투자와
주택세금 가이드

회계와 세금을 알아야만 진정한 부자가 될 수 있다

최일환 · 이종준 공저

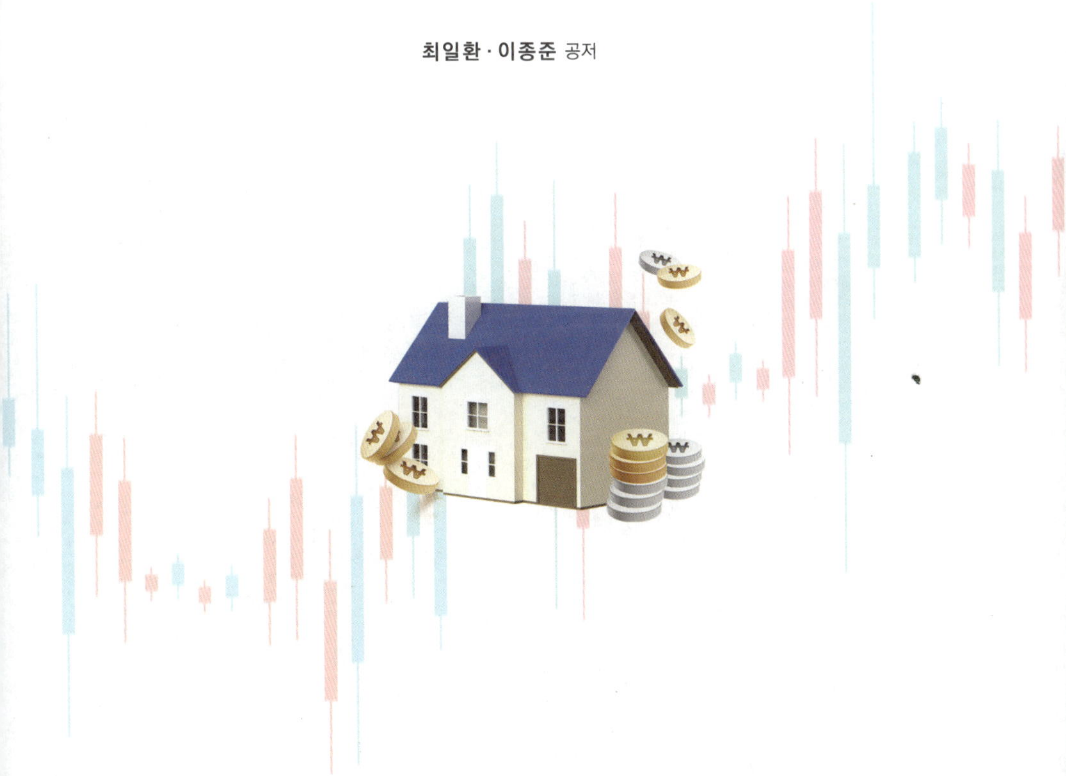

도서출판 심유

머리말

제주 국세공무원교육원에 교수로 온 지 벌써 만 2년이 지나 벌써 육지로 갈 날이 얼마 남지 않은 듯하다. 제주 생활은 누구나 생각하는 것처럼 육지와는 다르게 큰 스트레스 없이 잘 지내온 듯하다. 하지만 가족과 떨어져 있는 것이 무척이나 아쉬운 대목이다.

제주에서 머무르는 동안 국세청 직원이나 세무전문가들을 위한 세무전문 서적을 몇 권 써보았지만 일반인들을 대상으로 책을 쓴 적이 없어 계획만 세웠던 작업은 1년 만에 마무리를 앞두고 있다.

이 책을 쓴 이유는 요새 주식투자 붐이 일어나고 있는데, 아직도 많은 사람들이 그냥 자신만의 감으로 주식거래를 하고, 재무자료 등에 대해서는 전혀 관심을 갖지 않기 때문이다. 주식투자를 통해 돈을 버는 것도 중요하지만 지키는 것도 그에 못지않게 중요한데, 그러기 위해서는 손익계산서와 재무상태표를 볼 수 있는 회계에 대한 기본적인 지식이 필요하다. 또한 주식초보자를 위하여 주식시장에서 거래되는 다양한 종류의 투자상품 및 관련 규정에 대하여 전반적으로 설명하였다.

이 책이 여러분들에게 많은 도움이 되기를 바라며, 검수하는데 많은 도움을 주신 마동운님, 강용석님, 이유미님에게 감사의 말씀을 드립니다. 마지막으로 인천에서 홀로 지내는 와이프와 대구에서 고생하는 아들에게 이 책을 바친다.

2021. 5.
저자 최 일 환

| 머리말 |

제주 국세공무원교육원으로 발령난지 얼마되지 않아, 일반인을 상대로 '주식투자와 주택세금'이라는 주제로 책을 내보자는 제안을 받았을 때 선뜻 부담이 많았다. 지금까지 세법 강의는 종종 해봤지만 책을 낸다는 건 솔직히 부담스럽기도 하고 쉬운 작업은 아닐거라 생각했다.

그러나, 국세공무원교육원에서 양도소득세 교수로 재직하면서, 일반인에게는 어렵고 복잡하게 느껴지기만 하는 주택세금을 좀 더 쉽고 친근감 있게 소개하는 것 또한 나름 의미있고 보람된 일이라고 생각되어 글머리를 들었다.

더불어 저를 처음 저자의 길로 안내 해 주신 '주식투자과 주택세금 가이드' 공동저자이신 최일환 교수님께 깊은 감사와 존경을 보낸다.

요즘, 주택관련 세제가 주택가격 상승과 맞물려 잦은 세법개정으로 매우 복잡해지고, 어려워져 세무 전문가도 못 따라간다는 기사를 접하기도 한다. 또한 다양한 케이스의 거래현실을 모두 세법에 담을 수 없어 과세관청 유권해석에 의손하는 것도 사실이다.

일선 세무관서에 있으면서, 가끔씩 납세자가 기본적 세법을 알지 못하고 주위에 주워 들은 말만 듣고 1세대 1주택 비과세를 받지 못하거나 중과세율을 적용받을 때 안타까웠다.

이 책은 주택의 취득, 보유, 양도 뿐만 아니라 재개발·재건축, 금융규제까지 주택세금에 내한 기본적이지만 꼭 알아야 할 내용을 쉽게 절세형식으로 서술하였다. 본인이 기본적인 세금에 대한 상식은 알고 있어야 세무전문가와 상담을 하더라도 이해도 쉽고 절세전략도 꼼꼼하게 체크할 수 있다.

 이런 측면에서 이 책이 억울하게 세금을 많이 내는 일이 없도록 조금이라도 도움이 되길 바랄뿐이다.

 아울러, 검수하는데 많은 도움을 주신 위용 교수님, 이삼문 과장님, 박순영 변호사님, 김은순님 그리고 세무동반자인 임재주, 김옥재, 최지영 조사관님께 깊은 감사드립니다.

 마지막으로, 가장으로 많이 부족하지만 언제나 나를 믿고 지지해 주는 아내와 사랑스런 나의 딸 이지우에게 이책을 바친다.

2021. 5.
저자 이 종 준

CONTENTS

제 1 편 | 주식 투자

제 1 장 주식시장 및 상품

01 국내기업의 주식시장은 일반적으로 코스피시장과 코스닥시장으로 구분된다 20

02 주식거래 시간 및 방법 24

03 관리종목은 상장폐지가 될 수 있는 기업들을 모아놓은 곳이므로
    거래시 주의해야 한다 28

04 코스피시장과 코스닥시장의 상장폐지 요건이 다르다 32

05 코넥스시장은 초기 중소벤처기업을 위한 시장으로
    유망한 기업의 주식을 저가에 선점하는데 유용하다 39

06 해외주식을 국내 증권회사를 통하여 국내주식처럼 거래할 수 있지만,
    주식 양도소득세가 과세된다 42

07 우리나라 주가지수는 다우산업지수, 나스닥지수, 상해종합지수
    등에 영향을 받는다 47

08 코스피200은 주요기업 200개 종목의 시가총액을 지수화 한 것이다 51

09 ETF는 주가지수와 주식의 장점을 모아 만든 상품으로
    펀드 등 간접투자가 싫은 투자자들에게 안성맞춤이다 53

10 ETN은 상장지수채권으로 ETF와 유사하지만 만기가 있는 점이 다르다 59

11 선물은 미래의 일정시점을 예측하여 거래하는 파생상품의 일종이다. 61

12 ELW는 선물옵션의 일종이며 적은 돈으로 큰 수익을 볼 수 있으나
    원금을 모두 잃을 수도 있다 63

13 신주인수권부사채는 콜 ELW와 유사하게 큰 수익이 날 수도 있지만
    원금을 모두 잃을 수도 있다 67

제 2 장   회계와 재무제표

14 회계는 기업의 경영활동에 관한 정보를 이해관계인에게 제공하는 것이 목적이다   74

15 분개란 기업의 경영활동을 복식부기 원리에 따라 거래를 기록하는 것으로
    이를 기초로 하여 재무제표가 작성된다   77

16 재무제표를 적정하게 작성하기 위해서는 회계기간 말에 자산과
    비용 등을 조정하는 결산정리분개가 필요하다   81

17 재무제표는 재무상태표, 손익계산서, 자본변동표, 현금흐름표로 구성되어 있다   87

18 재무상태표는 "자산 = 부채 + 자본"으로 이루어져 있다   89

19 자산은 기업이 직접 통제하여 수익을 발생시키기 위해
    사용가능한 재산 등을 말한다   91

20 부채는 매입채무, 차입금 등과 같이 기업이 외부인에게
    지급해야할 의무가 있는 기업의 채권자지분을 말한다   95

21 자본은 기업의 주식을 보유한 주주들의 지분을 말하며
    자본금, 자본잉여금, 이익잉여금 등으로 구성되어 있다   99

22 기업의 사업활동으로 발생한 거래(분개)는 재무상태표와
    손익계산서 모두에게 영향을 주거나 어느 하나에 영향을 준다   102

23 포괄손익계산서는 매출액부터 당기순이익까지의 과정을 보여주는
    손익계산서에 기타포괄손익을 포함한다   105

24 기업의 사업형태에 따라 매출 유형을 제품 또는
    상품으로 인식해야 할지 결정된다   109

25 제조업, 도매업과 서비스, 금융업종의 손익계산서 구조가 서로 다르다   111

26 현금흐름표는 회계기간동안의 기업의 현금유입과
    유출에 대한 정보를 제공해 준다   114

27 현금흐름표로 흑자도산 및 분식회계 여부를 알 수 있다   118

28 자본변동표로 기업의 자본유보현황, 배당성향과 배당가능이익을 알 수 있다   120

CONTENTS

제 3 장 증자 및 감자

29. 증자란 주식을 추가 발행하는 행위로 액면가 이상으로 발행하면
    자본잉여금이 발생한다 … 124

30. 증자로 발생한 자본잉여금은 자본잠식비율을 개선하는데 사용할 수 있다 … 127

31. 유상증자하는 주식을 기존 주주들의 주식보유비율을 기준으로 하여
    주식을 배정하는 것을 '주주배정 유상증자'라고 한다 … 129

32. 유상증자 주식을 제3자에게 배정하는 '제3자배정 유상증자'는
    상황에 따라 호재 또는 악재가 될 수도 있다 … 134

33. 주주배정 유상증자 발행가액은 일반적으로 20% ~ 30% 정도
    할인하여 발행하는데, 새로운 주주의 보호를 위해 권리락이 발생한다 … 137

34. 감자란 발행된 주식수를 줄이는 행위로서 주식대가를 주고
    소각하는 것을 유상감자라 한다 … 139

35. 주식대가를 주지 않고 주식을 소각하는 무상감자는 자본잠식이 있는
    상태에서 시행하면 자본잠식률을 감소시킨다 … 141

36. 감자로 인한 거래중지 후 거래재개 할 때 재개일의
    시초가는 거래중지 전일 주가를 기준으로 ±25%가 된다 … 144

제 4 장 재무제표 및 지표 분석

37. 개별기업의 재무 및 기타 정보를 분석하기 위하여 금융감독원
    전자공시시스템을 사용할 수 있어야 한다 … 148

38. 영업이익이 발생하더라도 당기순이익은 손실이 발생하는 경우,
    그 기업의 자금현황을 꼼꼼히 확인해야 한다 … 150

39. 연결재무제표는 모회사와 자회사 등의 재무자료를 통합하여 만든
    재무제표를 말한다 … 154

40	배당에는 현금배당과 주식배당이 있으며, 주식배당시에는 유상증자 권리락처럼 전일 종가대비 가액이 하락한다	159
41	안정적인 배당수익률을 추구한다면 기업의 주당배당금, 시가배당률, 배당성향에 대한 개념을 알아야만 한다	163
42	증권 관련 뉴스에서 다루는 시가배당률만 보고 투자해서는 안 된다	166
43	우선주는 보통주와 달리 주주총회에서 경영에 대한 의사를 결정할 권리가 없지만 배당금을 더 많이 받을 수는 있다	172
44	우량기업을 구별하기 위해서는 EPS(원), PER(%), BPS(원), PBR(배) 개념을 알아야 한다	174
45	영업이익률, 순이익률, ROE로 기업의 이익수준을 파악할 수 있다	178
46	부채비율, 당좌비율로 기업의 사업자금이 충분한지 여부를 파악할 수 있다	180
47	워렌버핏의 5가지 투자원칙을 알아보자	183
48	가치 투자를 중시하는 워렌 버핏이 매입할 주식을 선택할 때 고려하는 사항을 명심하자	186

제 5 장   차트 분석방법

49	캔들(봉) 및 차트 기본 개념	192
50	지지선은 하락하다 반등이 예상되는 가격대, 저항선은 상승하다 하락이 예상되는 가격대를 말한다	197
51	저점에서 망치형·역망치형은 상승 추세로, 고점에서 교수형·유성형은 하락 추세로 전환될 것으로 예측한다	200

CONTENTS

제 2 편 | 주택세금

제1장 주택 등 취득

01 취득세는 취득일로부터 60일 이내에 지방자치단체에 신고·납부해야한다
    (취득세 과세표준·세율) 206

02 2020.08.20.이후 개인 다주택자 및 법인 주택취득에 대하여 취득세를
    중과세하도록 개정되었다 (취득세 중과세율·주택수 산정) 211

03 고급재산 및 과밀억제권역내 사업용 부동산을 취득하는 경우
    취득세가 중과된다 (중과대상자산 및 과밀억제권역 취득세율) 217

04 주거용 오피스텔은 취득세 중과가 되지 않지만 다른 주택의 취득세 중과를
    판단할 때는 주택 수에 포함된다 220

05 투기과열 지구 및 조정대상 지역에서 주택을 취득하는 경우
    자금조달계획서를 제출하여야 한다 (자금조달계획서 제출대상) 223

06 고액의 부동산을 취득하는 경우 미리 취득자금에 대한 증빙을 꼼꼼히 챙겨
    자금출처조사에 대비하자 (취득자금 증여추정) 229

제 2 장 주택 등 보유

07 재산세는 매년 6월 1일 기준으로 부과되니 6월 1일 전에
    매도하는 것이 유리하다 (재산세 납세의무자·과세표준·세율) 234

08 일정 임대면적 이하 및 기준 임대호수 요건을 갖춘 임대사업자는
    재산세 감면을 적용받을 수 있다 (주택임대사업자 재산세 감면) 239

09	올해부터 다주택 및 법인소유 주택에 대해 종합부동산세율이 대폭 인상되었다 (종부세 과세대상·과세표준·세율)	241
10	올해부터 부부 공동명의 1주택자도 고령자 및 장기보유 공제를 적용받을 수 있어 세부담을 줄일 수 있다 (1세대 1주택자 세액공제)	245
11	1세대 1주택자인 경우 부부 공동명의가 단독명의보다 양도세뿐만 아니라 종부세도 유리하다 (공동명의 세부담 비교)	247
12	주택이 2채인 경우 각각 부부공동 명의보다는 단독명의 2채가 종부세에서 더 유리할 수 있다 (주택 수 계산·주택 수 판정사례)	250

제 3 장 주택임대소득

13	월세소득이 있는 2주택 이상자와 보증금 등 합계액이 3억원을 초과하는 3주택자는 과세대상이다 (주택임대소득 과세대상)	254
14	주택임대수입금액이 2천만원 이하인 경우 종합합산과세와 분리과세(14%)를 선택할 수 있다 (주택임대소득 신고)	258

제 4 장 주택 등 양도

15	부동산을 팔기 전에는 세무사 등 전문가와 미리 상담해야 양도소득세를 절세할 수 있다	264
16	양도세 계산구조를 이해하고 증빙서류를 철저히 챙겨야 양도세 부담을 줄일 수 있다 (양도세 필요경비·계산방법)	266
17	양도 및 취득시기를 잘 활용하면 양도세를 절세할 수 있다 (양도·취득시기)	269

| CONTENTS |

18 공부상으로 주택이나 사실상 폐가 상태이면 다른 주택을 양도하기 전에
   멸실하고 공부도 정리하자 (주택·세대 개념)   272

19 이혼하면서 재산분할이 아닌 이혼 위자료로 부동산을 증여받는 경우
   양도세 과세대상이다 (재산분할·이혼 위자료)   275

20 올해부터 1세대 1주택 고가주택을 양도하는 경우 오래 거주할수록
   양도세가 줄어든다 (1주택자 장기보유특별공제)   278

21 조정대상지역에서 취득한 주택은 2년 거주해야 1세대 1주택
   비과세를 받을 수 있다 (1세대 1주택 보유기간 특례)   281

22 2021.1.1. 기준 다주택자는 최종 1주택이 된 날부터 2년 보유하고
   2년 거주해야 비과세를 받을 수 있다   283

23 1세대 2주택인 경우에도 일정요건을 충족하면
   1세대 1주택 비과세 혜택을 받는 경우가 있다 (1세대 1주택 특례)   287

24 다주택자의 경우 장기임대주택을 잘 활용하면
   1세대 1주택 비과세 혜택을 받을 수 있다. (거주주택 비과세 특례)   293

25 주택면적이 주택외 면적보다 큰 겸용주택은 1세대 1주택 고가주택에
   해당된다면 올해 양도하는 것이 유리하다 (고가주택 판정)   296

26 다가구주택을 양도할 때는 옥탑방 때문에
   양도세 폭탄을 맞을 수 있다 (다가구와 다세대 주택)   298

27 허위계약서 유혹을 이겨내지 못하면 비과세·감면이 추징되어
   양도세 폭탄을 맞을 수 있다 (비과세·감면 배제)   301

28 무허가 주택과 부수 토지를 소유하고 실제 주거용으로 사용하였다면
   1세대 1주택임을 적극 입증하자 (주택개념·부수토지)   304

29 가족에게 부동산을 증여 후 5년 이내 양도하면
   양도세 부담이 많아질 수 있다 (배우자 등 이월과세)   307

30 2021.6.1.부터 주택, 조합원 입주권 및 분양권의
   단기 양도세 세율 뿐 만 아니라 중과세율이 크게 인상되었다 (양도세 세율)   310

31 올해부터 분양권은 1세대 1주택 비과세 판정 또는 조정대상지역 내
   다주택자 양도세 중과 시 주택 수에 포함됨에 유의하자   314

32 다주택자가 조정대상지역에 있는 주택을 양도하더라도
    기본세율을 적용받는 주택이 있다 (다주택자 중과배제주택)   317

33 올해부터 일시적 2주택, 장기임대주택 등을 보유한 1세대 3주택자는
    일정요건을 갖춘 경우 중과배제 혜택을 받을 수 있다   321

34 올해부터 거주주택과 단기임대 등록한 장기임대주택을 보유하고
    거주주택 양도 시 비과세뿐만 아니라 중과배제혜택을 받을 수 있다   324

35 단기임대주택 및 아파트 장기일반매입임대주택이 자동말소되는 경우도
    다주택 중과배제 및 1주택 비과세 등 세제혜택은 유지된다   328

36 양도세 및 종부세 과세특례를 적용받는 장기임대주택을 보유하는 경우
    임대료 상한 규정을 잘 숙지해야 한다   331

제 5 장   재개발·재건축

37 투기과열 지구로 지정되면 재개발·재건축 조합원입주권은
    전매가 금지될 수 있으니 취득 시 유의해야 한다   336

38 투기과열지구 내 정비사업에서 당첨된 세대는 일반 분양뿐만 아니라
    조합원 분양도 5년간 재당첨이 금지된다   339

39 재개발·재건축 입주권을 취득하는 경우 주택멸실 전·후에 따라
    취득세 부담이 달라질 수 있다 (조합원 입주권 취득세)   343

40 조합원입주권은 다주택 중과가 적용되지 않지만 다른 주택을
    양도하는 경우 주택수에 포함된다 (조합원 입주권 세법상 취급)   346

41 청산금을 지급받는 경우 종전 부동산의 양도로 소유권이전고시일
    다음날 기준으로 양도세 신고를 해야 한다 (청산금 개요)   350

| CONTENTS |

제 6 장　주택 등 증여

42　다주택자가 자녀에게 조정대상지역 내 주택을 증여하는 경우
　　기준시가가 3억원 이상이면 취득세 중과세율이 적용된다　　　　356

43　부담부 증여를 적절히 잘 활용하면 절세할 수 있지만,
　　오히려 세 부담이 커지는 경우도 있다 (부담부 증여 양도차익 계산)　358

44　증여세 기본 구조를 알면 알수록 절세가 보인다 (증여세 세액계산)　362

45　증여한 재산을 3개월 이내에 돌려받으면 증여세가
　　과세되지 않는다 (반환자산 증여세 과세)　　　　　　　　　　　　　364

46　배우자 또는 자녀에게 주택 양도 시 원칙적으로 증여로 보지만
　　양도한 사실이 명백하면 양도로 본다 (배우자 등 양도 시 증여추정)　366

제 7 장　LTV·DTI

47　LTV(담보인정비율), DTI(총부채상환비율)등 주택담보 대출
　　관련용어에 대해 기본적으로 알고있자 (LTV·DTI 개념)　　　　　370

48　조정대상지역 주택담보대출에 대한 LTV비율을 50% 이내로 적용하고
　　9억원 초과부분은 30% 이내로 제한하였다　　　　　　　　　　　373

49　투기지역·투기과열지역의 주택담보대출에 대한 LTV비율을
　　40% 이내로 적용하고 9억원 초과 부분은 20% 이내로 제한하였다　377

참고자료 출처

1. 네이버 증권 자료 이미지 (페이지)

20, 21, 22, 23, 26, 27, 40, 52, 54, 55, 56, 57, 60, 160, 161, 164, 165, 169, 170, 172, 173, 175, 176, 179, 181, 182, 194, 195, 196, 197, 198, 202

2. 금융감독위원회 전자공시시스템 공시자료 이미지 (페이지)

35, 36, 37, 38, 48, 49, 69, 70, 132, 133, 135, 136, 138, 144, 148, 149, 157, 158, 160, 161, 170, 173

3. Investing.com 자료 이미지 (페이지)

50

주식 투자

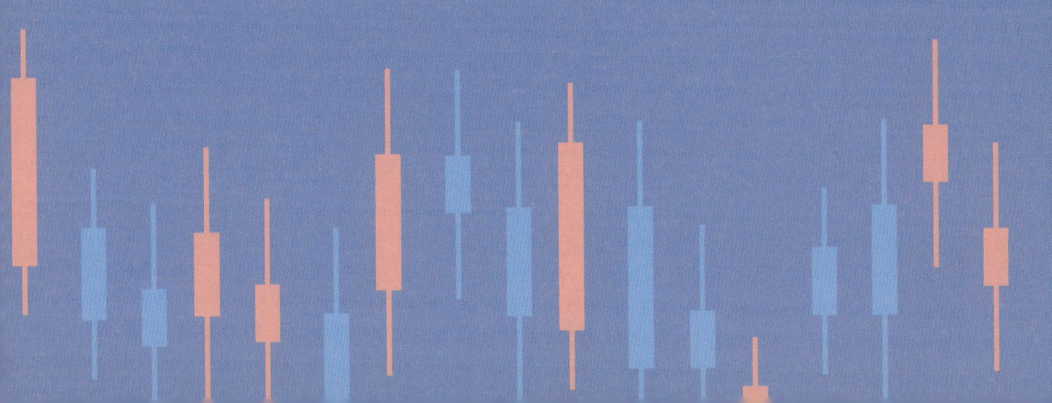

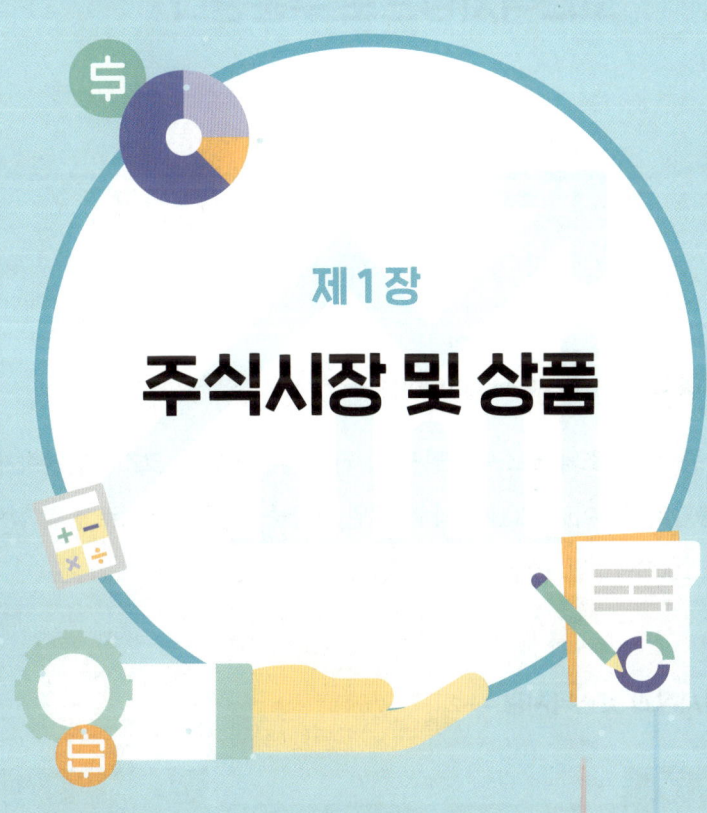

제1장
주식시장 및 상품

01 국내기업의 주식시장은 일반적으로 코스피시장과 코스닥시장으로 구분된다

한국거래소(KRX, Korea Exchange)

한국증권거래소와 코스닥증권시장, 한국선물거래소, 코스닥위원회가 합병된 통합거래소이다. 2005년 1월 27일 한국증권선물거래소로 통합 설립되었다가 2009년 2월 한국거래소로 명칭을 변경하였다.

코스피시장과 코스닥시장

NAVER 금융	종목명·지수명·펀드명·환율명·원자재명 입력		통합검색
금융 홈	국내증시	해외증시 시장지표 펀드 리서치 뉴스	MY

현대차 005380 코스피 2020.08.31 기준(장마감) 실시간 [기업개요▼]

176,500
전일대비 ▲4,500 +2.62%

| 전일 | 172,000 | 고가 | 182,000 (상한가 223,500) | 거래량 | 5,246,427 |
| 시가 | 177,500 | 저가 | 174,500 (하한가 120,500) | 거래대금 | 935,784 백만 |

```
NAVER 금융                        통합검색

금융 홈   국내증시   해외증시   시장지표   펀드   리서치   뉴스   MY

셀트리온제약 068760  코스닥   2020.08.31 기준(장마감)  실시간  기업개요

111,100        전일 113,000    고가 113,600 (상한가 146,900)   거래량 299,147
전일대비 ▼1,900  -1.68%   시가 112,800   저가 109,600 (하한가 79,100)   거래대금 33,328 백만
```

　상기 현대차(005380)를 보면 박스안에 '코스피'라고 표시되어 있고, 셀트리온제약(068760)은 박스에 '코스닥'으로 표시되어 있다.

　이와 같이 우리나라 국내기업의 주식은 크게 코스피(유가증권시장)와 코스닥시장에 등록되어 있다. 주로 코스피는 대규모 회사들이 코스닥은 유망 중소기업들이 등록되어 있으며 그 등록요건은 서로 다르다.

주식시장 및 상장요건

구분	유가증권시장(코스피)	코스닥시장
개요	주로 대규모기업들이 등록되어 있는 유가증권시장으로 흔히 코스피시장이라고도 함	유가증권시장에 등록요건을 충족 못하는 중소기업 및 벤처기업들이 등록되어 있는 주식시장
상장 주식수	795개 기업 912개 주식 상장	1,429개 기업 1,432개 주식 상장
등록 요건	· 기업규모요건 : 자기자본 300억원 이상, 상장주식 100만주 이상 · 주식분산요건 : 일반주주 700명 이상 + 주주비율(3가지 중 1충족) · 경영성과요건 : 4가지 중 1 충족 · 안전성 및 건전성요건 : 감사의견 적정 등	· 주식분산요건 : 소액주주 500명이상 + 3가지 조건 중 1충족 · 경영성과 및 시장평가 요건 : 일반기업과 기술성장기업 구분에 따라 요건을 달리함 · 안전성 및 건전성요건 : 감사의견 적정 등

> **저자 해설**
>
> 자세한 주식시장 등록요건은 매우 복잡하고 이미 등록되어 있는 주식을 거래하는 독자들을 위한 이 책의 취지와 어울리지 않아 생략하였다. 혹시 관심이 있으신 분들은 "한국거래소홈페이지 – 상장공시 – 주권상장"에서 유가증권시장 및 코스닥시장 상장요건을 클릭하면 자세한 상장요건을 볼 수 있다.
> 이 두 시장에 등록하는 것의 주요 장점은 주식거래가 상당히 편리하다는 점과 해당 주식거래에 대하여 양도소득세가 과세되지 않는다는 점이다.

주가지수

주가지수란 증권시장에서 거래되는 주식거래가격의 변동상황을 종합적으로 나타내는 지표를 말하는데, 우리나라는 코스피지수, 코스닥지수 및 코스피200지수가 있으며, 미국에는 다우지수, 나스닥지수 등이 있다.

코스피지수는 1980년 1월 4일의 주가지수를 기준(=100)으로 1980년 1월 4일 유가증권시장에 상장된 기업의 시가총액을 분모로 산출시점의 시가총액을 분자로 하여 지수화한 것이다. 아래 박스를 보면 코스피지수가 2020년 9월 1일 오전 11:25분 2,349.89임을 알 수 있다.

코스닥지수는 1996년 7월 1일의 주가지수를 기준(=100)으로 1996년 7월 1일 코스닥시장에 상장된 기업의 시가총액을 분모로, 산출시점의 시가총액을 분자로 하여 지수화한 것이다. 2004년 1월 26일부터 100포인트를 1,000포인트로 상향 조정하여 소급적용하고 있다. 아래 박스를 보면 코스닥지수가 2020년 9월 1일 오전 11:26분 851.01임을 알 수 있다.

코스피200지수는 유가증권시장의 전종목 가운데 시장 대표성을 선정기준으로 삼아, 이 가운데 시가총액이 상위 200개인 종목만으로 구성하여 산출한 지수를 말한다. 아래 박스를 보면 코스피200지수가 2020년 9월 1일 오전 11:26분 310.05임을 알 수 있다.

02 주식거래 시간 및 방법

주식거래 시간 및 방법

코스피시장과 코스닥시장의 주식 거래 시간 및 방법은 동일하다.

구분		시간
정규시간		09:00 ~ 15:30
동시호가	장시작 동시호가	08:30 ~ 09:00[1]
	장마감 동시호가	15:20 ~ 15:30
시간외종가	장전 시간외 종가	08:30 ~ 08:40(전일종가로 거래)
	장후 시간외 종가	15:40 ~ 16:00(당일종가로 거래)
시간외 단일가		16:00 ~ 18:00 (10분단위거래, 당일종가 ±10% 가격으로 거래)

*1 : 동시호가 화면은 08:40부터 볼 수 있음.

거래호가 결정

기준가격	코스피시장	코스닥시장
1,000원 미만	1원	
1,000 ~ 5,000원 미만	5원	
5,000 ~ 10,000원 미만	10원	
10,000 ~ 50,000원 미만	50원	
50,000 ~ 100,000원 미만	100원	100원
100,000 ~ 500,000원 미만	500원	100원
500,000원 이상	1,000원	100원

주식가격이 50,000원 미만인 경우 코스피시장과 코스닥시장의 호가가 동일하지만 50,000원 이상인 경우에는 코스닥시장은 100원 단위로 호가가 결정되지만 코스피시장은 100원, 500원, 1,000원으로 세가지 단계로 구분된다.

같은 100,000 ~ 500,000원 미만구간에 있는 현대차(005380,코스피시장)와 셀트리온제약(068760, 코스닥시장)의 아래 호가를 보면 현대차는 500원 단위로 결정되지만, 셀트리온제약은 100원 단위로 결정되는 것을 알 수 있다.

상한가 및 하한가

정규시간 및 동시호가에 적용되는 가격으로 전일종가의 ±30%를 각각 상한가와 하한가로 규정하고 있다.

· 상한가 : 172,200원 × (100% + 30%) = 223,500원(223,860원)
  ☞ 주식거래가격이 500단위로 결정되므로 223,860원에서 360원을 절사하여 223,500원이 상한가로 결정됨.

· 하한가 : 172,200원 × (100% - 30%) = 120,500원(120,540원)
  ☞ 주식거래가격이 500단위로 결정되므로 120,540원에서 40원을 절사하여 120,500원이 하한가로 결정됨.

03 관리종목은 상장폐지가 될 수 있는기업들을 모아놓은 곳이므로 거래시 주의해야 한다

코스피시장 및 코스닥시장에는 관리종목이라고 하여 일부 기업의 주식을 별도로 관리하고 있다. 관리종목 요건은 한국거래소 상장폐지요건 사이트에 같이 고지되어 있으며, 상장폐지 요건 해당 직전에 관리종목에 편입하여 주식투자자에게 투자에 주의하도록 하고있다. 2020년 9월 1일 코스피시장은 총10개 종목, 코스닥시장은 총99개 종목이 관리종목으로 편입되어 관리되고 있다.

관리종목에 지정되더라도 일반종목과 거래방식에 차이가 없으나 신용매수를 사용할 수 없도록 제한이 되어 있다.

코스피시장 관리종목 지정요건

주식분산, 거래량미달, 지배구조미달, 공시의무 미달 등을 제외한 주요 관리종목 지정요건은 다음과 같다.

구분	관리종목 지정요건
정기보고서 미제출	① 법정제출기한(사업연도 경과 후 90일)내 사업보고서 미제출 ② 법정제출기한(사업연도 경과 후 45일)내 반기·분기보고서 미제출
감사인 의견 미달	① 감사보고서상 감사의견이 감사범위제한 한정인 경우(연결감사보고서 포함) ② 반기 검토보고서상 검토의견이 부적정 또는 의견거절인 경우
자본잠식	최근사업연도 사업보고서상 자본금 50% 이상 잠식 · 자본잠식률 = (자본금−자본총계)/자본금*¹
매출액 미달	최근 사업연도 50억원 미만(지주회사 연결매출액 기준)

*¹ : 종속회사가 있는 경우 연결재무제표상 자본금, 자본총계(외부주주지분 제외)를 기준으로 함

코스닥시장 관리종목 지정요건

주식분산, 거래량미달, 지배구조미달, 공시의무 미달 등을 제외한 주요 관리종목 지정요건은 다음과 같다.

구분	관리종목 지정요건
매출액	최근연도 30억원 미만
법인세비용 차감전계속사업손실	자기자본50%이상(&10억원이상)의 법인세비용차감전계속사업손실이 최근3년간 2회 이상(&최근연도계속사업손실) · 기술성장기업 상장 후 3년간 미적용, 이익미실현 기업 상장후 5년 미적용
장기영업손실	최근 4사업연도 영업손실(기술성장기업은 미적용)
자본잠식	① 사업연도(반기)말 자본잠식률 50%이상 ② 사업연도(반기)말 자기자본 10억원미만 ③ 반기보고서 제출기한 경과후 10일내 반기검토보고서 미제출 or 검토의견 부적정·의견거절·범위제한한정
정기보고서 미제출	① 법정제출기한(사업연도 경과 후 90일)내 사업보고서 미제출 ② 법정제출기한(사업연도 경과 후 45일)내 반기·분기보고서 미제출
감사의견	반기보고서 부적정·의견거절·범위제한한정

저자 해설

상기표 이외의 상세한 상장폐지 요건은 "한국거래소홈페이지 – 상장공시 – 주권상장 – 유가증권상장(코스닥시장상장) – 상장폐지"에서 자세한 관리종목 지정요건을 볼 수 있다.

관리종목 전체 / 코스피 / 코스닥
2020.09.01 기준(장마감)

	종목명	현재가	전일대비	등락률	거래량	지정일	지정사유
1	흥아해운	258	0	0.00%	0	2020.08.18	반기검토의견 의견거절
2	쌍용차	3,635	▲ 25	+0.69%	1,870,291	2020.08.18	반기검토의견 의견거절
3	유양디앤유	1,220	0	0.00%	0	2020.08.18	반기검토의견 의견거절
4	TIGER 원유선물인버스(H)	10,890	▲ 30	+0.28%	797	2020.07.01	
5	KODEX 200 중소형	9,790	▲ 90	+0.93%	333	2020.07.01	
6	지코	306	0	0.00%	0	2020.06.24	회생절차개시신청
7	컨버즈	4,100	0	0.00%	0	2020.05.26	감사의견 의견거절
8	폴루스바이오팜	1,225	0	0.00%	0	2020.05.18	감사의견 의견거절
9	키위미디어그룹	150	0	0.00%	0	2020.03.30	자본잠식(자본금의 50/100이상 잠식)
10	청호컴넷	8,150	▲ 250	+3.16%	92,523	2020.03.20	자본잠식(자본금의 50/100이상 잠식)

관리종목 전체 / 코스피 / 코스닥
2020.09.01 기준(장마감)

	종목명	현재가	전일대비	등락률	거래량	지정일	지정사유
1	디오스텍	411	0	0.00%	0	2020.09.01	액면가액 일정비율 미달
2	픽슬	179	0	0.00%	0	2020.09.01	반기검토(감사)의견 부적정, 의견거절 또
3	엔지스테크널러지	4,010	▼ 1,440	-26.42%	3,164,979	2020.09.01	반기검토(감사)의견 부적정, 의견거절 또
4	슈코바이오	392	0	0.00%	0	2020.08.20	반기검토(감사)의견 부적정, 의견거절 또
5	한류타임즈	3,680	0	0.00%	0	2020.08.20	최근3사업연도중 2사업연도 자기자본 50
6	큐브앤컴퍼니	1,725	▲ 55	+3.29%	524,353	2020.08.19	반기검토(감사)의견 부적정, 의견거절 또
7	아리온	275	0	0.00%	0	2020.08.19	반기검토(감사)의견 부적정, 의견거절 또
8	행남사	1,770	0	0.00%	0	2020.08.18	반기검토(감사)의견 부적정, 의견거절 또
9	메디앙스	4,195	0	0.00%	0	2020.08.18	반기검토(감사)의견 부적정, 의견거절 또
10	코너스톤네트웍스	204	0	0.00%	0	2020.08.18	반기검토(감사)의견 부적정, 의견거절 또
11	디에스티	370	0	0.00%	0	2020.08.18	반기검토(감사)의견 부적정, 의견거절 또
12	너블뉴에볼엔	11,750	0	0.00%	0	2020.08.18	반기검토(감사)의견 부적정, 의견거절 또
13	에이프런티어	1,205	0	0.00%	0	2020.08.18	반기검토(감사)의견 부적정, 의견거절 또
14	UCI	2,620	▼ 105	-3.85%	193,430	2020.08.18	반기검토(감사)의견 부적정, 의견거절 또
15	경남바이오파마	4,150	▼ 40	-0.95%	289,525	2020.08.18	반기검토(감사)의견 부적정, 의견거절 또
16	이에스에이	295	0	0.00%	0	2020.08.18	반기검토(감사)의견 부적정, 의견거절 또
17	코나아이	13,050	0	0.00%	0	2020.08.18	반기검토(감사)의견 부적정, 의견거절 또
18	슈펙스비앤피	172	▼ 14	-7.53%	19,987,400	2020.08.18	반기검토(감사)의견 부적정, 의견거절 또
19	한프	480	0	0.00%	0	2020.08.18	반기검토(감사)의견 부적정, 의견거절 또
20	코스온	3,645	▲ 330	+9.95%	220,488	2020.08.18	반기검토(감사)의견 부적정, 의견거절 또

상기 관리종목 지정사유를 보면 감사의견 의견거절이 제일 많고 그 다음으로 4사업연도 연속 영업손실(코스닥시장만 해당) 및 자본잠식 50% 순이다.

상기 '코스피시장 관리종목 10. 청호컴넷'은 자본잠식(자본금의 50/100이상 잠식)을 이유로 관리종목에 지정되었다. 청호컴넷의 자본잠식비율이 얼마나 되는지 한 번 계산해 보자.

DART 청호컴넷	본문 2020.02.26 자본잠식50%이상또는매출액50억원미만사(∨) 첨부 +첨부선택+ ∨

자본잠식 50% 이상 또는 매출액 50억원 미만 사실 발생

※ 동 정보는 동사가 작성한 결산자료로서, 외부감사인의 감사결과 수치가 변경 될 수 있으므로 추후 「감사보고서 제출」 공시를 반드시 확인하여 주시기 바랍니다.

1. 재무제표의 종류	연결			
2. 매출액 또는 손익구조 변동내용(단위:천원)	당해사업연도	직전사업연도	증감금액	증감비율(%)
- 매출액(재화의 판매 및 용역의 제공에 따른 수익액에 한함)	67,422,044	36,029,987	31,392,057	87.1%
- 영업이익	-7,953,240	-6,037,761	-1,915,479	-31.7%
- 법인세비용차감전계속사업이익	-17,158,772	4,683,365	-21,842,137	적자전환
- 당기순이익	-19,409,496	1,474,608	-20,884,104	적자전환
- 대규모법인여부	미해당			
3. 재무현황(단위:천원)	당해사업연도		직전사업연도	
- 자산총계	50,759,605		72,506,901	
- 부채총계	43,854,028		48,173,972	
- 자본총계	6,905,577		24,332,929	
- 자본금	42,881,755		41,881,760	
- 자본총계/자본금 비율(%)	16.1		58.1	

· 자본잠식률 = (자본금-자본총계)/자본금

◆ 당해연도 자본잠식률 : 83.90%

　(42,881,755 - 6,905,577) / 42,881,755 = 83.90%

◆ 직전연도 자본잠식률 : 41.90%

　(41,881,760 - 24,332,929) / 41,881,760 = 41.90%

04. 코스피시장과 코스닥시장의 상장폐지 요건이 다르다

주식을 거래하는 사람들에게는 상장요건보다는 상장폐지요건이 더 중요하다 왜냐하면 상장폐지가 되면 보유하고 있는 주식이 휴지조각이 되는 경우가 대부분이기 때문이다.

아래 상장폐지요건이 충족되었다고 해서 바로 상장폐지가 되는 것이 아니라 우선 '상장폐지 실질검사'를 거치기 위하여 거래정지가 된 후 최종적으로 상장폐지여부가 결정된다.

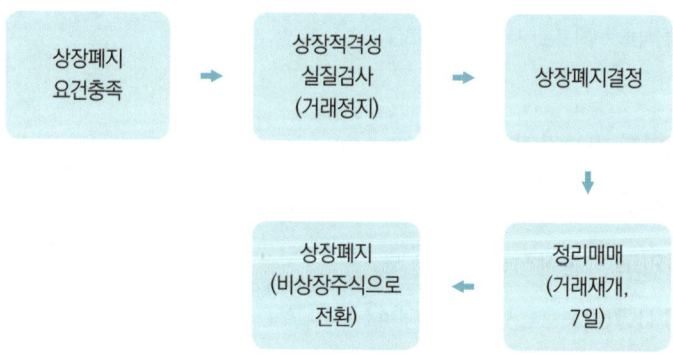

코스피시장 상장폐지요건

주식분산, 거래량미달, 지배구조미달, 공시의무 미달 등을 제외한 주요 상장폐지 요건은 다음과 같다.

구분	상장폐지 기준
정기보고서 미제출	① 사업보고서 미제출로 관리종목 지정 후 법정제출기한부터 10일 이내 사업보고서 미제출 ② 사업반기·분기보고서 미제출로 관리종목 지정 후 사업반기·분기보고서 미제출
감사인 의견 미달	① 최근사업연도 감사보고서상 감사의견이 부정적 또는 의견거절인 경우 (연결감사보고서 포함)(1년유예) ② 2년 연속 감사보고서상 감사의견이 감사범위 제한 한정인 경우
자본잠식	① 최근사업연도 사업보고상 자본금 전액 잠식 ② 2년 연속 자본금 50%이상 잠식
매출액 미달	2년 연속 매출액 50억원 미만

코스닥시장 상장폐지요건

주식분산, 거래량미달, 지배구조미달, 공시의무 미달 등을 제외한 주요 상장폐지 요건은 다음과 같다.

구분	상장폐지 기준
매출액	2년연속 30억원 미만
법인세비용 차감전계속사업손실	관리종목 지정후 연속 자본금 50%이상(&10억원이상)의 법인세비용차감전계속사업손실 발생
장기영업손실	최근 5사업연도 영업손실(기술성장기업은 미적용)
정기보고서 미제출	① 사업보고서 미제출로 관리종목 지정 후 법정제출기한부터 10일 이내 사업보고서 미제출 ② 사업반기·분기보고서 미제출로 관리종목 지정 후 사업반기·분기보고서 미제출

구분	상장폐지 기준
자본잠식	① 최근년말 완전자본잠식 ② 자본잠식으로 관리종목지정(① or ②)후 사업연도(반기)말 자본잠식률 50% 이상 ③ 자본잠식으로 관리종목지정(② or ③)후 사업연도(반기)말 자기자본 10억원미만 ④ 자본잠식으로 관리종목지정후 반기말 반기보고서기한 경과후 10일내 미제출 or 감사의견 부적정·의견거절·범위제한한정
감사의견	감사보고서 부적정·의견거절·범위제한한정(1년유예)

저자 해설

상기표 이외의 상세한 상장폐지 요건은 "한국거래소홈페이지 – 상장공시 – 주권상장 – 유가증권상장(코스닥시장상장) – 상장폐지"에서 자세한 상장폐지요건을 볼 수 있다.
최근 5사업연도 영업손실은 코스닥시장에서만 적용되며, 코스피시장에서는 영업손실 유무는 상장폐지와 관련이 없다.

아래와 같이 코스닥시장 등록업체인 '솔고바이오'를 보면 감사인의 감사의견이 '의견거절'임에 따라 상장폐지 사유가 발생되었음을 2020년 8월 19일자로 공시한 것을 볼 수 있다.

2020년 상반기 상장폐지 기업

시장	회사명	상장폐지일	상장폐지사유
코스닥	썬텍	2020-02-12	주력사업 중단
코스닥	파인넥스	2020-04-10	2년연속 의견거절
코스닥	에스마크	2020-05-21	2년연속 의견거절
코스닥	피앤텔	2020-05-21	2년연속 의견거절
코스닥	이엘케이	2020-05-22	2년연속 의견거절
코스닥	차이나그레이트	2020-05-22	사업보고서 미제출
코스피	웅진에너지	2020-06-01	2년연속 의견거절

시장	회사명	상장폐지일	상장폐지사유
코스닥	에스에프씨	2020-06-30	2년연속 의견거절
코스피	신한	2020-06-30	2년연속 의견거절

감사의견으로 인한 상장폐지 사례

'솔고바이오'의 경우 자본잠식으로 인하여 관리종목으로 지정된 후 감사의견이 '의견거절'로서 상장폐지 요건에 해당되어 현재 상장적격성 실질심사가 진행 중으로 거래중지 상태에 있다.

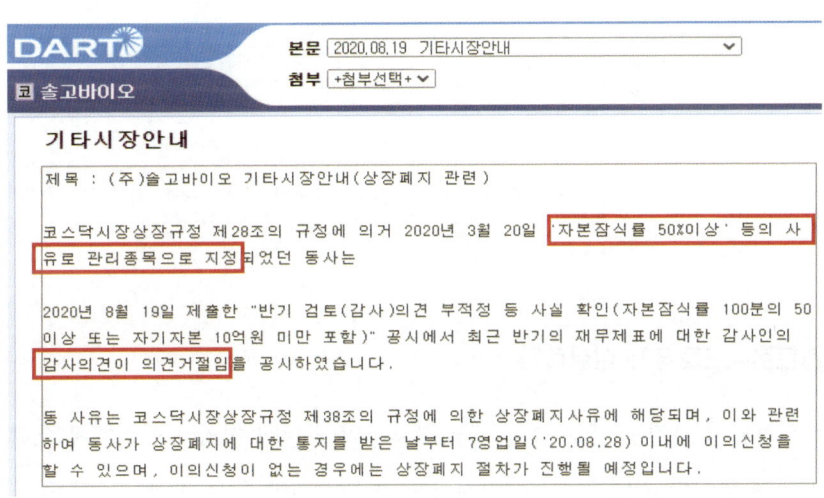

최근 5사업연도 연속 영업손실로 인한 상장폐지 사례

'내츄럴엔도텍'은 최근 5사업연도 연속 영업손실이 발생하여 상장적격성 실질심사를 받고 있는 상태로 거래중지 중이다.

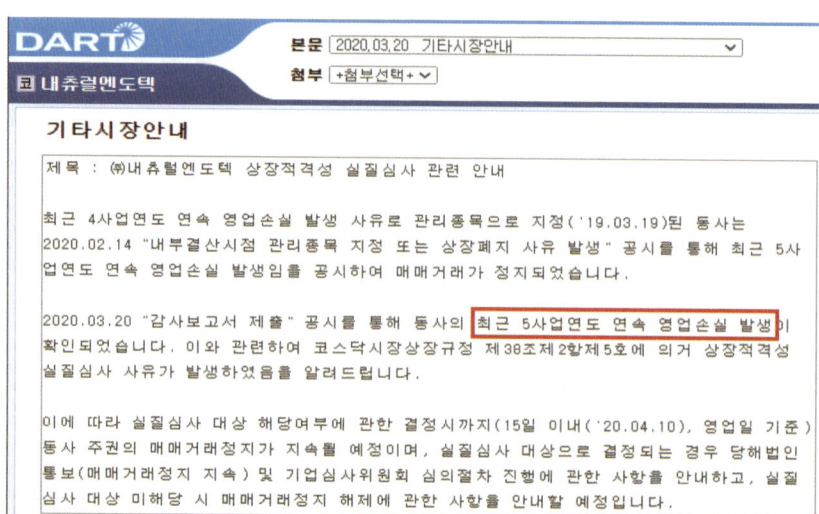

자본잠식으로 인한 상장폐지

상장폐지 요건 중에 자본잠식 50% 부분이 있는데 이러한 상장폐지 요건 때문에 부실한 기업에서 무상감자가 자주 발생하게 되는 것이다. 무상감자가 발생하게 되면 자본금이 줄어들면서 자본잠식 비율이 줄어들기 때문에 상장폐지 요건을 탈피할 수가 있는 것이다. 이러한 이유로 자본잠식을 이유로 관리종목에 편입되는 경우는 있지만 상장폐지되는 경우는 거의 없는 실정이다.

자세한 내용은 '제3장 증자 및 감자'를 참조하기 바란다.

경영진 횡령·배임 상장폐지 사례

경영진의 횡령·배임은 상기 상장폐지 요건에는 포함되어 있지 아니하나 '상장폐지 실질심사 주요기준'에 포함된 내용으로 실무에서는 이러한 '경영진의 불법행위에 의한 재무상태 악화 여부'로 인하여 수시로 상장폐지가 된 사례가 다수 있으므로 주식투자에 있어 주의해야만 한다.

최근에는 '신라젠'이 경영진 횡령·배임혐의로 검찰에 기소되면서 동시에 상장폐지여부 심사를 위하여 2020.05.06.자로 거래가 정지되어 있는 상태이다.

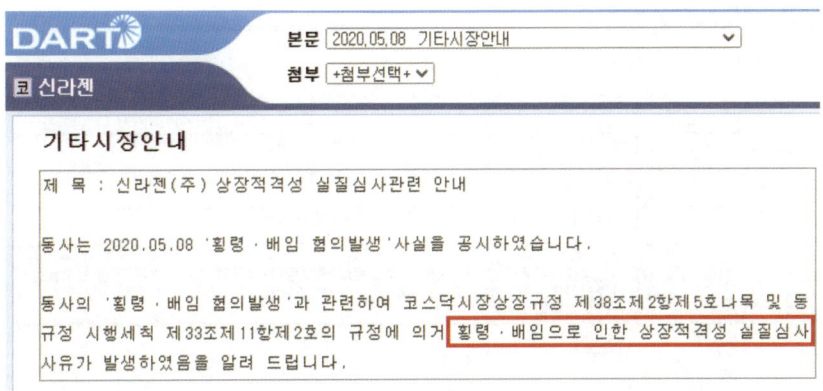

상장폐지 정리매매

상장폐지가 결정되면 거래중지가된 주식이 바로 비상장주식이 되는 것이 아니라 7매매기일동안 상·하한가 없이 거래하여 정리할 수 있는 시간을 준다. 상장폐지가 되는 경우라도 우량한 기업임에도 불구하고 주식분산이나 거래량 미미 등으로 인하여 피치 못할 사정으로 상장폐지가 되는 경우에는 오히려 주식가격이 상승하는 경우도 있다.

'바이오빌'의 경우 감사의견 거절로 인한 상장폐지 사유에 해당하여 상장적격성 실질심사를 거쳐 상장폐지가 결정되었으나, 상장폐지결정 등 효력정지 가처분신청을 하여 정리매매가 중지되었다가 가처분신청이 기각결정 됨에 따라 최종적으로 정리매매가 이행되었다. 정리매매기간에 거래시에는 상·하한가가 적용되지 아니한다.

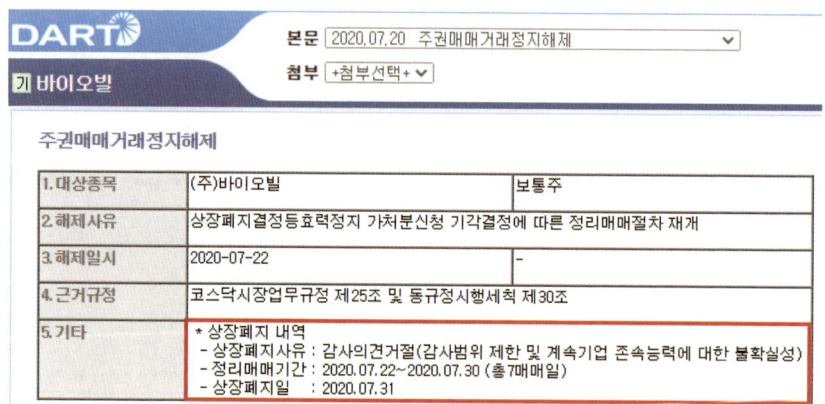

> **05** 코넥스시장은 초기 중소벤처기업을 위한 시장으로 유망한 기업의 주식을 저가에 선점하는데 유용하다

코넥스시장은 코스닥시장 상장요건을 아직 갖추지 못한 초기 중소벤처기업에 최적화된 시장으로서 이들 기업의 상장이 용이하도록 진입요건을 완화함으로써 성장초기 중소벤처기업이 자본시장을 통하여 자금을 원활하게 조달할 수 있도록 한 시장이다.

계좌개설

코넥스시장의 주식을 거래하기 위해서는 코넥스 거래를 위한 계좌를 개설하거나, 증권사의 일반증권계좌를 사용하는 경우에는 아래 예탁금규정을 충족해야 한다.

- 소액투자 전용계좌
  - 코넥스 거래를 위한 계좌
  - 연간 3천만원 한도
  - 전 증권사 1인 1계좌

- 일반 증권계좌
  - 3천만원 이상의 기본 예탁금(현금 or 대용증권 금액기준) 예탁시 거래가능

거래시간 및 가격제한

구분	코스피시장·코스닥시장	코넥스시장
거래시간	09:00 ~ 15:00	
가격제한	±30%	±15%
양도소득세	면제(대주주 제외)	
증권거래세 (2021년)	· 코스피 : 0.23% (거래세0.08%, 농특세0.15%) · 코스닥 : 거래세 0.23%	거래세 0.1%

코넥스시장의 거래시간과 주식 양도소득세가 면제되는 부분은 코스피시장 등과 동일하지만, 가격제한폭이 30%가 아닌 15%인 점이 다르다.

◆ 상한가 : 6,000 × 115%(100% + 15%) = 6,900원

◆ 하한가 : 6,000 × 85%(100% - 15%) = 5,100원

일별시세

날짜	종가	전일비	시가	고가	저가	거래량
2020.09.02	6,900	↑ 900	5,430	6,900	5,430	42,728
2020.09.01	6,000	▲ 150	5,480	6,000	5,480	6,198
2020.08.31	5,850	▲ 390	5,460	5,850	5,310	8,872
2020.08.28	5,460	▲ 80	5,390	5,470	5,290	7,618
2020.08.27	5,380	▲ 80	5,350	5,400	5,290	8,978
2020.08.26	5,300	▼ 50	5,640	5,640	5,290	2,507
2020.08.25	5,350	▲ 60	5,290	5,490	5,270	4,491
2020.08.24	5,290	0	5,290	5,290	5,180	5,995
2020.08.21	5,290	▲ 40	5,480	5,480	5,150	3,432
2020.08.20	5,250	▼ 30	5,250	5,260	5,150	9,716

저자 해설

아직 코넥스시장은 활성화가 제대로 되지 아니하여 관악산업이 상한가에 거래량이 2020.09.02. 11:20분 현재 42,728주에 달하지만 당일 이전에는 아래와 같이 하루 거래량이 1만주를 넘지 않을 정도로 활성화가 되지 않고 있는 실정이다.

06 해외주식을 국내 증권회사를 통하여 국내주식처럼 거래할 수 있지만, 주식 양도소득세가 과세된다

주식거래하는 분들 중에도 아직 해외주식을 어떻게 국내에서 거래해야 하는 지 잘 모르시는 분들이 종종 있다. 하지만 해외주식을 거래하는 것은 국내주식 거래하는 방법과 거의 동일하고 단지 거래시간, 거래 제한폭, 결제일 등에 조금 차이가 있을 뿐이다.

해외주식 거래 가능국가

대부분의 증권회사가 해외주식거래를 홈트레이딩 프로그램에서 수행할 수 있도록 되어 있으며, 이를 이용하기 위해서는 "해외주식거래이용신청"을 등록하여야만 거래가 가능하다.

해외주식 거래 가능국가는 미국, 일본, 중국, 홍콩, 영국, 베트남 등 전 세계 거의 모든 국가에 상장된 주식의 거래가 가능하다.

주요 해외주식시장 거래시간

거래소	거래시간	수량단위	거래통화
홍콩	10:00 ~ 17:00	종목별 상이	HKD
상해	10:00 ~ 16:00	매수 : 100주 매도 : 1주	USD
심천	10:10 ~ 15:57	매수 : 100주 매도 : 1주	HKD
미국	23:30 ~ 06:00 (서머타임 20:30 ~ 05:00)	1주	USD
일본	09:00 ~ 15:00	종목별 상이	JPY
영국	17:00 ~ 01:30 (서머타임 16:00 ~ 12:30)	종목별 상이	EUR
베트남	11:00 ~ 16:45 (점심시간 휴장)	호치민 : 10주 하노이 : 100주	VND

주요 해외주식시장 수수료 및 결제일

거래소	수수료 (온라인)	세금 및 유관기관수수료	결제일 (현지)	결제일 (국내)
홍콩	0.3%	0.1077%	T+2	T+2
상해	0.3%	0.1%(매도시) 0.05687%	T+3	T+3
심천	0.3%	0.1%(매도시) 0.04687%	T	T
미국	0.3%	0.00184%	T+3	T+3
일본	0.3%	–	T+3	T+3
영국	0.3%	1GBP 0.5% or 1%(거래시)	T+3	T+3
베트남	0.4%	0.1%(매도시)	T+2	T+2

국내주식의 결제일은 T+2(거래일 이후 2일 경과)이다.

해외주식 양도소득세 과세

해외주식을 거래하는 경우 주의해야 할 점은 수수료 및 관련 세금 이외에 주식 양도소득세가 과세된다는 것이다.

- 주식양도소득세 소득금액 : 주식 양도가액 − 주식 취득가액
- 주식양도소득세 = (주식양도소득세 소득금액 − 기본공제 등) × 20%
- 주식양도소득세 관련 주민소득세 = 주식양도소득세 × 10%

주식별 과세여부

구분	국내 상장주식	해외 상장주식
과세대상	대주주	모든 거래자
신고기간	8월 및 다음 해 2월	다음 해 5월
신고방식	상기 기간은 예정신고기간으로 다음 해 5월 확정신고 가능	예정신고 없이 바로 확정신고

☞ 5월 확정신고시 대주주는 국내과세 대상주식과 해외주식을 합하여 신고하고, 대주주가 아닌 자는 해외주식에 대해서만 신고하면 된다.

2020년 1월 1일 부터는 국내주식 과세대상자인 경우에 한하여 해외주식 양도차익에서 국내주식에서 발생한 양도차손을 상계할 수 있다. 대주주에 해당하 경우에만 국내주식 양도에 대하여 과세하는데, 2021년 4월 1일부터는 대주주 해당요건 중 시가총액 기준이 아래 표와 같이 시가총액이 3억원 ~ 5억원으로 대폭 내려갔다.

국내주식 대주주 요건

양도시기	코스피시장	코스닥시장	코넥스시장
2020.03.31.이전	지분율 1%이상 or 시가 15억원이상	지분율 2%이상 or 시가 15억원이상	지분율 4%이상 or 시가 15억원이상
2020.04.01. ~ 2021.03.31.	지분율 1%이상 or 시가 10억원이상	지분율 2%이상 or 시가 10억원이상	지분율 4%이상 or 시가 10억원이상
2021.04.01. ~	지분율 1%이상 or 시가 3억원이상	지분율 2%이상 or 시가 4억원이상	지분율 4%이상 or 시가 5억원이상

해외주식 거래시 환전수수료(0.2% ~ 0.5%), 매매수수료(0.25% ~ 1%)는 국가 및 증권거래회사마다 각각 다르므로 이 부분에 민감하신 분들은 증권사별로 검토 후 거래하기 바란다. 또한, 해외주식 양도소득세는 증권사별로 전산으로 간단하게 신고할 수 있도록 취득가액, 양도가액, 수수료 등을 자동 계산해 주는 곳이 대부분이므로 이를 이용하면 된다. 만일, 국내주식 거래에 있어 대주주에 해당하면 해외주식 양도소득과 합산하여 신고하여야 한다.

【2021년 해외주식 양도소득세 계산사례】

취득일에 관계없이 2021년도중 양도한 해외주식을 기준으로 양도소득세를 계산하므로 아래 표의 해외주식은 2021년도에 양도한 것으로 가정한다.

(원)

해외주식	취득가액	양도가액	환전수수료	매매수수료
테슬라	20,000,000	30,000,000	100,000	150,000
월트디즈니	5,000,000	3,000,000	12,000	15,000
제너럴모터스	10,000,000	12,000,000	30,000	50,000
합계	35,000,000	45,000,000	142,000	215,000

- 해외주식 취득가액 : 35,000,000원
- 해외주식 양도가액 : 45,000,000원
- 수수료 및 해외세금 등*[1] : 357,000원
- 해외주식양도소득 : 9,643,000원(45,000,000원 - 35,000,000원 - 357,000원)
- 해외주식 양도소득세와 지방세
  (9,643,000원 - 2,500,000원*[2]) × 22%*[3] = 1,571,460원

*[1] : 수수료 등은 부대비용으로 공제가능함
*[2] : 양도소득세 기본공제(2,500,000원)으로 2020년도에 누적관리하여 1회에 한하여 공제함
*[3] : 양도소득세 20% + 양도소득세 관련 지방세 2%(양도소득세의 10% 이므로)

저자 해설

만일 2021.12.31. 크게 손실을 본 해외주식을 보유하고 있다면 해당 주식을 양도하여 손실을 인식한 후 당일 재매입하면 해외주식 양도소득세를 절세할 수 있다. 해당 주식을 재매입 하라고 한 것은 본인이 해당주식을 계속 보유하려고 했던 경우를 가정 하에 해당 연도의 절세하는 방법을 설명한 것이므로 이 부분은 오해 없기를 바란다. 만일 해당 주식이 당초 취득가액 이상으로 오르는 경우에는 절세 효과는 사라지고 단순히 세금을 내는 연도만 바뀌는 것에 불과하다.

또한, 해외주식에서 발생하는 배당도 국내주식과 마찬가지로 배당소득 원천징수되어 지급되어 신경 쓸 필요가 없지만, 해당 배당소득이 2,000만원을 초과하는 경우 다음해 5월에 종합소득세를 반드시 신고하여 추가적인 세금을 납부하여야 한다.

07 우리나라의 주가지수는 다우산업지수, 나스닥지수, 상해종합지수 등에 영향을 받는다

요즈음 경제상황은 국제간에 서로 연결되어 있고 그 중 세계경제의 주축인 미국의 영향을 가장 많이 받고 있어, 미국주식시장의 바로미터인 다우산업지수와 나스닥지수가 출렁이게 되면 우리나라 코스피지수 및 코스닥지수는 바로 영향을 받는다.

이러한 이유로 주식시장 관계자들이 우리나라 주식시장이 오픈하기 전에 마치는 미국의 다우산업지수와 나스닥지수를 검토하는 것은 필수적이라 할 것이다.

다우존스산업지수

미국증권시장에서 가장 전통 있고 널리 사용되는 주가지수 중의 하나로서 IBM, Exxon, AT&T, GM 등 30개 대형기업 주식의 가격을 이용하여 산출한 주가지수를 말한다.

일반적으로 다우존스산업지수를 세계적으로 가장 영향력을 보유하고 있는 주가지수라 할 수 있을 것이다.

나스닥지수

우리나라의 코스닥과 유사한 장외시장으로서 벤처기업들이 주로 등록되어 있으며 다우존스산업지수, S&P500지수와 함께 뉴욕 증시의 3대 주가지수의 하나로 불리고 있다. 우리나라 주가에는 다우존스산업지수 다음으로 영향력을 미치고 있다고 할 수 있을 것이다.

상해종합지수

 중국상해증권거래소를 통하여 거래되는 주식에 대한 주가지수를 말하며 중국의 경제력이 커지면서 우리나라에 미국 주가지수 다음으로 영향력을 가지고 있다고 할 수 있을 것이다.

나스닥100선물 지수

우리나라 시간으로 23:00 ~ 06:00에 열리는 미국 주식시장에 연동된 다우존스산업지수 및 나스닥지수는 우리나라 주식개장시간인 09:00 ~ 15:30에는 변동이 없다. 이 경우 나스닥100선물 지수를 참고로 다음 날 오픈할 다우존스산업지수와 나스닥지수를 대략적으로 예측할 수 있어 많은 주식관련 업 종사자 및 주식 투자자들이 참고하고 있다.

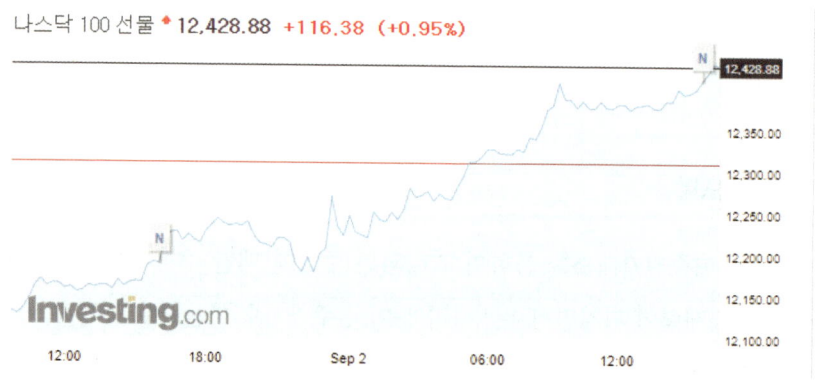

08. 코스피200은 주요기업 200개 종목의 시가총액을 지수화 한 것이다

코스피200이란 한국거래소 유가증권시장(코스피시장)의 상장되어 있는 종목 중 시장 대표성, 유동성, 업종 대표성이 있는 200개 업체를 선정하여 시가총액을 코스피지수와 동일한 방식으로 지수화 한 것을 말한다. 한국종합주가지수200, 200지수, 선물지수200이라고도 불린다.

매년 7월 1일에 선물·옵션주가지수 운영위원회 정기심의에서 정해진 종목을 새로 구성하여 적용한다. 또한, 상장이 폐지되거나 관리종목으로 지정 또는 인수합병 등이 발생하면 대상에서 제외하고 선물·옵션주가지수 운영위원회에서 정한 순서에 따라 새 종목이 자동적으로 추가된다.

코스피200은 별도 선물로 상품화하여 주식처럼 거래되고 있다. 선물에 대한 자세한 내용은 소제목 "11.선물은 …"을 참조하기 바란다.

코스피200

실시간 2020.09.03 10:31 장중

코스피200	315.27	
전일대비	▲ 3.77	
등락률	+1.21%	
장중최고	317.17	
장중최저	314.45	
52주최고	326.22	
52주최저	196.27	

상한종목수	0
상승종목수	86
하한종목수	0
하락종목수	97
보합종목수	15
거래량(천주)	141,467
거래대금(백만)	4,708,122

시간별 시세

체결시각	체결가	전일비	변동량(천주)	거래량(천주)	거래대금(백만)
10:31	315.45	▲ 3.95	16	140,978	4,686,134
10:30	315.65	▲ 4.15	514	140,962	4,685,610
10:29	315.66	▲ 4.16	667	140,448	4,671,194
10:28	315.56	▲ 4.06	624	139,781	4,653,044
10:27	315.68	▲ 4.18	768	139,157	4,637,505
10:26	315.51	▲ 4.01	848	138,389	4,617,838

코스피200에 포함되어 있는 유가증권시장(코스피시장) 상장기업 중 주요 기업은 아래와 같다.

편입종목상위

종목별	현재가	전일비	등락률	거래량	거래대금(백만)	시가총액(억)
삼성전자	56,200	▲ 1,800	+3.31%	14,760,136	829,145	3,355,018
SK하이닉스	78,700	▲ 3,200	+4.24%	3,861,890	303,988	572,938
NAVER	334,000	▲ 1,500	+0.45%	272,819	90,648	548,640
LG화학	761,000	▲ 19,000	+2.56%	404,313	309,245	537,208
삼성바이오로직스	774,000	▲ 4,000	+0.52%	48,490	37,425	512,117
셀트리온	299,500	▼ 1,000	-0.33%	178,599	53,527	404,306
현대차	175,500	▼ 500	-0.28%	736,216	129,419	374,988
카카오	409,000	▼ 3,000	-0.73%	373,097	152,418	359,977
삼성SDI	451,000	▼ 1,000	-0.22%	152,332	69,054	310,128
LG생활건강	1,495,000	▼ 4,000	-0.27%	6,840	10,235	233,492

09. ETF는 주가지수와 주식의 장점을 모아 만든 상품으로 펀드 등 간접투자가 싫은 투자자들에게 안성맞춤이다

ETF(Exchange Traded Fund, 상장지수펀드)는 주가지수와 주식의 장점을 모아 놓은 것으로 코스피200처럼 여러 가지 주식들의 조합을 만들어 이를 지수화하여 일반 주식처럼 거래가 가능하도록 한 상품이다.

ETF는 1좌를 거래할 수 있는 최소한의 금액으로 분산투자 효과를 누릴 수 있으며 펀드보다 운용보수가 낮고 주식에 적용되는 거래세도 붙지 않는다. 국내 상장 주식형 ETF는 매매차익에 대한 양도소득세가 없으나, 채권형 등 ETF는 매매차익에 대하여 배당소득세를 원천징수한다. 해외상장 ETF는 해외주식처럼 양도소득세가 과세된다. ETF분배금은 주식배당금과 마찬가지로 배당소득세 15.4%를 원천징수한다.

ETF 거래 관련 세금

구분		국내ETF	해외ETF
매매차익	국내시장지수 국내업종/테마	국내파생 원자재 채권 기타 해외주식	해외에 상장된 ETF
	비과세	배당소득세 (15.4%원천징수)*¹	양도소득세 (22%)
분배금 (배당금, 채권이자 등)		배당소득세(15.4%원천징수)*¹	

*¹ : 2,000만원 초과시 종합소득세 신고해야 함

국내시장지수 ETF

코스피지수, 코스닥지수, 코스피200 등의 지수에 연계하여 만든 상품으로 매매차익에 대하여 비과세되는 상품이다.

종목명	현재가	전일비	등락률	NAV	3개월수익률	거래량	거래대금(백만)	시가총액(억)
KODEX 200	31,725	▲ 580	+1.86%	31,771	+13.09%	2,745,708	86,700	53,679
TIGER 200	31,725	▲ 580	+1.86%	31,768	+13.09%	676,318	21,351	26,506
KODEX 200TR	10,160	▲ 165	+1.65%	10,179	+13.13%	52,339	529	11,643
KODEX 코스닥150 레버리지	14,105	▲ 115	+0.82%	14,188	+38.65%	7,231,556	101,944	10,692
KBSTAR 200	31,765	▲ 580	+1.86%	31,810	+13.17%	50,049	1,583	10,133
HANARO 200	31,740	▲ 575	+1.85%	31,785	+13.10%	23,779	751	7,364
ARIRANG 200	31,880	▲ 570	+1.82%	31,930	+13.11%	37,378	1,186	7,189
KINDEX 200	31,780	▲ 580	+1.86%	31,808	+13.08%	27,335	862	7,103
KODEX MSCI Korea TR	10,010	▲ 155	+1.57%	10,059	+12.12%	376,605	3,758	6,967
KOSEF 200	31,925	▲ 560	+1.79%	31,976	+13.03%	31,768	1,010	6,321

국내업종/테마 ETF

삼성그룹주, 2차전지사업, 고배당주 등 특정업체들을 묶어서 만든 상품으로 매매차익에 대하여 비과세되는 상품이다.

종목명	현재가	전일비	등락률	NAV	3개월수익률	거래량	거래대금(백만)	시가총액(억)
KODEX 삼성그룹	7,675	▲ 110	+1.45%	7,688	+8.15%	99,003	757	12,894
TIGER TOP10	11,095	▲ 195	+1.79%	11,104	+23.15%	111,280	1,229	6,119
KODEX 2차전지산업	12,780	▲ 160	+1.27%	12,817	+40.69%	698,998	8,927	4,115
TIGER 2차전지테마	12,435	▲ 135	+1.10%	12,470	+38.36%	519,225	6,455	3,681
KODEX Top5PlusTR	13,900	▲ 300	+2.21%	13,938	+9.46%	4,352	60	3,253
TIGER 200 IT	26,100	▲ 455	+1.77%	26,123	+10.87%	27,383	712	2,657
ARIRANG 고배당주	9,120	▲ 65	+0.72%	9,138	-2.11%	15,432	140	2,126
TIGER 중국소비테마	7,080	▲ 55	+0.78%	7,112	+4.31%	35,576	251	1,646
TIGER 헬스케어	49,210	▲ 10	+0.02%	49,600	+36.82%	189,426	9,318	1,585
TIGER 경기방어	11,955	▲ 50	+0.42%	11,998	+12.74%	6,628	79	1,528

국내파생 ETF

선물 등 파생상품과 연계된 상품으로 매매차익에 대하여 배당소득으로 과세되는 상품이다. 매매차익이 2,000만원이 초과하는 경우 원천징수된 부분에 대하여 종합소득세를 신고하여 정산하여야 한다.

종목명	현재가	전일비	등락률	NAV	3개월수익률	거래량	거래대금(백만)	시가총액(억)
KODEX 레버리지	15,360	▲ 535	+3.61%	15,443	+25.26%	31,476,315	479,413	23,378
KODEX 200선물인버스2X	4,065	▼ 145	-3.44%	4,066	-25.75%	102,772,535	421,322	22,284
KODEX 인버스	5,395	▼ 95	-1.73%	5,394	-13.13%	19,147,898	103,773	12,139
KODEX 코스닥150선물인버스	5,060	▲ 15	-0.30%	5,057	-18.15%	8,993,894	45,516	4,645
TIGER 200선물인버스2X	4,190	▼ 160	-3.68%	4,195	-25.39%	2,903,762	12,304	1,219
TIGER 200선물레버리지	11,580	▲ 410	+3.67%	11,588	+25.29%	693,736	7,951	1,216
KBSTAR 국고채3년선물인버스	99,340	▲ 50	+0.05%	99,442	+0.11%	2	0	729
TIGER 인버스	5,925	▼ 115	-1.90%	5,927	-12.72%	242,619	1,445	705
KBSTAR 200선물레버리지	13,990	▲ 500	+3.71%	13,982	+25.84%	15,476	214	476
KBSTAR 200선물인버스2X	4,060	▼ 155	-3.68%	4,065	-25.79%	834,711	3,423	378

해외주식 ETF

해외주식들과 연계된 상품으로 상품으로 매매차익에 대하여 배당소득으로 과세되는 상품이다. 매매차익이 2,000만원이 초과하는 경우 원천징수된 부분에 대하여 종합소득세를 신고하여 정산하여야 한다.

종목명	현재가	전일비	등락률	NAV	3개월수익률	거래량	거래대금(백만)	시가총액(억)
KODEX 선진국MSCI World	16,245	▲ 160	+0.99%	N/A	+11.39%	15,719	254	4,321
TIGER 미국나스닥100	65,940	▲ 50	+0.08%	N/A	+24.71%	108,493	7,159	3,956
TIGER 차이나CSI300	11,330	▲ 30	+0.27%	N/A	+25.14%	149,423	1,693	3,014
TIGER 차이나CSI300레버리지(합)	29,090	▼ 30	-0.10%	N/A	+52.18%	71,220	2,066	2,327
KINDEX 베트남VN30(합성)	12,550	▲ 70	+0.56%	N/A	-1.81%	27,151	339	1,958
KINDEX 중국본토CSI300	29,670	▲ 210	+0.71%	N/A	+22.67%	2,123	62	1,929
TIGER 글로벌4차산업혁신기술(	14,985	▲ 65	+0.44%	N/A	+16.56%	58,971	883	1,753
KODEX 미국FANG플러스(H)	23,300	▼ 155	-0.66%	N/A	+49.54%	382,271	8,898	1,445
TIGER 미국S&P500선물(H)	41,650	▲ 430	+1.04%	N/A	+16.28%	16,186	674	1,260
TIGER 미국S&P500레버리지(합)	22,580	▲ 490	+2.22%	N/A	+33.15%	27,343	616	1,016

원자재 ETF

원자재 가격과 연계된 상품으로 매매차익에 대하여 배당소득으로 과세되는 상품이다. 매매차익이 2,000만원이 초과하는 경우 원천징수된 부분에 대하여 종합소득세를 신고하여 정산하여야 한다.

종목명	현재가	전일비	등락률	NAV	3개월수익률	거래량	거래대금(백만)	시가총액(억)
KODEX WTI원유선물(H)	6,540	▼ 210	-3.11%	N/A	+16.98%	2,408,662	15,760	5,950
KODEX 골드선물(H)	13,465	▼ 125	-0.92%	N/A	+10.89%	119,857	1,611	2,478
KODEX 은선물(H)	5,825	▼ 95	-1.60%	N/A	+47.82%	825,689	4,797	1,695
TIGER 원유선물Enhanced(H)	2,070	▼ 45	-2.13%	N/A	+16.53%	2,262,092	4,673	1,604
TIGER 농산물선물Enhanced(H)	4,270	▼ 15	-0.35%	N/A	+7.53%	32,307	138	354
KODEX 3大 농산물선물(H)	7,435	0	0.00%	N/A	+6.29%	29,253	217	116
TIGER 구리실물	7,510	0	0.00%	N/A	+20.16%	1,086	8	92
TIGER 금은선물(H)	10,630	▼ 155	-1.44%	N/A	+14.01%	4,230	44	85
KBSTAR 팔라듐선물(H)	13,395	▼ 150	-1.11%	N/A	+14.02%	1,129	15	80
KODEX 구리선물(H)	5,685	▲ 5	+0.09%	N/A	+20.21%	16,789	95	74

채권 ETF

채권 가격과 연계된 상품으로 매매차익에 대하여 배당소득으로 과세되는 상품이다. 매매차익이 2,000만원이 초과하는 경우 원천징수된 부분에 대하여 종합소득세를 신고하여 정산하여야 한다.

전체	국내 시장지수	국내 업종/테마	국내 파생	해외 주식	원자재	**채권**	기타

종목명	현재가	전일비	등락률	NAV	3개월수익률	거래량	거래대금(백만)	시가총액(억)
KODEX 단기채권	102,460	0	0.00%	102,464	+0.09%	4,174	427	18,188
KODEX 종합채권(AA-이상)액티브	110,310	▲ 20	+0.02%	110,174	-0.19%	4,570	503	12,895
TIGER 단기통안채	100,650	▼ 5	0.00%	100,652	+0.11%	477	48	12,489
KODEX 단기채권PLUS	102,675	▼ 10	-0.01%	102,685	+0.14%	1,755	180	8,277
TIGER 단기채권액티브	50,460	0	0.00%	50,458	+0.18%	1,094	55	7,386
KINDEX 단기통안채	100,795	▲ 5	0.00%	100,790	+0.12%	225	22	3,892
HANARO 단기통안채	102,720	0	0.00%	102,732	+0.11%	0	0	3,352
KOSEF 국고채10년	125,930	▼ 130	-0.10%	125,889	-0.74%	1,148	144	2,355
KBSTAR 단기통안채	103,990	0	0.00%	103,992	+0.12%	66,325	6,897	1,553
KODEX 단기변동금리부채권액	102,180	0	0.00%	102,181	+0.07%	0	0	1,166

기타 ETF

해외선물, 부동산채권 등과 연계된 상품으로 매매차익에 대하여 배당소득으로 과세되는 상품이다. 매매차익이 2,000만원이 초과하는 경우 원천징수된 부분에 대하여서는 종합소득세를 신고하여 정산하여야 한다.

전체	국내 시장지수	국내 업종/테마	국내 파생	해외 주식	원자재	채권	**기타**

종목명	현재가	전일비	등락률	NAV	3개월수익률	거래량	거래대금(백만)	시가총액(억)
TIGER CD금리투자KIS(합성)	50,065	0	0.00%	50,068	N/A	90	4	4,499
TIGER 미국MSCI리츠(합성 H)	11,675	▲ 125	+1.08%	-	+4.33%	4,163	48	584
KODEX 미국달러선물	10,485	▲ 5	+0.05%	10,488	-3.14%	11,391	119	455
KOSEF 미국달러선물	12,625	▲ 5	+0.04%	12,632	-3.18%	6,032	76	268
KODEX 미국달러선물레버리지	10,200	▲ 25	+0.25%	10,204	-6.48%	21,583	220	266
KODEX TRF3070	10,785	▲ 15	+0.14%	10,786	+3.16%	2,812	30	226
TIGER KIS부동산인프라채권TR	5,120	0	0.00%	5,115	-5.80%	1,868	9	218
KODEX 배당성장채권혼합	10,905	0	0.00%	10,935	+3.02%	1,501	16	196
TIGER 미국달러선물인버스2X	8,970	▼ 30	-0.33%	8,987	+6.01%	22	0	179
KBSTAR 채권혼합	58,770	▲ 260	+0.44%	58,812	+3.95%	7	0	141

저자 해설

주식과 관련되어 매매로 인한 소득이 아닌 배당으로 보는 금융소득이 2,000만원이 넘는 경우에는 증권사에서 원천징수하는 절차로 소득세가 완결되지 않는다. 해당 배당소득 등의 금융소득은 종합소득에 포함되어 원천징수세율보다 높은 세율로 과세되는 경우가 대부분이므로 이 점을 반드시 숙지하고 해당연도 다음해 5월에 종합소득세 신고를 반드시 해야 한다.

10. ETN는 상장지수채권으로 ETF와 유사하지만 만기가 있는 점이 다르다

　ETN(Exchange Traded Nte, 상장지수채권)은 ETF와 동일하게 주식 및 원자재를 지수화하여 일반 주식처럼 거래가 가능하도록 한 상품이다.

　ETN은 ETF와 달리 만기가 있는 상품으로서 만기까지 보유할 경우 투자기간 동안의 주식 및 원자재 등의 수익률에서 제비용을 빼고 투자자에게 지급하며, 만기 이전에도 중도환매 또는 거래소에서 매매가능하다.
　ETN의 세금은 ETF와 동일하다. 국내 상장 주식형 ETN은 매매차익에 대한 양도소득세가 없으나, 채권형 등 ETN은 매매차익에 대하여 배당소득세를 원천징수한다. 해외상장 ETF는 해외주식처럼 양도소득세가 과세된다. ETN분배금은 주식배당금과 마찬가지로 배당소득세를 원천징수한다.

ETN 거래 관련 세금

일자	유형	
	주식형	원자재 등
매매차익	비과세	배당소득세 (15.4%*[1]원천징수)*[2]
분배금 (배당금, 채권이자 등)	배당소득세(15.4%원천징수)*[1]	

*[1] : 원천징수율 15.4% = 14%(국세) + 1.4%(지방세)
*[2] : 2,000만원 초과시 종합소득세 신고해야 함

ETN 상품

원자재 및 주식형 ETN이 있는데 주로 원자재(원유, 은, 천연가스 등) ETN이 주류를 이룬다.

종목명	현재가	전일비	등락률	거래량	거래대금(백만)	시가총액(억)	상장주식수(주)
삼성 레버리지 WTI원유 선물 ETN	390	▼ 25	-6.02%	22,969,173	9,002	1,576	404,000,000
신한 레버리지 WTI원유 선물 ET…	315	▼ 20	-5.97%	22,911,167	7,247	1,512	480,000,000
미래에셋 레버리지 원유선물혼…	2,155	▼ 175	-7.51%	5,505,905	11,963	884	41,000,000
삼성 인버스 2X WTI원유 선물 ETN	2,120	▲ 160	+8.16%	2,473,841	5,160	636	30,000,000
삼성 인버스 2X 은 선물 ETN(H)	1,845	▲ 120	+6.95%	1,029,049	1,840	92	5,000,000
신한 레버리지 천연가스 선물 E…	2,875	▼ 135	-4.49%	652,214	1,875	1,754	61,000,000
TRUE 인버스 2X 나스닥 100 ETN	2,885	▲ 15	+0.52%	608,557	1,742	866	30,000,000
신한 인버스 2X 콜 선물 ETN(H)	1,000	▲ 17	+6.07%	579,690	1,320	134	5,000,000
삼성 레버리지 천연가스 선물 E…	3,055	▼ 135	-4.23%	414,237	1,264	764	25,000,000
QV 레버리지 WTI원유 선물 ETN(H)	310	▼ 20	-6.06%	333,732	104	50	16,000,000

11 선물은 미래의 일정시점을 예측하여 거래하는 파생상품의 일종이다

선물은 일정한 상품이나 금융자산을 미래의 어느 시점에 인수도할 것을 약속하는 거래로서 파생상품의 한 종류에 해당한다. 즉, 매매가 먼저 이루어지고 나중에 약속된 시간에 인수도 되는 거래방식이다. 그러므로 선물은 같은 상품이라 할지라도 각 인수도 시점(예 : 9월물, 10월물 등)에 따라 그 가격이 다른 것이 일반적이다.

선물옵션은 선물계약을 거래대상으로 하는 옵션을 말한다. 선물옵션을 매입하는 자는 거래대상이 되는 선물의 포지션을 취할 권리를 가지는데 이 때 행사를 해봐야 손해가 되는 경우에는 선물옵션을 매입한 금액이 다 손실이 되는 것이다.

선물 옵션 구분

구분	권리
콜옵션	거래당사자 들이 미리 정한가격(행사가격)으로 장래의 특정시점 또는 그 이전에 일정자산을 매수할 수 있는 권리
풋옵션	거래당사자 들이 미리정한가격(행사가격)으로 만기일 또는 그 이전에 일정자산을 매도할 수 있는 권리

12. ELW는 선물옵션의 일종으로 적은 돈으로 큰 수익을 볼 수 있으나 원금을 모두 잃을 수도 있다

　ELW(Equity Linked Warrant, 주식워런트증권)은 주식 및 주가지수 등의 자산을 정해진 가격에 매수하거나 매도할 수 있는 권리를 가진 상품을 말한다. ELW는 거래기간이 정해져 있으며 그 기간동안 주식처럼 거래를 통하여 수익을 얻을 수도 있고, 거래기간이 종료되고 매수 또는 매도할 권리로부터 수익이 나오는 경우에는 발행한 증권사가 정산해 주므로 정산을 통하여 수익을 얻을 수도 있다. 그러나 수익이 발생하지 않는 경우에는 ELW를 매수한 금액은 모두 '0'원이 되는 것이다.

　개인투자자가 ELW를 거래하기 위해서는 '금융투자교육원'에서 ELW 투자자 교육과정을 이수하고 수료증을 증권사에 제출해야만 거래가 가능하다. 개인투자자도 일반 주식계좌를 이용하여 국내주식과 동일하게 거래를 할 수 있지만, 기본예탁금이 1,500만원 이상이 되어야만 거래를 시작할 수 있다.

콜 ELW

콜 ELW는 기초자산이 행사가 보다 상승하는 경우 행사가와의 차액과 전환비율을 계산하여 현금 정산을 받을 수 있는 권리를 가진 증권이다. 즉, 기초자산이 행사가보다 크게 오른 경우 큰 수익을 얻을 수 있다.

두산중공업 기초자산 콜 ELW

〈2020.03.29. 종가기준〉

종목명	현재가	등락	거래량	행사가	전환비율	만기	기초자산	
							현재가	등락
한국G456 두산중공콜	70	△10	770,460	14,400	0.050	21/05/13	13,250	△550

상기 '한국G456두산중공콜'은 두산중공업 주식으로 전환할 수 있는데 전환비율이 0.050으로 ELW 20주가 두산중공업 1주로 만기인 2021.05.13.에 전환되어 정산된다. 하지만 행사가 14,400원으로 현재 두산중공업의 주식시가가 13,250원으로 행사가격보다 1,150원 낮으므로 현재 실질가치는 '0'인 셈이다. 그러나 향후 상승할 가능성을 보고 그 가격이 70원으로 거래되는 것이다.

ELW 기초자산인 두산중공업의 변동율은 4.3% 상승하였으나 ELW는 16.7%가 상승한 것을 알 수 있다. 이와 같이 ELW는 기초자산인 기업의 주가 변동률보다 크게 상승 및 하락하는 것이 일반적이다. 즉, 그만큼 리스크가 크지만 수익도 클 수 있다는 것이다.

종목명	종가	전일대비 변동액	전일대비 변동율
한국G456두산중공콜	70	10	16.7%
두산중공업	13,250	550	4.3%

【콜 ELW 만기 정산사례】

종목명	현재가	등락	거래량	행사가	전환비율	만기
한국G456두산중공콜	70	△10	770,460	14,400	0.050	21/05/13

〈가정〉
- 2021.05.13. 두산중공업 종가 : 20,000원
- 한국G456두산중공콜 : 200,000주(2020.03.29. 70원에 매입, 매입총액 14,000,000원)
- 2021.03.29. 두산중공업 종가 : 13,250원

〈정산내역〉
- 두산중공업 전환주수 : 200,000주 × 0.05 = 10,000주
- 콜 수익차액 : 20,000원 - 14,400원 = 5,600원
- 정산액 : 10,000주 × 5,600원 = 56,000,000원
- 정산수익 : 56,000,000원 - 14,000,000원 = 42,000,000원

☞ 2021.03.29. 종가 대비 두산중공업 주가가 5,600원 상승하여 42.2% 상승할 때 ELW 투자로 300% 이익률을 실현하였다. 그러나 두산중공업 주가가 14,400원 미만인 경우 투자금 14,000,000원을 모두 잃게 된다.

풋 ELW

풋 ELW는 기초자산이 행사가보다 하락하는 경우 행사가와의 차액과 전환비율을 계산하여 현금 정산을 받을 수 있는 권리를 가진 증권이다. 즉, 기초자산이 행사가보다 크게 하락한 경우 큰 수익을 얻을 수 있다.

【풋 ELW 만기 정산사례】

종목명	현재가	등락	거래량	행사가	전환비율	만기
KBG087현대차풋	55	-	400,000	221,500	0.002	21/05/13

〈가정〉
- KBG087현대차풋 : 200,000주(2021.03.30. 55원에 매입, 매입총액 11,000,000원)
- 2021.03.30. 현대차 종가 : 219,500원
- 2021.05.13. 현대차 종가 : 155,000원

〈정산내역〉
- 현대차 전환주수 : 200,000주 × 0.002 = 400주
- 풋 수익차액 : 221,500원 - 155,000원 = 66,500원
- 정산액 : 400주 × 66,500원 = 26,600,000원
- 정산수익 : 26,600,000원 - 11,000,000원 = 15,600,000원

☞ 2021.03.30. 종가 대비 현대차 주가가 64,500원 하락하여 29.3% 하락할 때 ELW 투자로 141.8% 이익률을 실현하였다. 그러나 현대차 주가가 221,500원보다 높은 경우 투자금 11,000,000원을 모두 잃게 된다.

13 신주인수권는 콜ELW와 유사한 상품으로 큰 수익이 날 수도 있지만 원금을 모두 잃을 수도 있다

신주인수권부사채는 신주를 인수할 수 있는 권리가 있는 사채를 말한다. 이러한 신주인수권부사채에서 신주를 인수할 수 있는 권리만 따로 분리하여 거래되는 것을 신주인수권이라 한다. 또한, 기존주식을 기준으로 유상증자 하는 경우 유상증자를 받을 권리만 따로 분리하여 거래하는 것도 신주인수권에 포함된다.

주식시장에서 신주인수권부사채에서 분리한 신주인수권은 주식명에 WR을 붙여 표시하며, 유상증자 받을 권리에 대한 신주인수권은 주식명에 R을 붙여 표시한다.

신주인수권부사채 분리 신주인수권(WR)

신주인수권부사채에서 분리된 신주인수권은 본주(신주)를 정해진 가격(행사가)에 정해진 비율(행사비율)로 매수할 수 있는 권리를 말한다. 대부분의 경우 신주인수권 가격은 이론상의 가격보다 높게 형성되는 것이 일반적이다. 신주인수권 1주로 본주 1주로 전환하는 경우(전환비율이 100%)가 대부분이지만 전환비율이 100%가 아닌 경우도 있으므로 반드시 전자공시시스템의 전환사채 발행 공시자료 및 증권사를 통해서 전환비율을 확인해야 한다.

> 〈전환비율이 100%일 경우〉
> 이론상 신주인수권 가격 = 본주 가격 - 행사가

☞ 행사가 : 신주인수권을 가진 자가 본주를 인수하기 위하여 지불해야 하는 가격(유상증자 가액과 비슷한 개념)

본주의 가격이 상승하는 경우 일반적으로 신주인수권의 상승률은 본주의 상승률보다 훨씬 높아 ELW와 유사한 효과가 있다. 또한, 행사가와 신주인수권 가격을 합하여도 본주의 가격보다 낮은 가격에 신주인수권을 매입한 경우 전환 만기일까지 행사가와 신주인수권 가격을 합한 금액이 본주의 가격보다 낮게 형성되는 경우에는 본주로 전환할 실익이 없으므로 투자금액 전부를 잃을 수도 있다.

> 【유니슨 13WR】
> · 행사가 : 997원
> · 행사개시일 : 2019.04.15.
> · 행사종료일 : 2022.02.15.
> · 행사비율 : 신주인수권 1주 대비 100% 주식전

일자	가격	
	유니슨	유니슨1WR
2021.04.03.	4,100원	4,310원
2020.10.15.	6,620원	7,930원
2020.03.20.	617원	105원

☞ 유니슨 본주가 607원에서 4,100원으로 575.5% 상승할 때, 유니슨13WR은 105원에서 4,310원으로 4,004.8% 상승하여 수익률이 거의 7배 이상 차이가 난다.

    신주인수권부사채가 전환사채 조정 조항이 있어 본주가 하락하는 경우 투자자에게 유리한 신주인수권 전환가격이 낮게 전환되는 경우가 자주 발생하므로 이러한 부분도 감안하여 투자에 임하면 좋다. 유니슨13WR의 경우 최초 전환가격이 1,595원 이었으나 여러 차례 전환가격 조정을 통하여 전환가격이 997원으로 조정되었다. 또한, 최저한도 전환가격은 994원이다.

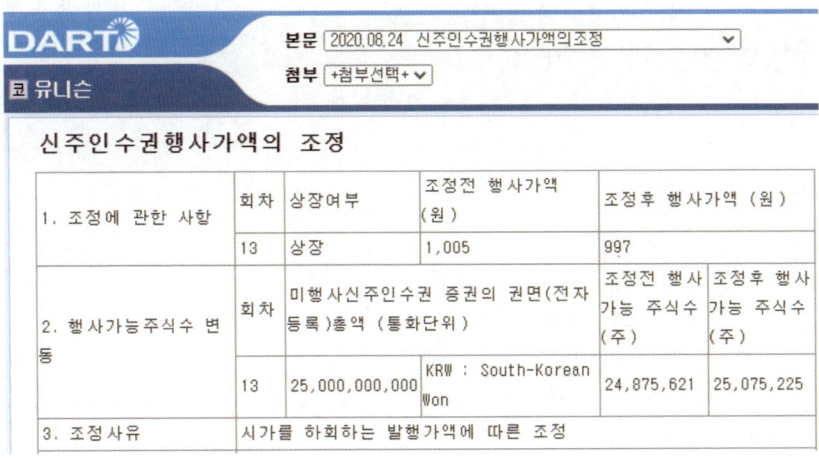

1. 조정에 관한 사항	회차	상장여부	조정전 행사가액 (원)	조정후 행사가액 (원)	
	13	상장	1,270	1,005	
2. 행사가능주식수 변동	회차	미행사신주인수권 증권의 권면총액 (통화단위)		조정전 행사 가능 주식수 (주)	조정후 행사 가능 주식수 (주)
	13	25,000,000,000	KRW : South-Korean Won	19,685,039	24,875,621
3. 조정사유	시가하락에 따른 행사가액 조정				

유상증자 분리 신주인수권(R)

유상증자 결정에 따라 권리락이 발생한 경우 해당 유상증자에 따른 신주를 할인된 가격에 매입할 수 있는 권리를 별도고 매매할 수 있도록 한 신주인수권을 기업명 뒤에 R을 붙여 거래한다. 다만, 이 경우 거래일수가 5일로 매우 짧지만 유상증자에 참여할 수 있고 거래가격이 WR에 비해서는 합리적인 선에서 결정되는 것이 일반적이다.

【다원시스12R】
- 행사가 : 14,850원
- 거래개시일 : 2021.04.02.
- 거래종료일 : 2021.04.09.
- 주권청약일 : 2021.04.19. ~ 2021.04.20.
- 유상증자 신주상장일 : 2021.05.10.
- 유상증자 신주 매입 : 신주인수권 1주로 본주 1주로 매입

일자	가격	
	다원시스	다원시스12R
2021.04.02.	18,350원	2,995원

☞ 2021.04.02. 종가 기준으로 신주인수권 매입시 유상증가 가액과 신주인수권 가격을 합치면 17,845원(14,850원 + 2,995원)으로 다원시스 본주 가격인 18,350원과의 차액 505원의 이익을 예상할 수 있다. 그러나 유상증자 대금을 입금하고 유상증자 신주가 상장될 때까지 해당 주가가 상승할지 하락할지 본인의 예측 하에 신주인수권 매수여부를 결정해야 한다.

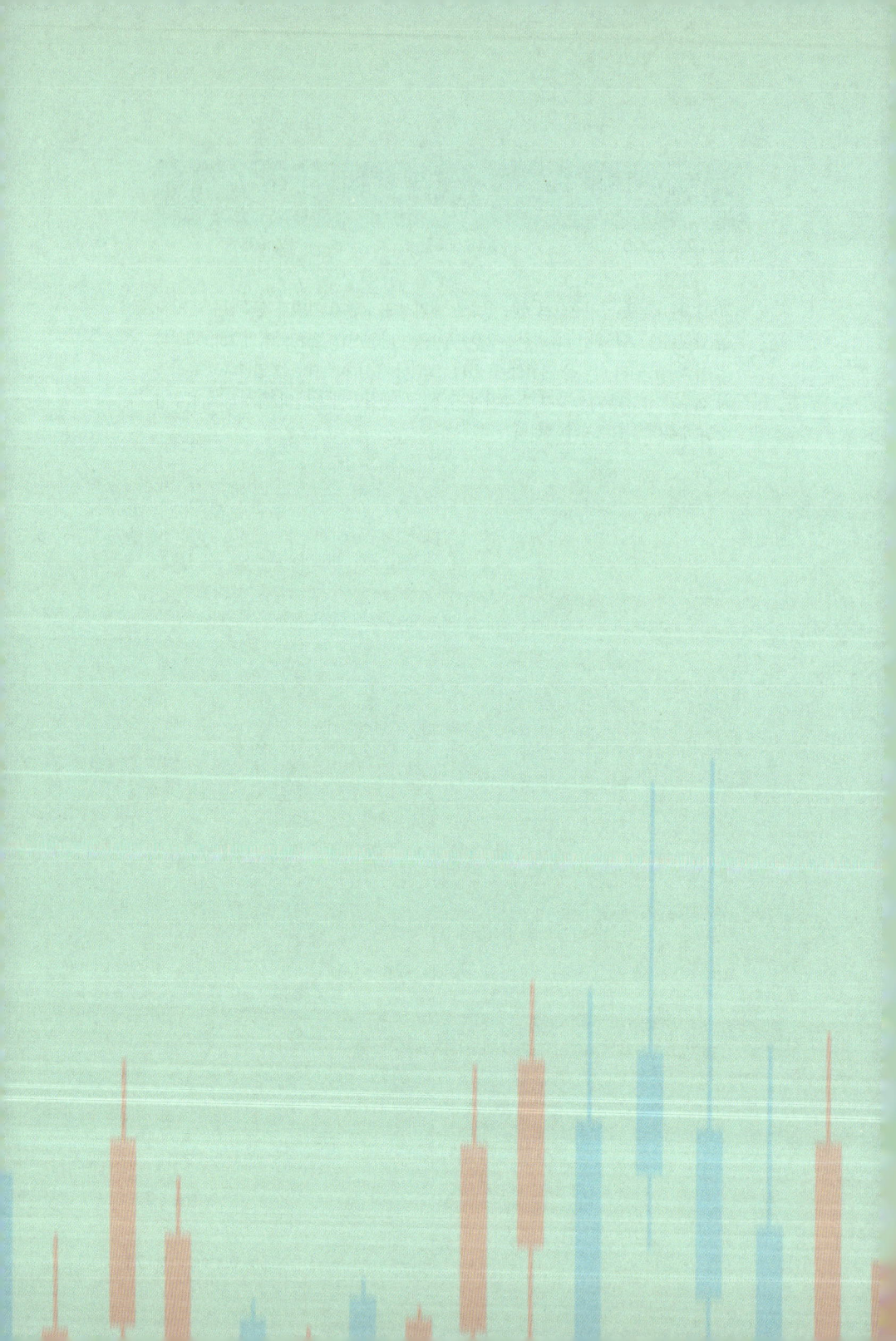

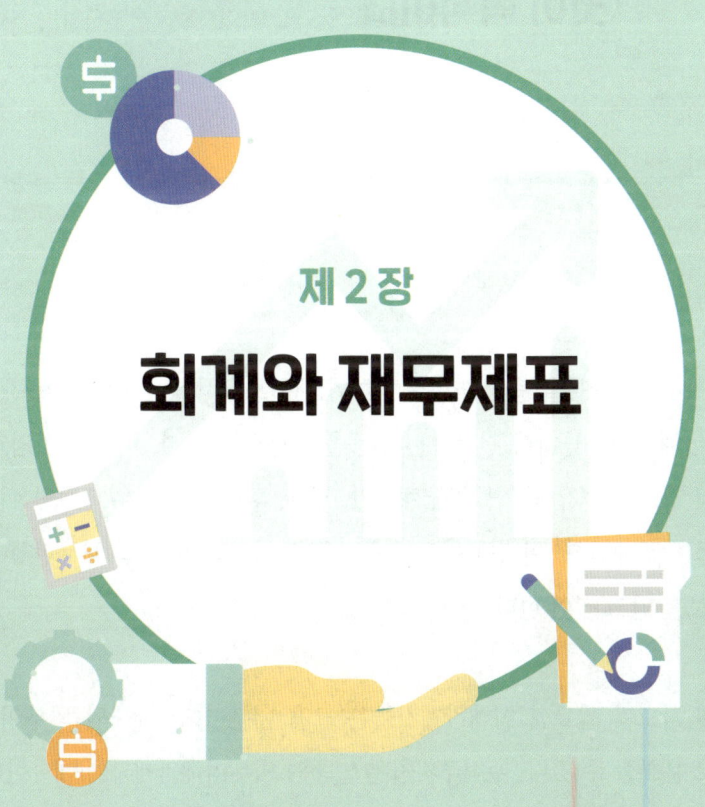

제 2 장
회계와 재무제표

14. 회계는 기업의 경영활동에 관한 정보를 이해관계인에게 제공하는 것이 목적이다

회계는 경영활동을 측정하고 요약하여 재무보고서를 만들고 이를 재무정보의 이해관계자들에게 전달하는 기능을 수행하고 있다. 이러한 기업과 관련해서 경영진, 종업원, 거래처, 채권자, 정부, 투자자 등 매우 다양한 이해관계자들이 존재한다. 이러한 이해관계자 등은 기업의 사업 및 재무현황에 대한 정보를 알고 싶어 한다.

회계 정보가 필요한 이해관계자들은 크게 내부이해관계자와 외부이해관계자로 분류할 수 있다. 주식투자자는 일종의 외부이해관계자에 해당한다.

이해관계자	
내부이해관계자	경영진, 종업원 등
외부이해관계자	투자자, 채권자, 거래처, 정부 등

회계는 기업의 경제적 활동을 측정하여 기록하고 이를 일정한 체계에 따라 처리한 후 그 정보를 이해관계자들에게 전달하는데, 이 때 기준이 되는 것이 회계기준이다. 회계기준은 제정주체 및 적용대상기업에 따라 조금씩 다르다.

회계기준과 적용대상기업

회계기준	제정주체	적용대상기업
국제회계기준(IFRS)	국제회계기준위원회	국가마다 다름
한국채택국제회계기준 (K-IFRS)	한국회계기준원	모든 상장기업과 자발적 채택기업
일반기업회계기준		비상장기업
중소기업회계기준		중소기업 참조

이러한 회계기준을 바탕으로 회계거래를 인식하고 측정한 후, 회계시스템에 의하여 처리하고 재무제표를 만들어 해당 정보를 이해관계자들에게 제공하게 되는 것이다.

> **저자 해설**
>
> 이 책은 주식시장에 상장된 기업의 분석을 목적으로 하고 있으므로 한국채택국제회계기준(K-IFRS)을 적용하여 재무제표를 작성한 기업들을 분석하는 방법에 대해서 서술하고자 한다.
> 사실 기본적인 부분은 4가지 회계기준이 크게 다르지 않기 때문에 재무제표 분석에 있어서 이 점에 대해 크게 신경 쓸 필요는 없이 본 도서를 읽어 나가면 될 것이다.

회계시스템 Process

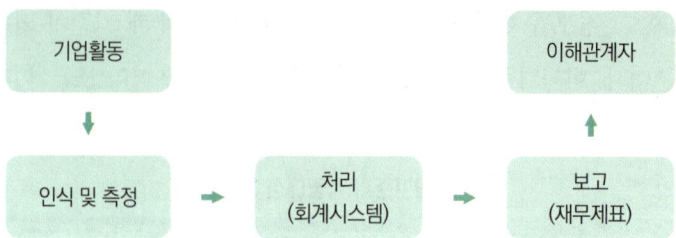

> **15** 분개란 기업의 경영활동에 따른 거래를 복식부기 원리에 따라 기록하는 것으로 이를 기초로 하여 재무제표가 작성된다

장부를 기록하는 것을 부기라고 하는데 부기의 방법으로는 단식부기와 복식부기가 있다.

단식부기

단식부기란 가계부처럼 한 거래에 대하여 수입과 지출로 구분하여 작성하는 것을 말한다.

부기를 수행하는 주체가 핸드폰을 소매로 판매하는 업체인 '삼성통신'이라고 가정하자

【단식부기 사례 1】
〈거래 발생〉
2020.08.10. 원재료를 ㈜서울에서 5,000,000원에 현금으로 매입함.

〈단식부기〉
2020.08.10. 지출(핸드폰 구입) 5,000,000원
☞ 핸드폰 구입을 위해 현금이 나간 사실만 기재

【단식부기 사례 2】
〈거래 발생〉
2020.08.20. ㈜서울에서 구입한 핸드폰을 고객인 금성㈜에게 10,000,000원에 판매하고 현금을 수령함.

〈단식부기〉
2020.08.20. 수입(핸드폰매출) 10,000,000원
☞ 핸드폰을 매출하여 현금이 들어온 사실만 기재

복식부기

복식부기란 한 거래에 대하여 원인과 결과로 두 번 작성하는 것을 말한다.

부기를 작성하는 주체가 핸드폰을 도매로 판매하는 업체인 '삼성통신'이라고 가정하자

【복식부기 사례 1】
〈거래 발생〉
2020.08.10. 원재료를 ㈜서울에서 5,000,000원에 현금으로 매입함.

〈복식부기〉
2020.08.10. 재고자산(핸드폰) 5,000,000원 / 현금 5,000,000원
☞ 핸드폰(상품)이 들어오고 현금이 나감을 동시에 기재

【복식부기 사례 2】

〈거래 발생〉
2020.08.20. ㈜서울에서 구입한 핸드폰을 고객인 금성㈜에게 10,000,000원에 판매하고 현금을 수령함.

〈복식부기〉
2020.08.20. 현금 10,000,000원   /   매출 10,000,000원
             매출원가 5,000,000원   재고자산(핸드폰) 5,000,000원
☞ 핸드폰(상품)이 나가고 현금이 들어옴을 동시에 기재

분개

2020.08.10. 재고자산(핸드폰) 5,000,000원 / 현금 5,000,000원
2020.08.20. 현금 10,000,000원   /   매출 10,000,000원
             매출원가 5,000,000원   재고자산(핸드폰) 5,000,000원

이렇게 복식부기로 거래를 기록하는 것을 분개라고 한다. 이 분개가 회계자료를 만드는 가장 기본이 되는 것이다.

이러한 분개는 거래의 8요소에 따라 차변과 대변으로 기록되게 되어 있는데, 이를 이해하는 것이 그리 쉽지는 않다.

2020.08.10. 재고자산(자산) 5,000,000원 / 현금(자산) 5,000,000원
2020.08.20. 현금(자산) 10,000,000원   /   매출(수익) 10,000,000원
             매출원가(비용) 5,000,000원   재고자산(자산) 5,000,000원

2020.08.10. 현금이라는 자산이 5,000,000원 감소(대변)함과 동시에 재고자산(핸드폰)이라는 자산 5,000,000원이 증가(차변)하였다.

2020.08.20. 현금이라는 자산 10,000,000원이 증가(차변)되었는데 이는 매출이라는 수익 수익 10,000,000원이 발생되었으며, 동시에 재고자산(핸드폰)이라는 자산 5,000,000원 감소(대변)와 매출원가라는 비용 5,000,000원이 발생(대변)하였다.

거래의 8요소

차변	대변
자산증가	자산감소
부채감소	부채증가
자본감소	자본증가
비용발생	수익발생

이렇게 거래의 8요소에 따라 거래를 차변과 대변에 기록한 분개를 기초로 하여 추후 재무상태표, 손익계산서 등의 재무제표가 작성되는 것이다.

16 재무제표를 적정하게 작성하기 위하여서는 회계기간 말에 자산과 비용 등을 조정하는 결산정리분개가 필요하다

회계기간말 시점에서 적정한 수익과 비용을 인식, 자산 및 부채 등을 적절히 평가하는 것이 필요한데 이러한 과정을 결산정리분개라 한다. 결산정리분개의 주요항목으로는 감가상각비, 선급금, 미지급비용, 대손충당금 등이 있다.

감가상각비

사업용 자산을 매입하여 사업에 사용하는 경우에 토지를 제외한 나머지는 그 가치가 하락되는 것이 일반적이다. 이에 토지를 제외한 사업용 자산에 대하여 자산별로 일정한 기간을 정하여 그 기간에 자산 가치하락이 예상되는 일정한 금액을 비용으로 계상하는 것을 감가상각비라고 한다.

감가상각방법	자산
정액법	건물
정률법	사업용 기계, 차량 등
생산량비례법	천연자원, 광물자원 등

- 정액법

자산 유형별로 정해진 내용연수 기간 동안 동일한 금액을 상각하는 방법으로서 균등상각방법이라고도 한다.

【정액법 감가상각비 결산정리분개 사례】

〈가정〉
· AA법인은 2020.07.01.에 20억원에 공장건물을 구입하여 사업에 사용하고 있다.
· 해당 공장건물의 내용연수는 20년이다.
· 해당 공장건물의 감가상각방법은 정액법을 사용한다.
· 잔존가치는 '0'이라 한다.

〈2020.12.31. 감가상각비 결산정리분개〉
공장건물 감가상각비(비용) 0.5억원 / 공장건물 감가상각누계액(자산차감) 0.5억원
· 2020년 공장건물 감가상각비
  20억원 × 1/20[*1] × 6/12[*2] = 0.5억원

[*1] : 내용연수가 20년이므로
[*2] : 감가상각비는 월할 계산하므로(7월부터 12월)

기간	취득원가 − 잔존가치	내용연수	월수	감가상각비
2020년	20억원	1/20	6/12	0.5억원
2021년	20억원	1/20	12/12	1억원
2022년	20억원	1/20	12/12	1억원
2023년	20억원	1/20	12/12	1억원
2024년	20억원	1/20	12/12	1억원

- 정률법

자산 유형별로 정해진 내용연수 기간 중 내용연수를 기준으로 정해진 일정한 상각률을 사용하여 감가상각비를 산출하는 방법으로 감가상각 초기에 많은 금액을 상각하는 방법이다.

정액법의 경우 장부가액을 일정하게 나누어 감가상각비를 산출하나 정률법은 상각률을 사용하여 산출한 감가상각비를 차감한 후의 장부가액에 다시 상각률을 곱하는 방식으로 감가상각비를 산출한다.

· 감가상각비 = 장부가액(취득가액 − 감가상각비누계액) × 감가상각률 × 월수/12

【정률법 감가상각비 결산정리분개 사례】

〈가정〉
· AA법인은 2019.07.01.에 1억원에 트럭을 구입하여 사업에 사용하고 있다.
· 해당 차량의 내용연수는 4년이다.
· 해당 차량의 감가상각방법은 정률법을 사용한다.
· 내용연수 4년 상각률은 0.605라고 하자.

〈2020.12.31. 감가상각비 결산정리분개〉
트럭 감가상각비(비용) 42,198,750원 / 트럭 감가상각누계액(자산차감) 42,198,750원

· 2020년 트럭 감가상각비
  (100,000,000원 − 30,250,000원) × 0.605[*1] × 12/12 = 42,198,750원

[*1] : 감가상각률 0.605

기간	장부가액	상각률	월수	감가상각비
2019년	1억원	0.605	6/12	30,250,000원
2020년	69,750,000원[*1]	0.605	12/12	42,198,750원
2021년	27,551,250원[*2]	0.605	12/12	16,668,506원

[*1] : 69,750,000원 = 100,000,000원 − 30,250,000원
[*2] : 27,551,250원 = 100,000,000원 − 30,250,000원 − 42,198,750원

> **저자 해설**
>
> 정률법의 감가상각률은 잔존가액을 고려하여 산출하는데, 실무의 경우 내용연수별로 감가상각률이 주어지므로 감가상각률을 별도로 계산을 할 필요는 없다.

- 생산량비례법

내용연수를 사용하지 아니하고 생산량 또는 사용량을 기준으로 하여 감가상각비를 산출하는 방법을 말한다.

부채성충당금

부채성충당금은 해당 회계연도의 수익에서 차감되는 비용처럼 인식된다.

대손충당금이란 외상매출금, 받을어음 등 매출채권에 대하여 대손예상액을 산출하여 충당금으로 설정하는 것을 말한다. 물론 해당 회계기간 중에 대손이 확정된 것은 비용으로 보는 대손상각비로 계상하는 것으로 대손충당금과는 별개이다.

· 대손충당금 = 기말 매출채권 잔액 × 대손설정률

【대손충당금 결산정리분개 사례】

〈가정〉
· AA법인은 2020.12.31. 매출채권 잔액 50억원이다.
· 매출채권에 대한 대손설정률은 1%이다.

〈2020.12.31. 감가상각비 결산정리분개〉
대손상각비(비용) 50,000,000원 / 대손충당금(부채) 50,000,000원
· 대손충당금 설정액
  50억원(매출채권 잔액) × 1%(대손설정률) = 50,000,000원

퇴직급여충당금이란 모든 종업원이 일시에 퇴직하는 경우 지급해야 할 퇴직금을 충당금으로 설정하는 것을 말한다. 이와 유사한 충당금에는 수선충당금, 판매보증충당금, 공사보증충당금, 특별수선충당금 등이 있다.

선급비용

이미 비용으로 계상(분개)한 비용 중 해당 회계기간에 속하는 비용 아닌 다음 회계기간에 속하는 비용인 경우 해당 비용을 당기비용이 아닌 자산인 선급비용으로 결산정리 분개하는 것이 필요하다.

【선급비용 결산정리분개 사례】

〈가정〉
· AA법인은 2020.07.01. 공장건물에 대한 12개월치 보험료 12,000,000원을 보험회사에 지급하였다.

〈2020.12.31. 감가상각비 결산정리분개〉
선급보험료(자산) 6,000,000원 / 보험료(비용) 6,000,000원

· 선급보험료
   12,000,000원 × 6^{*1}/12 = 6,000,000원

*1 : 2021.01월부터 06월까지의 보험료

미지급비용

비용으로 미계상(분개)한 비용 중 해당 회계기간에 속하는 비용인 경우에는 비용으로 계상함과 동시에 부채인 미지급비용으로 결산정리 분개하는 것이 필요하다.

【미지급비용 결산정리분개 사례】

〈가정〉
· AA법인은 2020.12.01. 직원들에 대하여 성과상여금 1억원을 지급하기로 이사회에서 결의하였으나 실제 지급하지는 아니하였다.

〈2020.12.31. 감가상각비 결산정리분개〉
성과상여금(비용) 1억원 / 미지급비용(부채) 1억원
☞ 지급할 의무가 있음에도 불구하고 지급하지 아니한 비용에 대하여 결산정리분개시 차변에 비용으로 계상함과 동시에 대변에 부채인 미지급비용으로 분개함.

당기손익금융자산

해당 회계기간말 단기매매차익 목적으로 취득한 주식, 사채 등의 취득가액(장부가액)이 시가(공정가액)와 차이가 발생하는 경우 시가로 재무상태표에 표시해야 하므로 결산정리분개하는 것이 필요하다.

【당기손익금융자산 결산정리분개 사례】

〈가정〉
· AA법인은 2020.10.01. 단기 매매할 목적으로 삼성전자 주식 합계 2억원을 매입하였다.
· 2020.12.31. 삼성전자 주식의 시가의 합계는 2.5억원이다.

〈2020.12.31. 감가상각비 결산정리분개〉
삼성전자 주식 0.5억원 / 삼성전자주식 평가이익 0.5억원
☞ 단기매할 목적으로 취득한 주식은 당기손익금융자산으로서 회계기간 말에 시가와 취득가액의 차이를 결산조정 분개하여 수익 등을 조정해 주어야한다.

17

재무제표는 재무상태표, 손익계산서, 자본변동표, 현금흐름표로 구성되어 있다

재무제표를 적정하게 작성하기 위해서는 아래와 같은 과정이 필요하다.

거래의 발생 ➡ 분개수행 ➡ 결산조정 분개수행 ➡ 재무제표 작성

저자 해설

총계정원장, 계정별원장, 시산표 작성 등은 회계원리 등을 공부할 때 나오는 것이나 실무에서는 분개를 하는 경우 전산프로그램에서 자동적으로 만들어 지는 것으로 큰 틀을 알고자하는 이 책에서는 생략하고자 한다.

거래의 발생에서 재무제표의 작성 단계는 아래와 같다.
1단계 : 기업 활동으로 인한 거래가 발생
2단계 : 해당 거래에 대하여 분개를 수행
3단계 : 해당 회계기간말 수익, 비용, 자산, 부채 등을 해당 기간에 맞게 조정해 주는 결산조정분개를 수행
4단계 : 분개와 결산조정분개를 바탕으로 재무제표를 작성

재무제표는 크게 아래와 같이 4가지로 구분되며, 작성목적은 다음과 같다.

재무제표 구성과 작성목적

구분	작성 목적
재무상태표	일정시점의 기업의 자산, 부채 및 자본 현황파악
손익계산서	일정기간 동안의 기업의 수익·비용 파악
현금흐름표	일정기간 동안의 기업의 현금흐름 파악
자본변동표	일정기간 동안의 자본의 변동내역 파악

코스피시장 및 코스닥시장에 상장되어 있는 기업들은 이러한 재무제표를 작성하여 분기, 반기, 사업연도 전체에 대하여 보고서를 작성하여 매분기마다 제출하여야 한다.

사업보고서 등 제출기한

〈회계기간 : 1.1부터 12.31.인 경우〉

제출기한	제출할 서류
분기경과 후 45일 이내	분기보고서 제출(1월 ~ 3월)
반기경과 후 45일 이내	반기보고서 제출(1월 ~ 6월)
분기경과 후 45일 이내	분기보고서 제출(7월 ~ 9월)
회계기간 경과 후 90일 이내	사업보고서 제출(1월 ~ 12월)

18 재무상태표는 "자산 = 부채 + 자본"으로 이루어져 있다

재무상태표는 일정시점에 해당 기업의 자산, 부채, 자본의 현황에 대한 정보를 제공해주는 재무제표이다.

- 자산 : 기업이 활용할 수 있는 자원
- 부채 : 기업의 채권자가 가지고 있는 지분
- 자본 : 기업의 소유자가 가지고 있는 지분

재무상태표

AA(주)　　　　　　　　　2020.12.31. 현재　　　　　　　　　(단위 : 백만원)

자산		부채	
현금	20,000	매입채무	10,000
매출채권	30,000	미지급이자	1,000
기계	1,000	차입금	9,000
공장건물	4,000	부채총계	20,000
토지	5,000	자본	
		자본금	10,000
		자본잉여금	20,000

		이익잉여금	10,000
		자본총계	40,000
자산총계	60,000	부채와자본총계	60,000

재무상태표를 보면 자산의 총계는 부채와 자본의 총계와 정확히 일치하는데, 이를 회계등식 또는 재무상태표 등식이라고 한다.

- 자산(기업의 자원) = 부채(채권자지분) + 자본(주주지분)

19 자산은 기업이 직접 통제하여 수익을 발생시키기 위해 사용가능한 재산 등을 말한다

　자산은 과거사건에 대한 결과로 기업이 대부분의 위험과 효익을 통제하고 있는 경제적 자원으로서 미래에 기업의 수익창출활동에 사용할 수 있는 자원을 말한다. 자산은 외형적으로 형태를 지니고 있는 제품, 기계, 건물 등 유형자산 뿐만 아니라 상표권, 생산기술 등 외형적으로 형태를 지니고 있지 아니한 무형자산도 포함한다.

【자산의 특징】
- 과거사건의 결과로 자산이 발생
  ☞ 현금으로 공장건물을 매입이라는 과거사건으로 공장건물이라는 자산이 발생하는 것을 의미함.
- 자산을 기업이 통제 가능
  ☞ 해당 공장건물을 매입한 기업에서 직접사용하거나 임대를 주는 등 통제가 가능해야만 자산에 해당한다는 것을 의미함.
- 자산은 기업의 미래경제적 효익 발생에 기여
  ☞ 해당 공장건물을 직접 사용해 상품을 제조하여 미래에 수익이 발생하거나 타인에게 임대하여 미래에 임대료 수익이 발생하는 것을 의미함.

일반적으로 1년 이내 현금으로 전환이 가능한 자산을 유동자산으로 보는데, 재무상태표에 자산을 배열할 때 이러한 유동성 높은 자산을 먼저 배열한다.

유동성 기준 자산 배열 순서

구분		계정 항목
유동자산		현금, 매출채권, 소모품 등
비유동자산	투자자산	투자부동산, 장기대여금 등
	유형자산	토지, 건물, 기계 등
	무형자산	상표권, 영업권 등

연결 재무상태표 중 자산부분

주식회사 토비스

연결 재무상태표
제 23 기 2020.12.31 현재
제 22 기 2019.12.31 현재
제 21 기 2018.12.31 현재

(단위 : 원)

	제 23 기	제 22 기	제 21 기
자산			
유동자산	168,585,085,275	181,896,292,544	187,361,756,709
현금및현금성자산	31,622,215,095	20,823,924,190	12,343,392,450
단기금융상품	1,810,650,214	1,557,600,000	2,101,000,000
당기손익-공정가치측정금융자산	7,627,560,417	2,239,850,630	1,762,500,000
매출채권	45,394,995,712	76,921,716,512	90,789,720,497
미수금	5,114,707,325	7,964,105,316	5,799,935,382
단기대여금	1,040,313,018	753,250,000	625,953,000
선급금	4,238,605,333	3,966,801,039	741,718,083
당기법인세자산	17,446,390	0	0
파생상품금융자산	481,815,943	87,288,018	17,137,389
재고자산	69,151,544,836	64,516,076,998	70,263,840,113
기타금융자산	29,032,869	45,095,753	711,368,046

	제 23 기	제 22 기	제 21 기
기타비금융자산	1,956,198,123	3,020,584,088	2,205,191,749
매각예정비유동자산	100,000,000	0	0
비유동자산	112,401,230,654	99,267,781,361	105,591,772,889
장기금융상품	0	0	5,231,227,753
당기손익-공정가치측정금융자산	5,926,501,034	5,425,525,460	0
관계기업투자	0	13,685,342	72,622,438
투자부동산	5,745,335,300	2,766,229,489	2,093,462,676
장기대여금	923,450,000	1,695,025,000	2,262,125,000
유형자산	80,630,671,178	72,597,783,991	79,877,440,163
무형자산	13,025,166,315	11,518,210,525	11,253,984,608
기타금융자산	1,841,676,725	1,988,309,610	1,982,043,670
기타비금융자산	1,243,954,392	364,041,829	595,921,469
이연법인세자산	3,064,475,710	2,898,970,115	2,222,945,112
자산총계	280,986,315,929	281,164,073,905	292,953,529,598
부채총계	96,763,456,847	87,081,474,843	115,644,832,274
자본총계	184,222,859,082	194,082,599,062	177,308,697,324
자본과부채총계	280,986,315,929	281,164,073,905	292,953,529,598

☞ 부채와 자본부분의 내용은 숨기고 총계만 나타냄.

자산항목

- 현금성자산 : 현금성 자산이란 현금과 유사한 자산으로 보통예금, 수표, 받을 어음 등 언제든지 현금으로 교환이 가능한 자산을 말한다.
- 단기금융상품 : 단기적 자금운영 목적의 1년 미만의 금융상품 등으로 예금, 적금, 양도성예금증서, 상호부금, 금전신탁, 기업어음 등의 자산을 말한다.
- 당기손익-공정가치금융자산 : 단기매매차익을 목적으로 보유한 주식, 채권, 사채 등의 자산으로 재무상태표 작성시점에 공정가치로 평가한다, 전기 재무상태표 작성시점과의 공정가치 차액은 이익 또는 손실로 계상한다.

- 매출채권 : 영업활동으로 매출한 금액 중 아직 수금하지 못한 자산(채권)을 말한다.
- 미수금 : 제조기업의 공장건물 판매 미수대금 등 영업활동과 직접적인 관련이 없는 활동으로 인하여 발생한 일정금액을 수취해야할 권리가 있는 자산(채권)을 말한다.
- 단기대여금 : 1년 미만을 기간으로 하여 외부에 대여해준 자산(채권)을 말한다.
- 선급금 : 재화나 서비스의 대가를 지급시기 보다 먼저 지급한 경우에는 해당 회계기간의 비용이 아닌 자산으로 계상한다.
- 파생금융자산 : 주가지수선물, ETF, ETN, 통화선도계약 및 환헤지 파생상품 등의 자산을 말한다.
- 재고자산 : 영업활동을 통하여 매출하기 위한 제품, 상품 등의 자산을 말한다.
- 기타유동자산 : 미수수익, 선급비용 등 상기 유동자산에 포함되지 않는 나머지 유동자산 등을 말한다.

20

> 부채는 매입채무, 차입금 등과 같이 기업이 외부인에게 지급해야할 의무가 있는 기업의 채권자지분을 말한다

부채는 과거사건에 의하여 기업이 외부인에 대한 의무로서 기업이 가진 자원으로 그 의무를 이행해야 하는 것을 말한다. 이러한 외부인은 해당 기업에 대한 채권자에 해당하므로, 부채를 '채권자지분'이라고도 말한다.

일반적으로 1년 이내 현금으로 전환이 가능한 부채를 유동부채로 보는데, 재무상태표에 자산을 배열할 때 이러한 유동성 높은 부채를 먼저 배열한다.

유동성 기준 부채 배열 순서

구분	계정 과목
유동부채	매입채무, 미지급금, 단기차입금, 선수금 등
비유동부채	사채, 장기차입금, 퇴직급여부채 등

연결 재무상태표 중 부채부분

주식회사 토비스

연결 재무상태표
제 23 기 2020.12.31 현재
제 22 기 2019.12.31 현재
제 21 기 2018.12.31 현재

(단위 : 원)

	제 23 기	제 22 기	제 21 기
자산총계	280,986,315,929	281,164,073,905	292,953,529,598
부채			
유동부채	90,920,491,930	85,169,860,067	113,071,936,001
매입채무	27,704,198,261	28,205,006,558	49,639,771,862
미지급금	6,922,435,520	5,896,107,392	7,206,976,122
단기차입금	45,720,970,385	35,632,628,601	41,665,824,072
유동성장기부채	521,666,667	343,749,994	16,666,666
선수금	5,095,366,909	1,509,148,781	1,408,759,970
파생상품금융부채	0	357,766,817	242,965,659
판매보증충당부채	413,313,897	549,764,724	525,552,218
지급보증충당부채	1,562,000,000	649,000,000	0
단기리스부채	1,058,217,818	876,686,831	0
당기법인세부채	226,782,932	4,622,189,909	5,465,898,268
기타유동부채	1,695,539,541	6,527,810,460	6,899,521,164
비유동부채	5,842,964,917	1,911,614,776	2,572,896,273
장기차입금	2,718,333,339	716,250,006	1,043,333,334
장기리스부채	1,447,711,647	616,717,609	0
퇴직급여부채	1,676,919,931	578,647,161	1,529,562,939
부채총계	96,763,456,847	87,081,474,843	115,644,832,274
자본총계	184,222,859,002	104,002,500,062	177,308,697,324
자본과부채총계	280,986,315,929	281,164,073,905	292,953,529,598

☞ 자산과 자본부분의 내용은 숨기고 총계만 나타냄.

유동부채

외부에 지급해야할 금액 중 만기가 1년 미만인 부채를 유동부채로 분류한다.

- 매입채무 : 영업활동과 관련하여 매입한 재화 등의 대가를 미지급한 상태

인 부채(외상매입금)를 말한다.
- 미지급금 : 영업활동과는 직접적인 관련이 없는 공장건물 매입대가를 미지급한 상태인 부채를 말한다.
- 단기차입금 : 외부로부터 만기가 1년 미만으로 차입한 금액을 말한다.
- 유동성장기부채 : 외부로부터 만기가 1년 이상으로 차입하였으나 해당 회계기간말에 만기가 1년 미만이 된 차입금 등의 부채를 말한다.
- 선수금 : 해당 회계기간의 수익에 해당되지 않는 대가를 미리 받은 것은 선수금이라는 계정으로 부채로 계상한다.
- 파생금융부채 : 채권자에게 지급해야 할 항목으로 해당 채권이 파생금융상품으로 분류된 채무를 말한다. 전환사채(CB)와 신주인수권부사채(BW)가 파생금융상품부채에 해당한다.
- 지급보증충당부채 : 타 기업을 위하여 지급보증을 한 건에 대하여 대신 지급하였거나 지급이 예상되는 경우 계상하는 충당부채
- 단기리스부채 : 만기가 12개월 미만의 모든 리스관련 지급해야 할 이자비용을 단기리스부채로 계상한다.
- 당기법인세부채 : 해당 회계기간의 수익에 대한 법인세로 그 다음 회계기간에 납부할 것이 확실하므로 부채로 계상한다.
- 기타유동부채 : 상기 유동부채에 속하지 않는 유동부채를 포괄하여 기타유동부채로 계상한다.

비유동부채

외부에 지급해야할 금액 중 만기가 1년 이상인 부채를 비유동부채로 분류한다.

- 장기차입금 : 외부에서 차입한 금액으로 만기가 1년이상인 차입금을 말한다.
- 장기리스부채 : 만기가 12개월 이상의 모든 리스관련 지급해야 할 이자비용을 단기리스부채로 계상한다.
- 퇴직급여부채 : 전 직원이 퇴직했을 때 지급해야 할 퇴직금을 부채로 계상한 것으로 말한다.
- 이연법인세부채 : 해당 연도 소득에 대하여 납부가 예상되는 법인세를 예상하여 부채로 계상한 것을 말한다.

저자 해설

회계 초보자의 경우 크게 유동부채와 비유동부채를 만기도래 1년 여부를 기준으로 분류하는 것이라는 정도만 이해하면 된다. 나머지 더 세부적인 부채의 구분은 한 번 읽어보고 이해가 된다면 좋지만 이해가 잘 안가더라도 별 문제가 되지 않으므로 이해가 안 된다고 스트레스 받을 필요는 없다.

21

자본은 기업의 주식을 보유한 주주들의 지분을 말하며 자본금, 자본잉여금, 이익잉여금 등으로 구성되어 있다

자본은 자산에서 부채를 차감한 순자산으로서 기업의 주식을 보유한 주주들의 지분을 의미한다.

자본은 자본금, 자본잉여금, 이익잉여금 등으로 구성되어 있다.

자본 배열 순서

구분	계정 과목
자본금	주식의 액면가액
자본잉여금	주식발행초과금, 감자차익, 자기주식처분이익 등
이익잉여금	유보이익·손실(당기순이익·순손실), 배당 등
자본조정	자기주식, 감자차손, 자기주식처분손실, 주식할인발행차금, 배당건설이자, 주식선택권 등
기타포괄손익누계액	자산재평가잉여금, 기타포괄손익인식금융자산평가손익 등

연결 재무상태표 중 자본부분

주식회사 토비스

연결 재무상태표
제 23 기 2020.12.31 현재
제 22 기 2019.12.31 현재
제 21 기 2018.12.31 현재

(단위 : 원)

	제 23 기	제 22 기	제 21 기
자산총계	280,986,315,929	281,164,073,905	292,953,529,598
부채총계	96,763,456,847	87,081,474,843	115,644,832,274
자본			
지배기업 소유주지분	184,108,613,778	194,017,089,792	177,266,704,052
자본금	8,358,529,000	8,358,529,000	8,358,529,000
기타불입자본	40,704,559,099	41,020,253,762	41,020,253,762
이익잉여금	145,518,588,645	156,258,437,087	137,227,796,629
기타자본구성요소	(10,473,062,966)	(11,620,130,057)	(9,339,875,339)
비지배지분	114,245,304	65,509,270	41,993,272
자본총계	184,222,859,082	194,082,599,062	177,308,697,324
자본과부채총계	280,986,315,929	281,164,073,905	292,953,529,598

☞ 자산과 부채부분의 내용은 숨기고 총계만 나타냄.

자본항목

- 자본금 : 주주가 납입한 금액 중 주식 액면가액에 해당하는 금액
- 기타불입자본(자본잉여금) : 주주가 납입한 금액 중 주식 액면가액을 초과하는 금액
- 이익잉여금 : 사업활동으로 인하여 발생한 당기순이익 등으로 형성된 잉여금
- 기타자본구성요소(자본조정, 기타포괄손익누계액) : 상기 계정에 포함되지 않지만 자본총계에 영향을 미치는 것으로 감자차손, 자기주식처분손실, 매도가능금융자산평가손익 등이 있다.

【자본금과 기타불입자본(자본잉여금) 구분】

〈가정〉
- 2020.10.20. 유상증자 실시
- 주당 유상증가 금액 : 7,000원
- 유상증자 주수 : 200,000주
- 유상증자 주식 액면가액 : 5,000원
- 유상증자 100% 납입완료

〈자본 분류〉
- 자본총계 증가액 : 1,400,000,000원
- 자본금 증가액 : 1,000,000,000원
  - 200,000주 × 5,000원(액면가액)
- 기타불입자본(자본잉여금) 증가액 : 400,000,000원
  - 200,000주 × 2,000원(액면가액 초과액)

> **저자 해설**
>
> 회계 초보자는 자본의 종류에서 자본금, 기타불입자본(자본잉여금), 이익잉여금 정도만 이해하면 되고, 기타자본구성요소에 대해서는 상기 3가지 외의 것을 모두 포함한다는 정도만 이해하면 된다.

22. 기업의 사업활동으로 발생한 거래(분개)는 재무상태표와 손익계산서 모두에게 영향을 주거나 어느 하나에 영향을 준다

재무상태표는 일정 시점에서의 해당 기업의 재무상태를 보여주는 재무제표이며 손익계산서는 일정기간(회계기간)동안의 해당기업의 사업활동의 결과로 나타나는 수익을 보여주는 재무제표이다.

기업의 사업활동으로 발생한 거래가 분개로 기록되고 이는 재무상태표 및 손익계산서에 영향을 미친다. 하나의 거래에 대한 분개는 재무상태표에 변동을 가져오는 동시에 손익거래는 손익계산서에도 영향을 미친다.

재무상태표와 손익계산서의 관계도

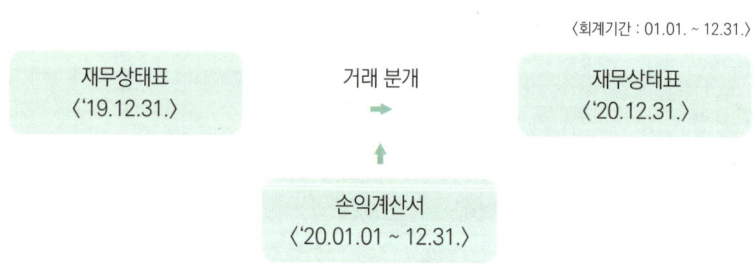

재무상태표에만 영향을 미치는 거래는 다음과 같다.

【재무상태표에만 영향을 미치는 거래 사례】
· 현금 1억원을 주고 제조에 사용할 기계를 구매함.
  〈거래분개〉
  기계(비유동자산) 1억원   /   현금(유동자산) 1억원

· 은행으로부터 5억원을 차입하여 토지를 구매함.
  〈거래분개〉
  토지(비유동자산) 5억원   /   장기차입금(비유동부채) 5억원

· 10,000주 유상증자를 통해 10억원 자본확충(액면가 10,000원, 발행가 100,000원)
  〈거래분개〉
  현금(유동자산) 10억원   /   자본금 1억원
                              자본잉여금 9억원

재무상태표 및 손익계산서에 모두 영향을 미치는 거래는 다음과 같다.

【재무상태표와 손익계산서에 모두 영향을 미치는 거래 사례】
· 장부가액이 1억원인 기계를 2억원에 매도하고 현금을 수령함.
  〈거래분개〉
  현금(유동자산) 2억원   /   기계(비유동자산) 1억원
                              기계처분이익(영업외수익) 1억원

· 재고자산인 상품 1억원어치를 2억원에 매출하고 30일 후에 받기로 함.
  〈거래분개〉
  매출원가   1억원   /   재고자산(유동자산) 1억원
  매출채권(유동자산) 2억원   /   매출 2억원

· 변호사 수수료 1천만원을 현금으로 지급함.
  〈거래분개〉
  수수료(비용)   1천만원   /   현금(유동자산) 1천만원

☞ 거래분개 중 밑줄 부분은 손익계산서에 영향을 미치는 부분

> **저자 해설**
>
> 매출총이익 및 당기순이익은 거래분개에서 나타나지 않고 매출, 매출원가 및 판매관리비를 구분하여 손익계산서를 만들면서 산출된다. 영업외손익은 거래분개에서 바로 산출하여 손익계산서에 계상하여 영업이익에서 해당 부분을 차감하여 당기순이익을 계산한다.

23

포괄손익계산서는 매출액부터 당기순이익까지의 과정을 보여주는 손익계산서에 기타포괄손익을 포함한다

코스피시장과 코스닥시장에 상장된 법인에게 적용되는 K-IFRS(한국채택국제회계기준)는 포괄손익계산서를 주주(소유주)와의 거래로 인한 자본변동을 제외한 모든 자본변동 현황을 보여주어야 한다. 그러므로 매출액부터 당기순이익까지의 과정을 보여주는 손익계산서에 기타포괄손익을 포함하여 총포괄손익을 구한다. 그 외 추가로 당기순이익의 귀속과 총 포괄손익의 귀속을 보여주고, 주당이익을 산출한다.

토비스 연결 포괄손익계산서

주식회사 토비스

연결 포괄손익계산서
제 23 기 2020.01.01 부터 2020.12.31 까지
제 22 기 2019.01.01 부터 2019.12.31 까지
제 21 기 2018.01.01 부터 2018.12.31 까지

(단위 : 원)

	제 23 기	제 22 기	제 21 기
매출액	272,751,120,628	418,881,869,929	430,178,783,191

	제 23 기	제 22 기	제 21 기
제품매출액	260,095,065,141	410,753,317,400	418,884,652,588
상품매출액	481,686,317	87,376,410	0
기타매출액	12,174,369,170	8,041,176,119	11,294,130,603
매출원가	235,588,144,712	336,438,890,557	352,194,609,720
제품매출원가	230,256,496,235	334,413,332,040	347,058,942,501
상품매출원가	308,774,599	76,731,402	0
기타매출원가	5,022,873,878	1,948,827,115	5,135,667,219
매출총이익	37,162,975,916	82,442,979,372	77,984,173,471
판매비와관리비	42,749,776,023	51,785,213,171	49,477,210,015
영업이익	(5,586,800,107)	30,657,766,201	28,506,963,456
기타수익	1,240,065,085	1,091,463,290	460,117,948
기타비용	3,686,148,384	3,872,569,789	1,121,905,453
금융수익	12,441,300,691	10,979,024,033	8,443,387,301
금융비용	10,501,855,836	10,702,606,288	11,679,796,281
관계기업투자손익	0	(58,937,096)	(1,293,280,664)
법인세비용차감전순이익	(6,093,438,551)	28,094,140,351	23,315,486,307
법인세비용	523,451,425	6,012,318,388	3,637,583,289
당기순이익(손실)	(6,616,889,976)	22,081,821,963	19,677,903,018
당기순이익(손실)의 귀속			
지배기업 소유주지분	(6,400,943,641)	22,056,795,938	19,634,706,055
비지배지분	(215,946,335)	25,026,025	43,196,963
기타포괄손익	(452,624,903)	871,188,105	(517,600,735)
후속적으로 당기손익으로 재분류될 수 있는 항목	221,336,247	756,034,412	(113,180,319)
현금흐름위험회피손익	33,320,928	(33,320,928)	0
해외사업환산손익	188,015,319	789,355,340	(113,180,319)
후속적으로 당기손익으로 재분류되지 않는 항목	(673,961,150)	115,153,693	(404,420,416)
기타포괄-공정가치측정금융자산 평가손익	225,584,596	0	0
보험수리적손익	(899,545,746)	115,153,693	(404,420,416)
총포괄손익	(7,069,514,879)	22,953,010,068	19,160,302,283
총 포괄손익의 귀속			
지배기업 소유주지분	(6,853,638,035)	22,929,494,070	19,117,105,320
비지배지분	(215,876,844)	23,515,998	43,196,963
주당이익			
기본 및 희석주당손익(단위 : 원)	(426)	1,420	1,234

손익계산서 용어

- 매출액 : 제품(자신이 제조한 것), 상품(외부에서 매입한 것) 등을 판매한 금액을 말한다.
- 매출원가 : 제품을 제조하기 위한 원재료 및 인건비 등의 모든 비용, 매입한 상품 대가와 매입에 관련된 부대비용 등을 말한다.
- 매출총이익 : 매출액에서 매출원가를 차감한 이익을 말한다.
- 판매관리비 : 제품생산, 상품매입과 직접 관련성은 없지만 해당 기업을 유지하기 위하여 필요한 관리업무 등에 들어간 인건비 및 기타비용 등을 말한다.
- 영업이익 : 매출총이익에서 판매관리비(영업비용)를 차감한 이익을 말한다. 영업이익은 해당 기업이 목적으로 하는 사업활동을 수행함으로써 발생한 이익을 의미한다.
- 기타수익 : 유형자산 처분이익 등 기업의 사업활동과는 관련없는 거래로 인하여 발생한 수익을 말한다. 여기서 금융수익(이자수익 등)은 제외한다.
- 기타비용 : 유형자산 처분손실 등 기업의 사업활동과는 관련없는 거래로 인하여 발생한 비용을 말한다. 여기서 금융비용(이자비용 등)은 제외한다.
- 금융수익 : 이자수익 등 기업의 사업활동과 관련 없는 거래로 인하여 발생한 금융관련 수익을 말한다.
- 금융비용 : 이자비용 등 기업의 사업활동과 관련 없는 거래로 인하여 발생한 금융비용을 말한다.
- 법인세차감전이익 : 영업이익에서 기타수익, 기사비용, 금융수익, 금융비용을 차감한 금액을 말한다.
- 법인세비용 : 해당 사업연도 이익을 기준으로 국가에 납부해야 할 법인세

예상액을 말한다. 해당 법인세는 사업연도말로부터 3개월이 되는 해당 월 중에 납부한다. 즉, 사업연도말이 12월31일이라면 그 다음해 3월 중에 납부한다.

- 당기순이익 : 법인세차감전이익에서 법인세비용을 차감한 금액을 말한다.

> **저자 해설**
>
> 당기순이익 이후의 손익계산서 항목은 초보자의 경우 이해하기 어렵고 해당 금액이 크지 않은 경우 기업을 평가하는데 크게 문제가 되지 아니하므로 생략한다.

24. 기업의 사업형태에 따라 매출 유형을 제품 또는 상품으로 인식해야 할지 결정된다

재화 및 용역을 제공하는 기업이 매출을 인식하면서 해당 매출이 재화인 경우 제품으로 기재하는 경우와 상품으로 기재하는 경우가 있다. 이때 제품과 상품이 무엇인지에 대해서는 기본적으로 이해할 수 있어야 한다.

제품매출

제조업이란 기업이 원재료에 가공 등의 행위를 통하여 판매할 제품을 만드는 사업활동을 말한다. 이러한 제조업에서 매출하는 재화를 제품이라고 하며 제품매출로 계상한다.

상품매출

도·소매업이란 타 기업이 생산 또는 판매한 재화를 구입하여 추가 가공없이 사업체(도매) 또는 소비자(소매)에게 판매하는 사업활동을 말한다. 이러한 도·소매업체가 매출하는 재화를 상품이라고 하며 상품매출로 계상한다.

주식회사 토비스의 손익계산서를 보면 제품매출액, 상품매출액이 있는데 이는 주식회사 토비스가 제조업과 도매업을 모두 수행하고 있기 때문이다.

연결 포괄손익계산서

주식회사 토비스

연결 포괄손익계산서
제 23 기 2020.01.01 부터 2020.12.31 까지
제 22 기 2019.01.01 부터 2019.12.31 까지
제 21 기 2018.01.01 부터 2018.12.31 까지

(단위 : 원)

	제 23 기	제 22 기	제 21 기
매출액	272,751,120,628	418,881,869,929	430,178,783,191
제품매출액	260,095,065,141	410,753,317,400	418,884,652,588
상품매출액	481,686,317	87,376,410	0
기타매출액	12,174,369,170	8,041,176,119	11,294,130,603
매출원가	235,588,144,712	336,438,890,557	352,194,609,720
제품매출원가	230,256,496,235	334,413,332,040	347,058,942,501
상품매출원가	308,774,599	76,731,402	0
기타매출원가	5,022,873,878	1,948,827,115	5,135,667,219
매출총이익	37,162,975,916	82,442,979,372	77,984,173,471
판매비와관리비	42,749,776,023	51,785,213,171	49,477,210,015
영업이익	(5,586,800,107)	30,657,766,201	28,506,963,456

> **저자 해설**
>
> 주식회사 토비스의 기타매출은 제품과 상품매출을 제외한 매출로 자세한 내용은 재무제표 주석에 기타매출에 대한 내용을 기재하는 경우가 있다.

25 제조업, 도매업과 서비스, 금융업종의 손익계산서 구조가 서로 다르다

매출과 매출원가를 산정함에 있어 각 업종 및 상황에 따라 매출총이익은 동일하지만 매출 및 매출원가가 달라지므로, 각 업종별 매출과 매출원가를 산정하는 방법에 대해서 이해가 필요하다.

제조업이나 도매업의 경우에는 매출액에 이어 이에 대응하는 원가인 매출원가가 계상되고, 매출액에서 매출원가를 차감한 금액이 매출총이익이 된다.

> · 매출액 − 매출원가 = 매출총이익
> · 매출총이익 − 판매관리비 = 영업이익

제조업과 도매업

주식회사 토비스

연결 포괄손익계산서
제 23 기 2020.01.01 부터 2020.12.31 까지
제 22 기 2019.01.01 부터 2019.12.31 까지
제 21 기 2018.01.01 부터 2018.12.31 까지

(단위 : 원)

	제 23 기	제 22 기	제 21 기
매출액	272,751,120,628	418,881,869,929	430,178,783,191
제품매출액	260,095,065,141	410,753,317,400	418,884,652,588
상품매출액	481,686,317	87,376,410	0
기타매출액	12,174,369,170	8,041,176,119	11,294,130,603
매출원가	235,588,144,712	336,438,890,557	352,194,609,720
제품매출원가	230,256,496,235	334,413,332,040	347,058,942,501
상품매출원가	308,774,599	76,731,402	0
기타매출원가	5,022,873,878	1,948,827,115	5,135,667,219
매출총이익	37,162,975,916	82,442,979,372	77,984,173,471
판매비와관리비	42,749,776,023	51,785,213,171	49,477,210,015
영업이익	(5,586,800,107)	30,657,766,201	28,506,963,456

금융업 및 서비스업인 경우에는 매출원가가 없이 바로 매출(or 영업수익)에서 판매관리비(or 영업비용)를 차감하여 영업이익을 구한다.

· 매출액(or 영업수익) - 판매관리비(or 영업비용) = 영업이익

금융업·서비스업

우리기술투자 주식회사와 그 종속기업

연결포괄손익계산서

제 24(당) 기　2019.01.01 부터　2019.12. 31 까지
제 23(전) 기　2018.01.01 부터　2018.12. 31 까지
제 22(전전) 기　2017.01.01 부터　2017.12. 31 까지

(단위 : 원)

과목	제24(당)기	제23기	제22기
I. 영업수익	22,941,044,823	18,731,025,573	8,435,602,214
II. 영업비용	9,644,292,117	5,872,241,818	8,382,918,019
투자비용	5,795,069,800	2,182,973,669	4,744,720,965
일반관리비	3,849,222,317	3,689,268,149	3,638,197,054
III. 영업이익(손실)	13,296,752,706	12,858,783,755	52,684,195

26. 현금흐름표는 회계기간동안의 기업의 현금유입과 유출에 대한 정보를 제공해 준다

재무상태표는 일정시점의 기업의 자산, 부채 및 자본의 정보를 제공하고, 손익계산서는 회계기간 동안의 수익과 비용에 대한 정보를 제공한다. 하지만 사람에게 외형보다 내부의 피가 잘 돌아야 하듯, 사람의 피와 같은 것은 기업 내부의 현금이라 할 것이다. 이러한 기업 내부의 현금흐름에 대한 정보를 제공하는 것이 현금흐름표인 것이다.

현금흐름표 기본구성

(단위 : 천원)

구분	금액
Ⅰ. 영업활동 현금흐름	1,000,000
1. 영업활동 현금유입	600,000
2. 영업활동 현금유출	400,000
Ⅱ. 투자활동 현금흐름	(600,000)
1. 투자활동 현금유입	100,000

구분	금액
2. 투자활동 현금유출	(700,000)
Ⅲ. 재무활동 현금흐름	400,000
1. 재무활동 현금유입	500,000
2. 재무활동 현금유출	(100,000)
Ⅳ. 현금 및 현금성자산의 순증가	800,000
Ⅴ. 기초현금 및 현금성자산	300,000
Ⅵ. 기말현금 및 현금성자산	1,100,000

현금흐름표의 작성법에는 직접법과 간접법이 있는데, 이는 영업활동 현금흐름에서만 약간의 차이가 있다. 영업활동 현금흐름에 있어 직접법은 각 개별 활동별 현금흐름을 구분하여 계산한 방법이며, 간접법은 법인세비용차감전 순이익을 기준으로 현금흐름 여부에 따라 일부항목의 금액을 조정하는 방식이다.

코스피시장 및 코스닥시장에 상장된 대부분의 기업들은 영업활동현금흐름에 대하여 당기순이익에서 현금흐름이 없는 계정을 조정하는 간접법 형식으로 현금흐름표를 작성하고 있다.

토비스 현금흐름표

주식회사 토비스

연결 현금흐름표
제 23 기 2020.01.01 부터 2020.12.31 까지
제 22 기 2019.01.01 부터 2019.12.31 까지
제 21 기 2018.01.01 부터 2018.12.31 까지

(단위 : 원)

	제 23 기	제 22 기	제 21 기
영업활동현금흐름	31,524,600,215	27,758,849,662	13,114,358,260
당기순이익(손실)	(6,616,889,976)	22,081,821,963	19,677,903,018

	제 23 기	제 22 기	제 21 기
조정	18,053,548,742	27,818,603,843	21,818,336,033
영업활동으로 인한 자산부채의 변동	26,147,747,484	(13,457,984,165)	(24,412,653,057)
이자의 수취	146,682,114	358,968,006	153,647,222
이자의 지급	(1,361,427,369)	(1,503,575,203)	(1,313,236,638)
배당금 수입	23,500,000	23,500,000	23,542,850
법인세 부담액	(4,868,560,780)	(7,562,484,782)	(2,833,181,168)
투자활동현금흐름	(28,354,379,153)	(6,709,741,897)	(18,628,759,118)
단기금융상품의 증가	(1,133,972,191)	(4,097,600,000)	(1,741,000,000)
단기금융상품의 감소	881,172,191	4,641,000,000	2,481,064,963
유동당기손익-공정가치측정금융자산 증가	(4,752,629,359)	0	0
유동당기손익-공정가치측정금융자산 감소	1,510,065,838	0	0
비유동당기손익-공정가치측정금융자산의 증가	(834,178,715)	(904,389,356)	0
비유동당기손익-공정가치측정금융자산의 감소	269,179,030	213,072,027	0
장기금융상품의 증가	0	0	(744,415,833)
단기대여금의 증가	(550,743,018)	(800,000,000)	(450,000,000)
단기대여금의 감소	681,062,500	585,353,000	422,057,459
장기대여금의 감소	404,762,500	567,100,000	922,555,000
관계기업투자의 취득	(780,000,000)	0	(351,750,000)
기타포괄손익-공정가치측정금융자산 증가	(1,233,314,370)	0	0
기타포괄손익-공정가치측정금융자산 감소	1,458,898,966	0	0
투자부동산의 처분	585,000,000	0	0
투자부동산의 취득	0	0	(2,098,052,150)
유형자산의 처분	151,953,394	58,614,144	1,061,940,206
유형자산의 취득	(24,966,397,301)	(6,599,542,363)	(18,335,955,371)
무형자산의 처분	0	441,942,273	150,000,000
무형자산의 취득	(256,235,136)	(747,379,454)	(307,268,255)
기타비유동자산의 증가	(85,130,701)	(67,912,168)	(15,000,000)
기타비유동자산의 감소	295,350,620	0	377,064,863
연결실체변동 취득으로 인한 현금유입액	776,599	0	0
재무활동현금흐름	8,555,984,887	(12,527,870,074)	8,717,337,565
단기차입금의 증가	93,108,312,360	69,912,439,786	15,283,351,661

	제 23 기	제 22 기	제 21 기
단기차입금의 감소	(82,383,585,473)	(75,615,994,367)	0
유동성장기부채의 상환	(109,657,627)	0	0
장기차입금의 증가	2,250,000,000	0	860,000,000
장기차입금의 감소	(351,180,000)	0	0
단기리스부채의 상환	(1,082,689,493)	(649,479,480)	0
배당금의 지급	(3,664,874,160)	(3,142,819,200)	(2,607,278,560)
자기주식의 취득	(2,117,586,700)	(3,036,289,130)	(5,053,647,569)
자기주식의 처분	2,808,321,600	0	0
정부보조금의 순증감	98,924,380	4,272,317	234,912,033
외화환산으로 인한 현금및현금성자산의 변동	(927,915,044)	(40,705,951)	(13,822,735)
현금및현금성자산의순증감(감소)	10,798,290,905	8,480,531,740	3,189,113,972
기초현금및현금성자산	20,823,924,190	12,343,392,450	9,154,278,478
기말현금및현금성자산	31,622,215,095	20,823,924,190	12,343,392,450

당기순이익에서 조정할 계정

- 영업활동으로 인한 자산부채의 변동
- 이자의 수취
- 이자의 지급
- 배당금수입
- 법인세부담액

27. 현금흐름표로 흑자도산 및 분식회계 여부를 알 수 있다

손익계산서상 영업이익 및 당기순이익이 발생한다 하더라도 현금흐름이 원활하지 못하면 흑자를 구현하고 있음에도 불구하고 부도가 발생할 수 있다. 이를 일반적으로 '흑자도산'이라고 하는데 이러한 흑자도산 리스크가 있는지 여부를 현금흐름표를 보고 파악할 수 있다.

분식회계란 가공매출 및 가공자산을 계상하거나 비용 과소계상 및 누락하는 방법 등을 사용하여 기업의 실적을 실제보다 좋게 부풀리는 것을 말한다. 이러한 분식회계는 실제 현금 이동이 발생하지 아니하므로 현금흐름표와 손익계산서 및 재무상태표를 비교해보면 어느 정도 분식회계 혐의가 있는지 파악할 수 있다.

대우조선해양 정정전 연결재무제표

(백만원)

손익계산서	2010년	2011년	2012년
매출액	12,989,486	13,903,268	14,057,819
영업이익	1,198,597	91,088,738	486,265
당기순이익(손실)	776,036	648,225	175,853

현금흐름표	2010년	2011년	2012년
현금 등의 증가(감소)	(304,912)	(71,959)	(273,681)
기초 현금 등	923,951	614,331	541,671
환율변동 효과	(4,708)	(701)	(1,280)
기말 현금 등	614,331	541,671	266,708

☞ 연결재무회계 : 50%이상 지분을 가진 자회사를 포함하여 작성한 재무제표

저자 해설

대우조선해양의 2010, 2011,2012년 손익계산서를 보면 지속적으로 흑자가 발생하였으나, 현금흐름표를 보면 2010.01.01.에 비하여 2012.12.31.에 657,243백만원(923,951백만원 - 266,708백만원)의 현금 보유액이 감소하여 뭔가 앞뒤가 안 맞는 느낌이 들 것이다. 즉, 분식회계 등으로 손익계산서 등을 조작할 수는 있으나 현금흐름표는 조작하기 어렵다는 것을 의미한다.

28 자본변동표로 기업의 자본유보현황, 배당성향과 배당가능이익을 알 수 있다

자본변동표는 일정기간 동안 자본의 변동내역을 제공하는 재무제표이다. 자본금, 기타불입자본(자본잉여금), 이익잉여금, 기타자본구성요소(자본 조정 등)로 구성되어 있다.

연결 자본변동표

주식회사 토비스

연결 자본변동표

제 23 기 2020.01.01 부터 2020.12.31 까지
제 22 기 2019.01.01 부터 2019.12.31 까지
제 21 기 2018.01.01 부터 2018.12.31 까지

(단위 : 원)

	자본						
	지배기업의 소유주에게 귀속되는 자본					비지배 지분	자본 합계
	자본금	기타불입자본	이익잉여금	기타자본 구성요소	지배기업의 소유주에게 귀속되는 자본 합계		
2018.01.01(기초자본)	8,358,529,000	41,020,253,762	120,604,789,550	(4,173,047,451)	165,810,524,861	(1,203,691)	165,809,321,170
배당금지급			(2,607,278,560)		(2,607,278,560)		(2,607,278,560)
연결실체의 변동							

	자본						
	지배기업의 소유주에게 귀속되는 자본					비지배지분	자본 합계
	자본금	기타불입자본	이익잉여금	기타자본구성요소	지배기업의 소유주에게 귀속되는 자본 합계		
종속회사의 지분 변동							
자기주식의 취득				(5,053,647,569)	(5,053,647,569)		(5,053,647,569)
자기주식의 처분							
보험수리적손익			(404,420,416)		(404,420,416)		(404,420,416)
공정가치측정금융자산 평가손익							
현금흐름위험회피손익							
해외사업환산손익				(113,180,319)	(113,180,319)		(113,180,319)
당기순이익(손실)			19,634,706,055		19,634,706,055	43,196,963	19,677,903,018
2018.12.31(기말자본)	8,358,529,000	41,020,253,762	137,227,796,629	(9,339,875,339)	177,266,704,052	41,993,272	177,308,697,324
2019.01.01(기초자본)	8,358,529,000	41,020,253,762	137,227,796,629	(9,339,875,339)	177,266,704,052	41,993,272	177,308,697,324
배당금지급			(3,142,819,200)		(3,142,819,200)		(3,142,819,200)
연결실체의 변동							
종속회사의 지분 변동							
자기주식의 취득				(3,036,289,130)	(3,036,289,130)		(3,036,289,130)
자기주식의 처분							
보험수리적손익			116,663,720		116,663,720	(1,510,027)	115,153,693
공정가치측정금융자산 평가손익							
현금흐름위험회피손익				(33,320,928)	(33,320,928)		(33,320,928)
해외사업환산손익				789,355,340	789,355,340		789,355,340
당기순이익(손실)			22,056,795,938		22,056,795,938	25,026,025	22,081,821,963
2019.12.31(기말자본)	8,358,529,000	41,020,253,762	156,258,437,087	(11,620,130,057)	194,017,089,792	65,509,270	194,082,599,062
2020.01.01(기초자본)	8,358,529,000	41,020,253,762	156,258,437,087	(11,620,130,057)	194,017,089,792	65,509,270	194,082,599,062
배당금지급			(3,664,874,160)		(3,664,874,160)		(3,664,874,160)
연결실체의 변동						333,723,093	333,723,093
종속회사의 지분 변동		(80,698,719)			(80,698,719)	(69,110,215)	(149,808,934)
자기주식의 취득				(2,117,586,700)	(2,117,586,700)		(2,117,586,700)
자기주식의 처분		(234,995,944)		3,043,317,544	2,808,321,600		2,808,321,600
보험수리적손익			(899,615,237)		(899,615,237)	69,491	(899,545,746)
공정가치측정금융자산 평가손익			225,584,596		225,584,596		225,584,596
현금흐름위험회피손익				33,320,928	33,320,928		33,320,928
해외사업환산손익				188,015,319	188,015,319		188,015,319
당기순이익(손실)			(6,400,943,641)		(6,400,943,641)	(215,946,335)	(6,616,889,976)
2020.12.31(기말자본)	8,358,529,000	40,704,559,099	145,518,588,645	(10,473,062,966)	184,108,613,778	114,245,304	184,222,859,082

    자본변동표를 통해 주식발행으로 자본금 및 자본잉여금의 증가, 당기순이익으로 발생한 이익잉여금을 바탕으로 형성된 자본이 배당금지급 등에 어떻게 사용되는지를 알 수 있다.

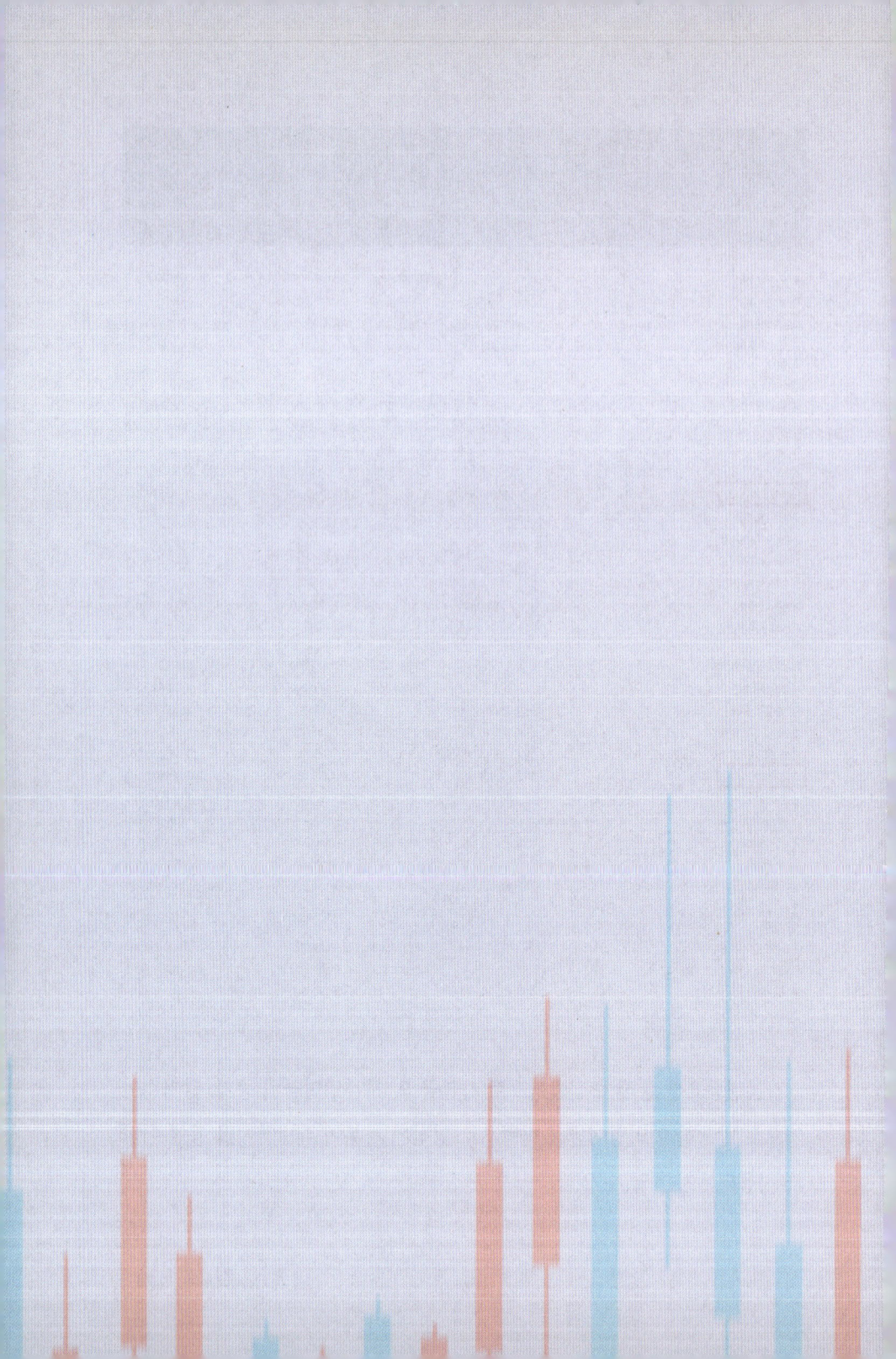

제 3 장
증자 및 감자

29 증자란 주식을 추가 발행하는 행위로 액면가 이상으로 발행하면 자본잉여금이 발생한다

증자란 주식을 추가로 발행하여 자본금 등을 증가시키는 행위를 말한다. 이 때, 주식을 액면가 이상으로 발행하면 자본잉여금이 발생하고 액면가 이하로 발생하면 주식할인발행차금이 발생한다.

【자본잉여금 발생 사례】
- '19.01.01. 서울㈜는 자본금 및 자본총계가 100억원인 법인이다. 총주식 수는 1,000,000주이며, 액면가는 주당 10,000원이다.
- '19.05.01. 서울㈜는 100,000주를 기존 주주의 보유주식을 기준으로 1주당 0.1주씩 유상증자하기로 하고, 발행가액은 1주당 30,000원으로 결정하였다.
- '19.06.01. 서울㈜의 기존 주주들은 해당 유상증자에 모두 참여하여 1주당 30,000원을 납입하였다.

〈'19.06.01. 유상증자 분개〉
현금 3,000,000,000원　/　자본금 1,000,000,000원
　　　　　　　　　　　　　자본잉여금(기타불입자본) 2,000,000,000원

> **【주식할인발행차금 발생 사례】**
> · '19.01.01. 서울㈜는 자본금 및 자본총계가 100억원인 법인이다. 총주식 수는 1,000,000주이며, 액면가는 1주당 10,000원이다.
> · '19.05.01. 서울㈜는 100,000주를 기존 주주의 보유주식을 기준으로 1주당 0.1주씩 유상증자하기로 하고, 발행가액은 1주당 9,000원으로 결정하였다.
> · '19.06.01. 서울㈜의 기존 주주들은 해당 유상증자에 모두 참여하여 1주당 9,000원을 납입하였다.
>
> 〈 '19.06.01. 유상증자 분개〉
> 현금 900,000,000원 / 자본금 1,000,000,000원
> 주식할인발행차금(기타불입자본) 100,000,000원

증자시 발행가액이 액면가 이상으로 발행된 경우 자본잉여금이 발생하는데 이러한 자본잉여금은 자본잠식비율을 개선하는데 사용될 수도 있다.

자본잠식률

자본잠식률은 자본금 대비 자본금과 자본총계(자기자본) 차액의 비율을 말한다. 자본잠식은 자본총계가 자본금보다 작은 상태를 말한다.

> · 자본잠식률 = (자본금 − 자본총계[1]) / 자본금

[1] : 자본총계가 자본금보다 클 때에는 자본잠식이 아니므로 자본잠식률을 계산할 이유 없음

세동의 자본잠식률

구분	제35기반기 ('20.01.01. ~ 06.30.)	제34기 ('19.01.01. ~ 12.31.)
자산총계	102,971,848,173	126,281,615,736
부채총계	99,718,311,531	106,603,669,271
자본금	10,705,500,000	10,705,500,000

구분	제35기반기 ('20.01.01. ~ 06.30.)	제34기 ('19.01.01. ~ 12.31.)
자본총계	3,253,536,642	19,677,946,465
자본잠식률 (자본금 – 자기자본) / 자본금 × 100	69.6%	–

> **저자 해설**
>
> 코스닥시장 등록업체인 세동은 제35기 반기 재무제표상 50%이상 자본잠식을 이유로 2020.09.15. 자로 관리종목에 편입되었다.

30. 증자로 발생한 자본잉여금은 자본잠식비율을 개선하는데 사용할 수 있다

유상증자는 운영자금 확보 또는 신사업 개시를 위한 목적 이외에도 자본잠식비율을 감소시키기 위한 목적으로도 사용된다.

사례를 들어 유상증자를 통한 자본잠식비율 감소 과정을 살펴보도록 하자.

【유상증자를 통한 자본잠식비율 감소사례】

2019.12.31. 재무상태표

구분	금액
자산총계	100억원
부채총계	90억원
자본금	20억원
자본총계	10억원
자본잠식률 {(자본금 - 자본총계) / 자본금} × 100	50%

· 2020.04.01. 유상증자(채무 30억원을 출자전환)
  - 발행주식 100,000주
  - 액면가 10,000원, 발행가액 30,000원

〈유상증자 분개〉

부채 30억원 / 자본금   10억원
              자본잉여금   20억원

2020.04.01. 재무상태표

구분	금액
자산총계	100억원
부채총계	90억원
자본금*1	30억원
자본총계*2	40억원
자본잠식률 {(자본금 − 자본총계) / 자본금} × 100	-

*1 : 자본금 = 20억원 + 10억원(유상증자시 증가된 자본금)

*2 : 자본총계 = 10억원 + 30억원(유상증자시 증가된 자본금과 자본잉여금)

☞ 자본총계 40억원으로 자본금보다 크므로 자본잠식이 해소됨.

> **31** 유상증자하는 주식을 기존 주주들의 주식보유비율을 기준으로 하여 주식을 배정하는 것을 '주주배정 유상증자'라고 한다

유상증자에는 기존주주에게 유상증자 비율에 따라 주식을 발행하는 '주주배정유상증자', 일반인을 상대로 하는 '일반공모 유상증자', 기존주식 보유여부에 관계없이 제3자에게 일정수의 주식을 발행하는 '제3자배정 유상증자'가 있다.

일반공모 유상증자는 일반적으로 코스피 및 코스닥 상장하는 경우 또는 주주배정 유상증자 신청이 미달하여 실권된 경우에 일반인을 상대로 유상증자를 실시하는 경우에 주로 시행된다.

주주배정 유상증자

유상증자 주식을 기존주주의 보유주식에 따라 동일한 비율로 배정하는 것을 말한다. 만일 기존주주가 유상증자를 신청하지 아니하여 실권된 주식은

주주와 동일한 조건으로 일반인에게 공모하여 유상증자를 실시하는데 이는 '일반공모 유상증자' 방식과 동일하다.

【㈜경기 기본사항】

- 발행주식수 : 1,000,000주
- 액면가액 : 10,000원
- 2020.03.31. 주식보유 현황

주주	주수
최성실	250,000주
홍길동	150,000주
김국세	100,000주
㈜서울	200,000주
기타	300,000주
총계	1,000,000주

【주주배정 유상증자】

- 2020.04.01. '20.03.31.기준 주주배정 유상증자실시
  - 발행주식 100,000주
  - 주식배정비율 : 0.1주 = 100,000주(발행주식수) / 1,000,000주(기존주식수)

주주	기존주수	배정주식수
최성실	250,000주	25,000주[1]
홍길동	150,000주	15,000주
김국세	100,000주	10,000주
㈜서울	200,000주	20,000주
기타	300,000주	30,000주
총계	1,000,000주	100,000주

- 발행가액 15,000원

[1] : 25,000주 = 250,000주 × 0.1(주식배정비율)

주식회사 포비스티앤씨 주주배정 유상증자 공시 주요내용

유상증자 결정

1. 신주의 종류와 수	보통주식 (주)			43,300,000
	기타주식 (주)			-
2. 1주당 액면가액 (원)				500
3. 증자전 발행주식총수 (주)	보통주식 (주)			43,259,394
	기타주식 (주)			-
4. 자금조달의 목적	시설자금 (원)			-
	영업양수자금 (원)			-
	운영자금 (원)			-
	채무상환자금 (원)			-
	타법인 증권 취득자금 (원)			36,718,400,000
	기타자금 (원)			-
5. 증자방식				주주배정후 실권주 일반공모

6. 신주 발행가액	확정발행가	보통주식 (원)			848
		기타주식 (원)			-
	예정발행가	보통주식 (원)	-	확정예정일	2020년 07월 06일
		기타주식 (원)	-	확정예정일	-
7. 발행가 산정방법					23. 기타 투자판단에 참고할 사항 - 신주발행가액의 산정 근거 참조
8. 신주배정기준일					2020년 06월 04일
9. 1주당 신주배정주식수 (주)					1.000938663172
10. 우리사주조합원 우선배정비율 (%)					-
11. 청약예정일	우리사주조합	시작일			-
		종료일			-
	구주주	시작일			2020년 07월 08일
		종료일			2020년 07월 09일
12. 납입일					2020년 07월 16일

유상증자 발행가액

유상증자 권리락 이전 1차 발행가액 결정하고, 청약일 3일 이전에 2차 발행가액을 결정한 후 1, 2차 발행가액과 청약일 이전 주가를 기준으로 최종 발행가액을 결정한다.

주식회사 포비스티앤씨 주주배정 유상증자 발행가액 결정방법

유상증자 최종발행가액 확정

1. 발행예정내역	가. 주식의 종류	기명식 보통주
	나. 주식수(주)	43,300,000
2. 확정발행가액 (1주당)	가. 확정가액(원)	848
	나. 1차발행가(원)	848
	다. 2차발행가(원)	916
3. 액면가(원)		500
4. 확정일		2020-07-03

가. 1차 발행가액: 신주배정기준일 전 제3거래일을 기산일로 하여 코스닥시장에서 성립된 거래대금을 거래량으로 가중산술평균한1개월 가중산술평균주가, 1주일 가중산술평균주가 및 기산일 가중산술평균주가를 산술평균하여 산정한 가액과 기산일 가중산술평균주가 중 낮은 금액을 1차 기준주가로 하여 아래의 산식에 따라 결정하며, 할인율은 25%를 적용합니다. 단, 호가단위 미만은 호가단위로 절상하기로 하며, 그 가액이 액면가액(500원) 미만인 경우 액면가액으로 합니다.

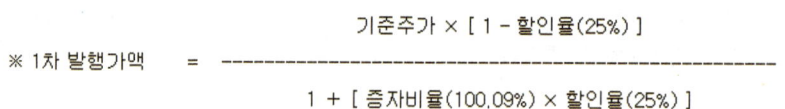

$$※ \text{1차 발행가액} = \frac{\text{기준주가} \times [1 - \text{할인율}(25\%)]}{1 + [\text{증자비율}(100.09\%) \times \text{할인율}(25\%)]}$$

나. 2차 발행가액: 구주주 청약초일 전 제3거래일을 기산일로 하여 코스닥시장에서 성립된 거래대금을 거래량으로 가중산술평균한 1주일 가중산술평균주가 및 기산일 가중산술평균주가를 산술평균하여 산정한 가액과 기산일 가중산술평균주가 중 낮은 금액을 2차 기준주가로 하여, 이를 25% 할인한 가액으로 합니다. 단, 호가단위 미만은 호가 단위로 절상하기로 하며, 그 가액이 액면가액(500원) 미만인 경우 액면가액으로 합니다.

※ 2차 발행가액 = 기준주가 × [1 - 할인율(25%)]

다. 확정 발행가액: 1차 발행가액과 2차 발행가액 중 낮은가액으로 합니다. 다만, 자본시장과금융투자업에관한법률 제165조의6(주식의 발행 및 배정 등에 관한 특례) 및"증권의 발행 및 공시 등에 관한 규정" 제5-15조의2(실권주 철회의 예외 등)에 의거하여 1차 발행가액과 2차 발행가액 중 낮은 가액이 구주주 청약초일 전 과거 제3거래일부터 제5거래일까지의 가중산술평균주가에서 40% 할인율을 적용하여 산정한 가액보다 낮은 경우 청약일 전 과거 제3거래일부터 제5거래일까지의 가중산술평균주가에서 40% 할인율을 적용하여 산정한 가액을 확정발행가액으로 합니다.

※ 확정 발행가액 = Max[Min(1차 발행가액, 2차 발행가액), 청약 초일전 과거 제3거래일부터 제5거래일까지의 가중산술평균주가의 60%]

32

유상증자 주식을 제3자에게 배정하는 '제3자배정 유상증자'는 상황에 따라 호재 또는 악재가 될 수도 있다

'제3자배정 유상증자'란 기존 주주들과는 상관없이 특정한 제3자를 유상증자 주식의 인수자로 지정하고 해당 대금을 지급하면 유상증자 주식을 해당 제3자가 인수하는 것을 말한다.

아래는 코스닥시장에 등록된 '투비소프트'가 2020.09.11.에 공시한 제3자배정 유상증자 중 주요부분에 대한 내용이다. '제3자배정 유상증자' 공시일에 투비소프트는 전일종가 1,805원에서 15.2% 상승한 2,080원으로 마감하였으며, 그 이후에도 주가가 지속적으로 2,000원대를 유지하고 있다.

주식회사 투비소프트

유상증자 결정

1. 신주의 종류와 수	보통주식 (주)	6,172,840
	기타주식 (주)	-
2. 1주당 액면가액 (원)		500
3. 증자전 발행주식총수 (주)	보통주식 (주)	31,804,885
	기타주식 (주)	-
4. 자금조달의 목적	시설자금 (원)	-
	영업양수자금 (원)	-
	운영자금 (원)	10,000,000,800
	채무상환자금 (원)	-
	타법인 증권 취득자금 (원)	-
	기타자금 (원)	-
5. 증자방식		제3자배정증자

6. 신주 발행가액	보통주식 (원)	1,620
	기타주식 (원)	-
7. 기준주가에 대한 할인율 또는 할증율 (%)		할인율 10.0%
8. 제3자배정에 대한 정관의 근거		정관 제10조(신주인수권)
9. 납입일		2020년 11월 12일
10. 신주의 배당기산일		2020년 01월 01일
11. 신주권교부예정일		-
12. 신주의 상장 예정일		2020년 12월 04일

ⓐ1개월 가중산술평균 주가	1,762	34,381,952	60,583,004,800
ⓑ1주일 가중산술평균 주가	1,808	5,627,759	10,173,747,030
ⓒ최근일 가중산술평균 주가	1,830	1,932,890	3,537,783,330
ⓓ산술평균 가격	1,800	(ⓐ+ⓑ+ⓒ)/3	
기준주가	1,800	MIN (ⓒ, ⓓ)	
할인율(%)	10.0%		
확정 발행가액	1,620	호가단위 미만은 절상	

【제3자배정 대상자별 선정경위, 거래내역, 배정내역 등】

제3자배정 대상자	회사 또는 최대주주와의 관계	선정경위	증자결정 전후 6월이내 거래내역 및 계획	배정주식수 (주)
(주)매그넘비이비코리아	-	경영상 목적달성 및 투자자의 납입능력 등을 고려하여 이사회에서 최종적으로 선정함	-	6,172,840

저자 해설

제3자배정 유상증자는 유상증자에 참여하는 주체가 건실한지, 유상증자 목적이 기업자체의 사업 활동을 위해 사용되는지, 보호예수 등으로 주가에 대한 안전장치가 있는지 등에 따라 호재가 될 수 있다.

반면, 유상증자에 참여한 제3자가 건실한지 여부가 불분명하거나, 유상증자 목적이 타 기업에 투자하기 위한 목적 등인 경우에는 호재가 아닌 악재가 될 수도 있다.

> **33** 주주배정 유상증자 발행가액은 일반적으로 20% ~ 30% 정도 할인하여 발행하는데, 새로운 주주의 보호를 위해 권리락이 발생한다

　신주배정 기준일 이전 기존주주들은 향후 20 ~ 30% 정도 할인된 가격으로 유상증자에 참여할 수 있는데, 향후 할인된 가격으로 주식을 매입하여 매도하게 되면 큰 이익을 얻을 수 있지만, 신주배정 기준일 이후에 산 주주들은 대량 매도에 따른 주가하락으로 큰 손해를 볼 수 있다.
　이러한 이유로 인하여 신주배정 기준일 다음 날 권리락을 실시하여 주식가액을 낮추어 새롭게 주주가 되는 투자자를 보호하는 것이다. 권리락은 증자에 따른 가치가 희석된 비율을 기준으로 주식거래금액을 낮추게 된다.

> · 권리락 기준가 = [권리락 전일 주가 + (유상증자 발행예정가액 × 유상증자비율)] / (1 + 유상증자비율)

주식회사 포비스티앤씨 유상증자 권리락

- 2020.06.02. 주식가액 : 1,390원
- 권리락 기준가 : 1,120원(∵ 1,118.9원을 1자리에서 반올림)

　= [1,390 + (848 × 1.000938663172)] / (1 + 1.000938663172)

　= 1,118.9원

권리락

1. 회사명	2. 주권종류	3. 단축코드	4. 기준가(원)	5. 권리락 실시일	6. 사유
포비스티앤씨	보통주식	A016670	1,120	2020-06-03	유상증자

유상증자 1차발행가액 결정

1. 발행예정내역	가. 주식의 종류	기명식 보통주
	나. 주식수(주)	43,300,000
2. 1차발행가액(1주당)		848원
3. 액면가(원)		500
4. 1차발행가액 산출일		2020-06-01

주주배정 유상증자 공시내용

6. 신주 발행가액	확정발행가	보통주식(원)			848
		기타주식(원)			-
	예정발행가	보통주식(원)	-	확정예정일	2020년 07월 00일
		기타주식(원)	-	확정예정일	-
7. 발행가 산정방법			23. 기타 투자판단에 참고할 사항 - 신주발행가액의 산정 근거 참조		
8. 신주배정기준일			2020년 06월 04일		
9. 1주당 신주배정주식수(주)			1.000938663172		
10. 우리사주조합원 우선배정비율(%)			-		
11. 청약예정일	우리 사주조합	시작일	-		
		종료일	-		
	구주주	시작일	2020년 07월 08일		
		종료일	2020년 07월 09일		
12. 납입일			2020년 07월 16일		

> **34** 감자란 발행된 주식수를 줄이는 행위로서 주식대가를 주고 소각하는 것을 유상감자라 한다

감자란 발행된 주식수를 줄이는 것을 말한다. 주주들이 보유하고 있는 주식을 소각하면서 대가를 주는 경우를 유상감자라 하고, 대가를 주지 않는 경우를 무상감자라고 한다.

유상감자란 주주들이 보유한 주식을 회수하여 소각하면서 대가를 주는 경우를 말한다. 주로 주주가 기업에 대한 투자금을 회수하거나, 상장법인이 상장을 포기하면서 주식에 대한 대가를 현금으로 받기 원하는 주주에게 시행하는 경우가 대부분이다.

【㈜경기 기본사항】
- 발행주식수 : 1,000,000주
- 액면가액 : 10,000원
- 2020.03.31. 자본현황

구분	금액
자본금	100억원
자본잉여금	60억원
이익잉여금	40억원
자본총계	200억원

【유상감자 사례 1 : (감자가액 > 액면가액)】

· 2020.04.01. 500,000주 주당 15,000원에 유상감자 결정

〈유상감자 분개〉
자본금 50억원　　　/　　현금 75억원
감자차손 25억원

☞ 감자차손은 자본조정 항목으로 자본의 차감항목에 해당한다.

· 2020.04.01. 유상감자 후 자본현황

구분	금액
자본금	50억원
자본잉여금	60억원
자본조정	-25억원
이익잉여금	40억원
자본총계	125억원

【유상감자 사례 2 : (감자가액 < 액면가액)】

· 2020.04.01. 500,000주 주당 5,000원에 유상감자 결정

〈유상감자 분개〉
자본금 50억원　　　/　　현금 25억원
　　　　　　　　　　　감자차익 25억원

☞ 감자차익은 자본잉여금 항목으로 자본의 증가항목에 해당한다.

· 2020.04.01. 유상감자 후 자본현황

구분	금액
자본금	50억원
자본잉여금	85억원
이익잉여금	40억원
자본총계	175억원

35. 주식대가를 주지 않고 주식을 소각하는 무상감자는 자본잠식이 있는 상태에서 시행하면 자본잠식률을 감소시킨다

    무상감자란 주주들이 보유한 주식을 회수하여 소각하면서 대가를 주지 않는 경우를 말한다. 무상감자는 대부분 이월결손금이 발생하여 자본금이 잠식되는 상황에서 시행되는 경우가 대부분이다. 이 경우 자본금은 감소되나 자본총계는 변동이 발생하지 않는다.

【㈜인천 기본사항】
- 발행주식수 : 1,000,000주
- 액면가액 : 10,000원
- 2020.03.31. 자본현황

구분	금액
자본금	100억원
자본잉여금	20억원
이익잉여금(이월결손금)	(40억원)
자본총계	80억원

【무상감자 사례 1】

· 2020.04.01. 300,000주를 무상감자 결정
  〈무상감자 분개〉
  자본금 30억원   /   이월결손금 30억원

· 2020.04.01. 유상감자 후 자본현황

구분	금액
자본금	70억원
자본잉여금	20억원
이익잉여금(이월결손금)	(10억원)
자본총계	80억원

☞ 무상감자 후 자본총계는 변동이 없으며, 감자차익은 자본잉여금 항목으로 자본총계를 증가시킨다. 즉, 무상감자는 자본총계 변동 없이 자본의 구성항목만 바뀌는 것이다.

· 자본잠식률 변동

구분	2020.03.31.	2020.04.01.
자본잠식률 [(자본금 – 자본총계) / 자본금]	20% [(100억원 – 80억원) / 100억원]	–

☞ 자본잠식이란 자본총계가 자본금보다 작은 경우를 말하므로 자본잠식률은 자본총계가 자본금보다 작은 경우에만 산출된다.

【무상감자 사례 2】

· 2020.04.01. 500,000주를 무상감자 결정
  〈무상감자 분개〉
  자본금 50억원   /   이월결손금 40억원
                            감자차익 10억원

· 2020.04.01. 유상감자 후 자본현황

구분	금액
자본금	50억원
자본잉여금	30억원

구분	금액
이익잉여금(이월결손금)	-
자본총계	80억원

☞ 자본잠식이란 자본총계가 자본금보다 작은 경우를 말하므로 자본잠식률은 자본총계가 자본금보다 작은 경우에만 산출된다.

· 자본잠식률 변동

구분	2020.03.31.	2020.04.01.
자본잠식률 [(자본금 − 자본총계) / 자본금]	20% [(100억원 − 80억원) / 100억원]	-

☞ 자본잠식이란 자본총계가 자본금보다 작은 경우를 말하므로 자본잠식률은 자본총계가 자본금보다 작은 경우에만 산출된다.

36. 감자로 인한 거래중지 후 거래재개 할 때 재개일의 시초가는 거래중지 전일 주가를 기준으로 ±25%가 된다

감자를 하는 경우 주식거래가 중지되는데 이는 감자로 인한 주식수 감소에 따른 작업을 진행하기 위한 것이다. 보통 감자절차를 위하여 30 ~ 40일 정도 거래정지 후 줄어든 주식수와 변경된 주식가액을 기준가액으로 하여 거래를 재개한다.

주식회사 청호컴넷 감자공시

감자 결정

1. 감자주식의 종류와 수	보통주식 (주)		77,911,272
	기타주식 (주)		-
2. 1주당 액면가액 (원)			500
3. 감자전후 자본금		감자전 (원)	감자후 (원)
		43,284,040,000	4,328,404,000

구 분		감자전 (주)	감자후 (주)
4. 감자전후 발행주식수	보통주식(주)	86,568,080	8,656,808
	기타주식(주)	-	-
5. 감자비율	보통주식 (%)		90
	기타주식 (%)		-
6. 감자기준일		2020년 10월 05일	
7. 감자방법		액면가 500원 보통주 10주를 동일 액면 금액의 보통주 1주로 무상병합함	
8. 감자사유		재무구조 개선(결손금 보전)	
9. 감자일정	주주총회 예정일	2020년 08월 28일	
	명의개서정지기간	-	
	구주권 제출기간	시작일	-
		종료일	-
	매매거래 정지예정기간	시작일	2020년 09월 29일
		종료일	2020년 11월 01일
	신주권교부예정일	-	
	신주상장예정일	2020년 11월 02일	

 매매정기 기간이 종료되면 감자로 인하여 1주당 가격이 변동되고 해당 가격에 50%에서 200%까지의 범위내에서 수급에 의하여 시초가가 결정되며, 해당 시초가를 기준으로 ±30%로 상·하한가가 결정된다.

【감자로 인한 거래정지 후 재개】

· 거래 정지기간
 - 시작일 : 2020.09.29.
 - 종료일 : 2020.11.01.
· 2020.09.28. 주식종가 2,200원
· 감자비율 : 액면가 500원 10주를 동일 액면가 1로 무상합병(90%)

〈거래재개〉
· 거래재개 기준가액 : 2,200원 × 10 = 22,000원
· 시초가 범위액 : 11,000원 ~ 44,000원
 - 최저가 : 22,000원 × 50% = 11,000원
 - 최고가 : 22,000원 × 200% = 44,000원

저자 해설

30일 ~ 40일 동안의 장기간의 거래정지는 주식분할, 주식합병, 무상감자를 시행하는 경우 발생하며, 거래재개를 하는 날에는 주식분할, 주식합병, 무상감자 등으로 인하여 변경된 가액을 기준으로 50% ~ 200%내에서 매수 및 매도 수급에 따라 시초가를 결정한다. 또한 해당 시초가를 기준으로 ±30%를 그 날의 상·하한가로 결정한다.

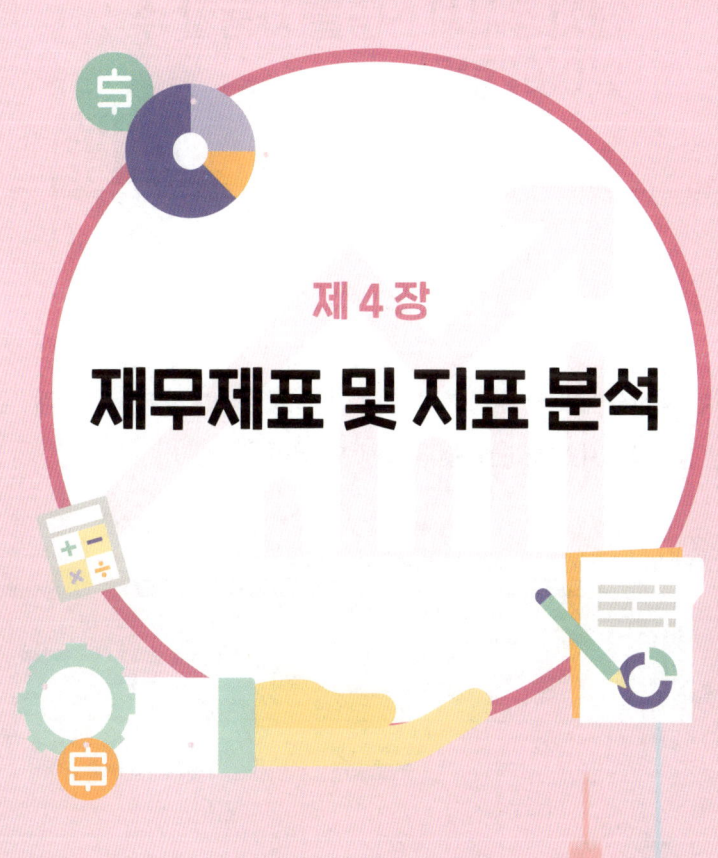

제 4 장
재무제표 및 지표 분석

37

개별기업의 재무 및 기타 정보를 분석하기 위하여 금융감독원 전자공시시스템을 사용할 수 있어야 한다

상장된 회사들에 대한 정보를 얻는데 가장 효과적인 사이트는 아래 "금융감독원 전자공시시스템(dart.fss.or.kr)" 일 것이다.

상기 전자공시시스템 사이트에서 상장되어 있는 법인들에 대하여 구할 수 있는 정보는 아래와 같이 매우 다양하다.

- 사업보고서

- 감사보고서

- 반기 및 분기 실적보고서

- 기업 주요 사항 보고서(유상증자, 무상증자, 감자 등)

- 불성실 지정법인

- 공급계약 체결

- (전환)사채 발행 보고

- 기타 경영사항 공시(자율공시) 등

 특히 해당 사업보고서 및 감사보고서에 포함되어 있는 "재무자료 및 주석사항"은 해당 기업의 건전성 등을 판단하는데 매우 중요한 자료들을 포함하고 있다.

38 영업이익이 발생하더라도 당기순손실이 발생하는 경우, 기업의 자금현황을 꼼꼼히 확인해야 한다

영업이익이 발생하였더라도 당기순손실이 나는 경우가 다수 발생하므로 영업이익(손실)과 당기순이익(손실)에 대한 개념을 확실히 알아둘 필요가 있다.

손익계산서

대한뉴팜㈜

포괄손익계산서
제 37 기 2020.01.01 부터 2020.12.31 까지
제 36 기 2019.01.01 부터 2019.12.31 까지
제 35 기 2018.01.01 부터 2018.12.31 까지

(단위 : 원)

	제 37 기	제 36 기	제 35 기
영업이익(손실)	24,833,143,742	20,698,417,246	20,019,704,187
기타이익	386,090,553	587,114,108	182,084,653
기타손실	34,144,288,333	327,587,326	93,903,384
금융수익	999,868,658	270,732,611	222,437,345
금융원가	4,526,038,067	1,464,739,988	12,591,372,464
법인세비용차감전순이익(손실)	(12,451,223,447)	19,763,936,651	7,738,950,337
법인세비용(수익)	(2,524,516,019)	4,524,741,431	5,284,673,333
당기순이익(손실)	(9,926,707,428)	15,239,195,220	2,454,277,004

전자공시시스템의 감사보고서에서 '재무제표'부분을 클릭하면 재무상태표 밑에 '포괄손익계산서'를 볼 수 있다. 제26기(2019.01.01.부터 2019.12.31.까지)의 포괄손익계산서를 보면 영업수익(매출총이익 = 매출액 - 매출원가)에서 판매관리비, 대손상각비, 경상연구개발비를 차감한 영업이익이 (+)인 것을 확인할 수 있다. 즉, 기업의 사업목적에 따라 수행한 활동으로 인하여 이익이 발생하였다는 것을 말한다.

· 영업이익 : 기업의 사업목적에 따른 활동으로 발생한 이익

반면, 기타영업비용과 법인세비용의 합계가 영업이익과 기타영업이익 및 금융수익 등을 초과하여 최종적으로 당기순손실이 발생한 것을 볼 수 있다. 상기 당기순손실의 주범은 기타영업비용이라는 것을 알 수 있다. 그렇다면 해당 기타영업비용은 무엇으로 이루어 져 있는지 검토해 보아야 할 것이다.

전자공시시스템에 있는 감사보고서의 "재무제표 주석"을 보면 해당 기타영업비용에 포함된 비용을 알 수 있는데 아래와 같이 "무형자산손상차손"과 "기타유동자산손상차손"이 큰 비중을 차지하고 있는 것을 알 수 있다. 불행 중 다행인 것으로 이러한 "무형자산손상차손"과 "기타유동자산손상차손"은 일회성 비용으로 해당연도와 동일하게 사업을 유지한다면 내년에는 당기순이익이 발생할 가능성이 높다는 것을 알 수 있다.

전자공시시스템 상 재무제표 주석 내용

【대한뉴팜(주)】

28. 기타수익 및 기타비용

28-1. 기타수익

당기 및 전기의 기타수익의 내용은 다음과 같습니다.

(단위 : 천원)

구분	당기	전기
지분법이익	7,812	40,893
보조금수익	12,147	8,239
잡이익	366,132	537,982
합 계	386,091	587,114

28-2. 기타비용

당기 및 전기의 기타비용의 내용은 다음과 같습니다.

(단위 : 천원)

구분	당기	전기
관계기업투자처분손실	26,081,526	-
기부금	-	130,000
소송충당부채전입액	8,021,253	-
잡손실	41,509	197,587
합 계	34,144,288	327,587

29. 금융수익 및 금융비용

당기 및 전기의 금융수익의 내용은 다음과 같습니다.

(단위 : 천원)

구분	당기	전기
이자수익	118,930	57,712
외환차익	213,378	180,760
외화환산이익	22,406	20,419
장기금융상품처분이익	-	5,247
파생상품거래이익	-	6,595
파생상품평가이익	8,962	-
단기매매금융자산평가이익	628,595	-
배당금수익	7,598	-
합 계	999,869	270,733

29-2. 금융비용

당기 및 전기의 금융비용의 내용은 다음과 같습니다.

(단위 : 천원)

구분	당기	전기
이자비용	1,013,327	1,516,533
외환차손	276,102	167,901
외화환산손실	26,647	201
파생상품거래손실	47,839	11,876
파생상품평가손실	8,350	57,866
단기매매금융자산평가손실	60,929	-
매도가능금융자산평가손실	1,723,434	-
기타의대손상각비	1,369,410	(289,637)
합 계	4,526,038	1,464,740

만일 아래와 같이 금융비용에서 큰 금액이 계속적으로 발생한다고 하면 이 회사의 미래전망은 영업이익이 발생한다고 하더라도 금융비용이 발생한 원천이 되는 차입금 등이 해결되지 않는다면 그리 밝지 않을 것이다.

39

연결재무제표는 모회사와 자회사 등의 재무자료를 통합하여 만든 재무제표를 말한다

연결재무제표는 어느 한 기업(지배기업)을 중심으로 해당기업의 종속기업들의 재무자료를 통합하여 만든 재무제표를 말한다. 지배기업 혼자로는 사업실적이 안 좋거나 미미하더라도 종속기업의 사업실적이 우수한 경우 연결재무제표에 의한 영업이익 및 당기순이익이 양호하게 나오므로 이에 따라 지배기업의 주가도 긍정적인 방향으로 영향을 받게 될 수 있으므로 연결재무제표에 대한 개념을 반드시 이해해야 한다.

타 기업이 발행한 주식총수의 과반수의 주식(50% 이상)을 실질적으로 소유하고 있거나 기타의 방법으로 해당법인을 실질적으로 지배하고 있는 경우에는 타 기업을 종속기업, 해당기업을 지배기업이라고 부른다. 유사한 의미로 지배기업은 모회사, 종속기업은 자회사라로도 부른다. 이 경우 지배기업(모회사)을 기준으로 연결재무제표를 작성하게 된다.

연결재무제표 작성 대상자

| 지배기업 (모회사) | → 주식50%이상 보유 | 종속기업 (자회사) |

또는

| 지배기업 (모회사) | → 실질지배 | 종속기업 (자회사) |

연결재무제표 작성 단계

〈1단계〉 모회사의 자회사 재무제표 보고일자 및 회계정책 동일하게 조정

↓

〈2단계〉 모회사의 자회사 지분투자금액 및 자회사의 자본금액 조정

↓

〈3단계〉 모회사가 자회사 지분 매입시 지급한 순자산 초과액을 영업권(자산)으로 계상

↓

〈4단계〉 모회사와 자회사간의 내부거래 제거

↓

〈5단계〉 당기순이익에서 자회사에 대한 지분법이익 제거하고, 당기순이익을 지배부분과 비지배부분으로 구분

- A법인은 자동차부품을 제조하는 회사로서, AC기업의 주식을 100% 소유하고 있다.
- 2020년 AC기업은 A기업에게 자신이 생산한 제품을 300억원(내부거래) 매출하였고, 나머지 200억원은 중국 현지의 제3자에게 매출하였다. 단, 2020년말 현재 상기 내부거래로 인한 재고자산은 외부에 100% 판매되었음.

A, AC기업 및 연결 손익계산서

2020년	A기업	AC기업	단순합산 재무제표	연결재무제표
매출액	1,000억원	500억원 (300억원*1)	1,500억원	1,200억원
매출원가	800억원 (300억원*2)	400억원	1,200억원	900억원
매출총이익	200억원	100억원	300억원	300억원*3

*¹ : AC기업의 매출액 중 300억원은 A기업에게 매출한 것으로 내부거래는 제거해야 하므로 연결재무제표의 매출액은 1,200억원임
*² : A기업의 매출원가 중 300억원은 AC기업으로부터 매입한 것으로 내부거래는 제거해야 하므로 연결재무제표의 매출원가는 900억원임
*³ : 매출액과 매출원가에서 각각 300억원씩 차감하였으므로 매출총이익에서 조정할 부분은 없음

> **저자 해설**
>
> 연결재무제표에 대한 전반적인 사항은 회계학에서도 고급회계로 분류하는 부분으로 매우 복잡한 과정을 거쳐서 작성된다. 그러므로 회계학을 전공하거나 공부하실 분이 아니라면 앞에서 언급한 개념 정도만 이해하면 주식을 투자하기에는 충분하다.

KR모터스 재무제표 중 손익계산서

포괄손익계산서
제 59 기 2019.01.01 부터 2019.12.31 까지
제 58 기 2018.01.01 부터 2018.12.31 까지
제 57 기 2017.01.01 부터 2017.12.31 까지

(단위 : 원)

	제 59 기	제 58 기	제 57 기
매출액	37,365,835,502	27,598,513,507	21,638,024,938
매출원가	42,993,607,147	29,885,439,553	32,465,799,600
매출총이익	(5,627,771,645)	(2,286,926,046)	(10,827,774,662)

KR모터스 종속기업 재무현황

1-3 종속기업의 요약재무정보
당기 및 전기의 연결재무제표에 포함된 종속기업의 주요 재무현황은 다음과 같습니다.
- 당기

(단위 : 천원)

회 사 명	자산총액	부채총액	매출액	당기순이익	포괄손익
KR글로벌네트웍스	29,899,988	2,963,632	17,110,037	(14,934,268)	(14,934,268)
KRM America,Inc.	1,769,395	16,692,537	9,824,770	(5,812,768)	(6,087,352)
HKR(구: 아이티앤티)	1,970	31,651	6,274	(44,738)	(44,738)
Jinan Qingqi KR Motorcycle Co.,Ltd.	66,775,065	33,437,718	90,046,018	(1,126,227)	(834,299)

(주) Jinan Qingqi KR Motorcycle Co.,Ltd.는 연결기준 금액입니다.

- 전기

(단위 : 천원)

회 사 명	자산총액	부채총액	매출액	당기순이익	포괄손익
KR글로벌네트웍스	44,248,919	2,378,295	20,569,935	(6,949,040)	(6,949,040)
KRM America,Inc.	8,757,263	17,593,053	4,415,616	(2,269,387)	(2,578,827)
HKR(구: 아이티앤티)	19,511	4,453	304,509	(26,943)	(26,943)
Jinan Qingqi KR Motorcycle Co.,Ltd.	36,063,096	13,224,510	8,390,000	(2,135,102)	(2,491,466)

KR모터스 연결재무제표 중 연결손익계산서

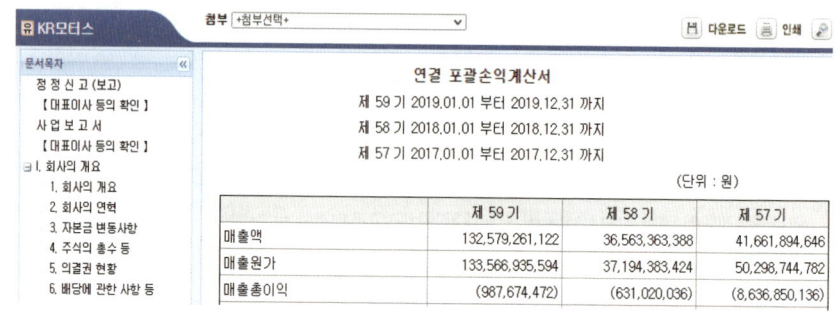

- 제56기 KR모터스 연결재무제표 매출액 : 132,579백만원
- 제56기 KR모터스 개별재무제표 매출액 : 37,365백만원
- 제56기(당기) 주요 종속기업 매출액 : 90,046백만원
- 37,365백만원 + 90,046백만원 = 127,400백만원 〈 132,579백만원

저자 해설

상기 KR모터스 재무제표 자료는 "금융감독원 전자공시시스템"을 통하여 구할 수 있다. 재무제표 작성시 제59기(2019.01.01. - 2019.12.31.)가 당기로서 KR모터스(지배기업) 제59기 매출액과 주요 종속기업 매출액의 합계 127,400백만원은 연결재무제표상의 손익계산서 매출액 132,579백만원보다 작은데 이는 중요성 원칙에 따라 일부 종속기업의 매출액 정보가 연결재무제표 주석에서 누락되어 있기 때문이다. 또한, 지배기업과 종속기업의 매출에서 제거되어야 할 내부거래가 없다는 것도 알 수 있다.

40 배당에는 현금배당과 주식배당이 있으며, 주식배당시에는 유상증자 권리락처럼 전일 종가 대비 주가가 하락한다

배당락이란 2019.12.30.이 마지막 거래일이라면 2019.12.28.일까지 주식을 증권시장을 통해서 매입을 해야 배당금을 받을 권리가 발생하는 것을 말한다. 왜냐하면 주식을 거래일 +2일에 매입자 계좌에 입고되기 때문이다.

이 경우 현금을 수령하는 경우에는 2019.12.28. 종가와 2019.12.29. 시초가에 차이가 없지만, 주식배당의 경우에는 2019.12.28. 종가보다 2019.12.29.시초가가 낮은데 이는 유상증자의 경우 권리락이 발생하는 것처럼 주식의 증가에 따라 그 가치를 조정하기 때문이다.

동양고속 배당공시 자료

1. 배당구분		결산배당
2. 배당종류		현금배당
- 현물자산의 상세내역		-
3. 1주당 배당금(원)	보통주식	2,000
	종류주식	-
- 차등배당 여부		미해당
4. 시가배당율(%)	보통주식	7.1
	종류주식	-
5. 배당금총액(원)		5,321,884,000
6. 배당기준일		2019-12-31
7. 배당금지급 예정일자		2020-04-24
8. 주주총회 개최여부		개최
9. 주주총회 예정일자		2020-03-25
10. 이사회결의일(결정일)		2020-02-20
- 사외이사 참석여부	참석(명)	3
	불참(명)	-
- 감사(사외이사가 아닌 감사위원) 참석여부		-
11. 기타 투자판단과 관련한 중요사항		

1. 상기 내용은 제15기 정기주주총회의 결의에 따라 변경될 수 있습니다.
2. 시가배당율은 주주명부폐쇄일 2매매거래일 전부터 과거 1주일간의 유가증권시장에서 형성된 최종가격의 산술평균에 대한 1주당 배당금의 비율로 산정하였습니다.
3. 상기 5항의 배당금총액은 신탁계약에 의해 취득중인 자기주식을 제외한 금액입니다.
4. 상기 7항의 배당금 지급 예정일자는 변경될 수 있으며, 상법 제464조의 2의 규정에 따라 주주총회 결의일로부터 1개월 이내에 지급할 예정입니다.

※ 관련공시 -

현금배당 동양고속 일자별 거래가격

일별 시세

날짜	종가	전일비	시가	고가	저가	거래량
2021.01.06	24,400	0	24,400	24,450	24,100	18,777
2021.01.05	24,400	▼ 150	24,550	24,550	24,250	17,011
2021.01.04	24,550	▼ 450	24,950	24,950	24,500	26,748
2020.12.30	25,000	▼ 200	25,450	25,450	24,750	25,529
2020.12.29	25,200	▼ 2,450	26,000	26,000	24,300	101,315
2020.12.28	27,650	▲ 200	27,550	27,750	27,450	85,332
2020.12.24	27,450	▼ 350	27,850	28,200	27,300	50,842
2020.12.23	27,800	▲ 750	27,300	27,850	27,050	51,689
2020.12.22	27,050	▲ 300	26,850	27,100	26,650	23,219
2020.12.21	26,750	▲ 150	26,600	26,750	26,500	10,768

☞ 25,200(2020.12.29.종가) + 2,450(하락액) = 27,650(2020.12.28.종가)

셀트리온 배당 공시자료

주식배당 결정

1. 1주당 배당주식수 (주)	보통주식	0.02
	종류주식	-
2. 배당주식총수 (주)	보통주식	2,675,697
	종류주식	-
3. 발행주식총수	보통주식	134,997,805
	종류주식	-
4. 배당기준일		2020-12-31
5. 이사회결의일(결정일)		2020-12-16
-사외이사 참석여부	참석(명)	4
	불참(명)	1
-감사(사외이사가 아닌 감사위원) 참석여부		-
6. 기타 투자판단과 관련한 중요사항		

- 상기 주식배당(안)은 제30기 정기주주총회 안건으로 상정될 예정이며, 주주총회의 결과에 따라 변경될 수 있음.

- 배당주식총수는 이사회 당일(2020.12.16) 기준 발행주식총수 134,997,805주에서 자기주식 1,212,915주를 제외한 133,784,890주를 대상으로 산정한 주식수임.

- 1주 미만의 단수주는 제30기 정기주주총회 전일 종가를 기준으로 환산하여 현금 지급할 예정임.

- 당사의 감사위원회는 전원 사외이사로 구성되어 있음.

※ 관련공시   -

주식배당 셀트리온 일자별 거래가격

일별 시세

날짜	종가	전일비	시가	고가	저가	거래량
2021.01.06	353,500	▼ 1,000	357,000	359,500	353,500	977,528
2021.01.05	354,500	▲ 7,000	351,500	356,000	345,000	1,255,776
2021.01.04	347,500	▼ 11,500	351,500	354,500	343,000	2,006,483
2020.12.30	359,000	▼ 1,500	362,500	365,000	351,000	2,107,841
2020.12.29	360,500	▲ 33,000	360,500	365,000	347,000	5,725,005
2020.12.28	333,500	▼ 14,000	349,500	360,000	324,000	7,295,632
2020.12.24	347,500	▼ 7,500	355,500	358,000	343,500	2,076,258
2020.12.23	355,000	▼ 4,000	364,000	366,000	354,000	1,425,317
2020.12.22	359,000	▼ 8,000	368,000	371,000	359,000	1,358,477
2020.12.21	367,000	▲ 11,000	361,000	372,500	356,500	2,005,754

☞ 360,500(2020.12.29.종가) - 33,000(상승액)
  = 330,500(2020.12.29.기준가액) 〉 333,500(2020.12.28.종가) : 차액 3,000

전일종가를 기준으로 상승액 또는 하락액을 표시하는데 전일종가와 차액이 발생함. 즉, 차액 3,000원은 주식배당으로 인한 전일종가 대비 하락금액

저자 해설

동양고속 2020.12.29.일 주가를 보면 2020.12.28.에 비하여 2,450원이 하락하였고, 현금배당금은 1주당 2,000원이다. 결론적으로 450원을 손해 본 것으로 보통 주가가 배당락 직후 떨어졌다 회복하지만 회복하는데 시간이 오래 걸리는 경우도 있으므로 주의해야 한다. 하지만 셀트리온처럼 주식배당으로 2020.12.29.시초가가 떨어졌음에도 불구하고 주식가격이 상승하는 경우도 있다.

일반적으로 고배당 주식의 경우 특별한 이슈가 없다면 배당금액 정도 하락하였다가 일정시간이 지나면 서서히 회복하는 경향을 일정하게 보인다면, 그러한 주식을 매입하게 되면 이자수익률보다 높은 배당수익률을 추구할 수 있을 것이다.

41 안정적인 배당수익률을 추구한다면 기업의 주당배당금, 시가배당률, 배당성향에 대한 개념을 알아야만 한다

주식을 투자하는 가장 근본적인 이유는 우량한 기업에 투자해서 투자에 합당한 배당을 받기 위한 것이다. 그와 더불어 해당 주식의 가격이 올라가는 것은 사실 부차적인 것이다. 하지만 현실에서는 배당은 부차적인 문제이고 해당 주식의 가격이 올라가는 것에 모든 사람들의 시선이 집중되어 있다.

이러한 배당을 받기 위해서는 주당배당금, 시가배당률, 배당성향을 파악할 수 있어야 한다.

- 주당배당금 : 1주당 지급하는 배당금
- 시가배당률 : 1주당 지급하는 배당금이 현재 시장에서 거래되는 주당 거래가격(시가)에서 차지하는 비율
- 배당성향 : 당기순이익 대비 총배당금이 차지하는 비율

정상이에스엘 재무자료

기업실적분석

주요재무정보	최근 연간 실적				최근 분기 실적					
	2017.12	2018.12	2019.12	2020.12(E)	2019.09	2019.12	2020.03	2020.06	2020.09	2020.12(E)
	IFRS 연결	IFRS 연결	IFRS 연결	IFRS 연결	IFRS 연결	IFRS 연결	IFRS 연결	IFRS 연결	IFRS 연결	IFRS 연결
매출액(억원)	844	871	936	841	244	225	199	205	226	211
영업이익(억원)	103	109	134	85	36	20	2	29	33	20
당기순이익(억원)	82	36	77	62	30	-3	-4	30	27	
영업이익률(%)	12.26	12.50	14.32	10.11	14.60	9.09	1.24	14.33	14.82	9.48
순이익률(%)	9.76	4.09	8.20	7.37	12.41	-1.13	-1.85	14.52	11.79	
ROE(%)	13.05	5.65	12.20	9.62	8.07	12.20	7.76	8.89	7.90	
부채비율(%)	28.84	39.63	73.19		75.74	73.19	81.90	75.02	63.93	
당좌비율(%)	141.87	71.47	58.20		69.27	58.20	39.47	56.66	61.10	
유보율(%)	768.22	743.02	766.27		769.28	766.27	694.69	729.76	761.15	
EPS(원)	525	227	489	395	193	-16	-23	190	170	
PER(배)	14.32	30.69	15.47	15.27	22.93	15.47	22.14	17.07	19.01	
BPS(원)	4,307	4,137	4,282	4,344	4,295	4,282	3,874	4,018	4,196	4,344
PBR(배)	1.75	1.69	1.77	1.39	1.77	1.77	1.65	1.46	1.45	1.39
주당배당금(원)	430	430	430	430						
시가배당율(%)	5.72	6.16	5.68							
배당성향(%)	69.24	159.92	74.30							

저자 해설

해당업체의 2018년 배당성향을 보면 159.92%인데 이는 당기순이익보다 많은 금액의 총 배당금을 지급한다는 것으로 기존에 당기순이익이 발생한 범위 내에서 배당하지 않고 유보해 놓은 금액을 포함하여 당기순이익 금액을 초과하여 지급한 것을 의미한다.

대창스틸 재무자료

기업실적분석

주요재무정보	최근 연간 실적				최근 분기 실적				
	2017.12 IFRS 연결	2018.12 IFRS 연결	2019.12 IFRS 연결	2020.12(E) IFRS 연결	2019.09 IFRS 연결	2019.12 IFRS 연결	2020.03 IFRS 연결	2020.06 IFRS 연결	2020.09 IFRS 연결	2020.12(E) IFRS 연결
매출액(억원)	2,448	2,179	1,976		470	433	421	348	423	
영업이익(억원)	44	48	41		6	18	12	-45	13	
당기순이익(억원)	19	-196	-		105	-89	1	-48	-	
영업이익률(%)	1.78	2.22	2.08		1.37	4.21	2.79	-13.04	2.99	
순이익률(%)	0.77	-8.98	0.01		22.37	-20.47	0.20	-13.64	-0.06	
ROE(%)	1.65	-11.14	-0.74		-2.69	-0.74	0.10	-4.21	-12.85	
부채비율(%)	137.60	153.56	133.57		140.63	133.57	135.67	130.77	145.66	
당좌비율(%)	59.06	41.85	39.40		55.73	39.40	37.12	29.65	34.52	
유보율(%)	999.86	861.31	834.29		914.81	834.29	816.06	769.14	769.38	
EPS(원)	97	-578	-35		417	-381	9	-235	1	
PER(배)	41.29	-4.77	-69.76		-20.09	-69.76	329.87	-10.30	-3.68	
BPS(원)	5,559	4,809	4,685		5,067	4,685	4,594	4,358	4,360	
PBR(배)	0.72	0.57	0.52		0.56	0.52	0.34	0.45	0.51	
주당배당금(원)	100	100	100							
시가배당률(%)	2.49	3.63	4.08							
배당성향(%)	113.78	-17.31	-284.72							

저자 해설

2018년, 2019년 당기순이익이 발생하지 아니하였음에도 배당금을 지급한 기업으로, 역시 유보율이 2018년 881.31%, 2019년 834.29%로 여유가 있다. 하지만 당기순이익이 발생하지 않음에도 배당금으로 지급한 것으로, 배당수익률을 얻을 목적이라면 당기순이익이 계속 발생하고 배당성향이 100% 이하인 업체의 주식을 매입하는 것이 바람직하다.

42 증권 관련 뉴스에서 다루는 시가배당률만 보고 투자해서는 안 된다

보통 연말 무렵에 경제관련 신문을 보면 배당수익률이 이자수익률보다 높은 고배당주식을 아래 표와 함께 소개하는 경우가 자주 있다.

2019년말 신문 배당수익률 순위 소개 자료 예시

No	종목명	시가총액	배당수익률(I)
1	골프존유원홀딩스	3,538 억원	8.11%
2	현대증권	16,184 억원	7.70%
3	부국증권	2,022 억원	7.50%
4	지역난방공사	7,677 억원	6.28%
5	아주캐피탈	3,792 억원	6.22%
6	한국전력	401,228 억원	6.20%
7	메리츠종금증권	18,996 억원	5.75%
8	우리은행	69,966 억원	5.66%
9	동양생명	11,295 억원	5.32%
10	서원인텍	2,176 억원	5.17%

배당수익률(배당금액/주식가격)

- 2019년 거래 마지막 일자(2019.12.30.) 주식 종가 : 10,000원
- 2020.03.22. 주식종가 : 8,000원
- 2020.12.10. 주식종가 : 15,000원
- 2019년 1주당 배당금액 : 550원

배당수익률

구분	2019.12.30.	2020.03.22.	2020.12.10.
배당수익률	5.50%	6.88%	3.67%

상기 표와 같이 배당수익률은 주식가격을 어느 일자를 기준으로 분석하느냐에 따라 달라지므로 반드시 주식을 구매할 시점을 기준으로 배당수익률을 계산하여 주식매입여부를 판단하여야 한다.

이자수익보다 높은 배당수익률을 장기간 안정적으로 얻기 위해서 검토해야 할 해당 기업의 재무자료는 다음과 같다.

① 5년간 주당 배당금 변동 현황
② 매입예상시점 기준 배당수익률
③ 5년간의 영업이익, 당기순이익
④ 5년간의 배당성향
⑤ 기타(5년간 주가 흐름, 향후 주가 상승 가능성 등)

아래 재무자료 등은 '금융감독원 전자공시시스템'에서 일진파워 검색 후

'정기공시 - 사업보고서 - (연도별 사업보고서 내의) 연결재무자료'에서 구할 수 있다. 간편하게 3개년도 정도는 '네이버 - 증권 - 일진파워'에서도 아래 재무자료를 구할 수 있다. 네이버 증권 자료는 자회사와 통합한 연결재무자료로 작성되어 있다.

일진파워 배당 관련 검토할 재무자료

① 5년간 주당 배당금 변동 현황

구분	2016년	2017년	2018년	2019년	2020년
배당금	190원	212원	330원	300원	300원

② 2021.3.19. 매입 기준 배당수익률 : 5.37%

· 예상배당금액 : 300원

· 주식거래가격 : 5,590

· 예상배당수익률 : 5.37%

☞ 이자수익률의 보통 2 ~ 2.5% 수준이면 상당히 높은데 예상 배당수익률이 5.37%라면 이자수익률의 거의 2배에 육박한다. 또한, 배당받은 금액은 주식에 재투자하는 경우 복리의 수익률을 거둘 수 있다.

③ 5년간의 영업이익, 당기순이익

· 자회사 재무자료를 결합한 연결회계기준

(단위 : 억원)

구분	2016년	2017년	2018년	2019년	2020년
매출액	1,327	1,407	1,576	1,828	1,680
영업이익	82	178	191	144	131
당기순이익	67	146	158	118	107
당기순이익률	5.0%	10.4%	10.0%	6.5%	6.4%

☞ 당기순이익률이 매년 최소 5%이상을 유지하며 안정적으로 앞으로도 지속적인 영업이익과 당기순이익이 발생될 것으로 예측할 수 있다.

④ 5년간 배당성향

(단위 : 억원)

구분	2016년	2017년	2018년	2019년	2020년
당기순이익	67	146	158	118	107
총배당금	28	31	47	42	42
배당성향	41.8%	21.2%	29.7%	35.6%	39.3%

☞ 당기순이익 범위 내에서 배당금을 지급하고 있어 이러한 추세로 지속적으로 배당금을 지급할 수 있을 것으로 판단된다.

⑤ 기타(5년간 주가 흐름, 향후 주가 상승 가능성 등)
· 5년간 주가 흐름
· 향후 주가 상승 가능성 등

☞ 현재시가인 5,590원에 비하여 코로나 사태로 인한 주가하락이외에는 크게 하락한 적은 없고 오히려 10,200원으로 크게 오른 적은 있음을 알 수 있다.

네이버 증권 기업개요

기업개요 [기준:2020.12.15]

- 동사는 1990년 3월에 설립되었으며, 2007년 11월 6일 코스닥시장에 주식을 상장하였음.
- 동사는 발전경상정비, 원자력 연구개발을 주사업으로 하고 있으며, 기기제작 및 시공업을 사업 목적에 추가하였음. 연결 대상 종속 회사는 비상장사인 '일진에너지' 1개사이며, 영위하는 사업은 화공기기 제작임.
- 경상정비 및 플랜트 공사 부문에서 향후 신규 터빈 정비로 사업영역을 확대하기 위해 히타치 및 미쓰비시와 연계하여 기술력을 확보하고 있음.

전자공시시스템 사업보고서 중 '사업의 내용'

8. 기타 투자의사결정에 필요한 사항

보유중 지적재산권

구분	구분	제목	내용	진행상황	비고
지배회사	특허	배기를 재사용하는 공압 액추에이터의 구동회로	배기를 재사용하는 공압 액추에이터의 구동회로	등록번호 제10-1375218호 2014.03.11 등록	등록완료
지배회사	특허	유로전환장치	유로전환장치	등록번호 제10-1379347호 2014.03.24 등록	등록완료
지배회사	특허	소음저감장치	소음저감장치	등록번호 제10-1222425호 2013.01.09 등록	등록완료
지배회사	특허	막부재를 이용한 수소가스와 모노실린가스의 분리방법과 분리장치	막부재를 이용한 수소가스와 모노실린가스의 분리방법과 분리장치	등록번호 제10-1038527호 2011.05.26 등록	등록완료

네이버 증권 일진파워 재무자료

기업실적분석

주요재무정보	최근 연간 실적				최근 분기 실적				
	2017.12 IFRS 연결	2018.12 IFRS 연결	2019.12 IFRS 연결	2020.12(E) IFRS 연결	2019.09 IFRS 연결	2019.12 IFRS 연결	2020.03 IFRS 연결	2020.06 IFRS 연결	2020.09 IFRS 연결	2020.12(E) IFRS 연결
매출액(억원)	1,407	1,576	1,828		447	581	466	397	332	
영업이익(억원)	178	191	144		27	51	44	34	26	
당기순이익(억원)	146	158	118		29	41	40	21	31	
영업이익률(%)	12.63	12.10	7.86		6.08	8.74	9.54	8.59	7.88	
순이익률(%)	10.37	10.05	6.44		6.42	7.00	8.67	5.21	9.23	
ROE(%)	20.38	18.93	12.70		12.97	12.70	13.66	13.84	13.62	
부채비율(%)	48.13	51.36	54.47		48.49	54.47	52.73	49.19	40.86	
당좌비율(%)	201.62	123.30	161.38		202.15	161.38	143.38	163.30	208.14	
유보율(%)	957.73	1,108.62	1,196.00		1,152.49	1,196.00	1,195.32	1,229.40	1,270.03	
EPS(원)	968	1,050	781		190	270	268	137	203	
PER(배)	5.36	5.48	6.94		7.51	6.94	4.96	5.42	5.90	
BPS(원)	5,297	6,072	6,574		6,301	6,524	6,521	6,698	6,906	
PBR(배)	0.98	0.95	0.83		0.92	0.83	0.63	0.70	0.75	
주당배당금(원)	220	330	300							
시가배당률(%)	4.24	5.73	5.54							
배당성향(%)	21.30	29.59	36.06							

> **저자 해설**
>
> 네이버 증권의 기업개요, 전자공시시스템의 사업보고서 내용 중 사업내용 및 경제뉴스 등을 통하여 '일진파워'의 사업내용을 보면 수소가스 관련 하여 특허가 있어 앞으로 수소관련 테마주에 편입될 가능성도 있다. 즉, 꾸준한 배당수익률과 함께 향후 수소관련 테마주에 편입되는 경우 주가가 상승할 가능성도 있어 보인다. '일진파워'를 매수하라는 것은 아니며 단지 꾸준한 배당수익률을 원한다면 이러한 방식으로 검색하여 본인이 매입할 주식을 선택하는 것이 바람직할 것이다.

43

우선주는 보통주와 달리 주주총회에서 경영에 대한 의사를 결정할 권리가 없지만 배당금을 더 많이 받을 수는 있다

주식종목을 보다보면 '삼성전자우', '대상홀딩스우'등을 볼 수 있다. 이러한 주식을 우선주라고 부르는데 이와 대비되는 개념으로 '삼성전자', '대상홀딩스'등의 주식들은 보통주라고 부른다. 일반적으로 거래하는 주식들은 대부분 보통주에 해당한다.

보통주와 우선주 특징

구분	주식의 특징
보통주	기업 경영에 참여할 수 있는 의결권을 가지고 있음.
우선주	기업 경영에 참여 할 수 있는 의결권이 없는 대신 배당 및 기업 해산시 잔여재산 배분의 우선권을 보유하고 있음. ☞ 배당금액이 일반적으로 보통주에 비하여 조금 높음.

삼성전자 주식종류

종목명	현재가	전일대비	등락율	매도호가	매수호가	거래량	거래대금(백만)
삼성전자 코스피	82,300	▲ 300	+0.37%	82,400	82,300	5,097,039	420,302
삼성전자우 코스피	73,700	▲ 400	+0.55%	73,800	73,700	415,693	30,659

대상홀딩스 주식종류

종목명	현재가	전일대비	등락율	매도호가	매수호가	거래량	거래대금(백만)
대상홀딩스 코스피	9,910	▼ 70	-0.70%	9,870	9,860	30,688	303
대상홀딩스우 코스피	8,210	- 0	0.00%	8,270	8,170	1,541	12

삼성전자 배당금액의 차이

DART 삼성전자
본문: 2021.01.28 현금·현물배당결정
첨부: +첨부선택+

현금·현물배당 결정

1. 배당구분		결산배당
2. 배당종류		현금배당
- 현물자산의 상세내역		-
3. 1주당 배당금(원)	보통주식	1,932
	종류주식	1,933
- 차등배당 여부		미해당
4. 시가배당율(%)	보통주식	2.6
	종류주식	2.7
5. 배당금총액(원)		13,124,259,877,700
6. 배당기준일		2020-12-31
7. 배당금지급 예정일자		-
8. 주주총회 개최여부		개최
9. 주주총회 예정일자		-
10. 이사회결의일(결정일)		2021-01-28

저자 해설

보통주식(보통주), 종류주식(우선주)를 의미한다. 배당금액이 1원 차이가 나는 것을 알 수 있다. 일반적으로 보통주와 우선주의 배당금액 차이가 많이 나지는 않는다. 우선주의 거래량을 보면 보통주의 10% 정도 수준이며, 주식의 가격도 보통주보다 10% 정도 낮은 것을 알 수 있다. 보통주의 거래량이 작은 경우 우선주의 거래량은 매우 미미하여 거래가 힘들고, 거래량이 작아 주가가 왜곡되는 경우(이유 없이 우선주만 상승 등)가 종종 있는데 이러한 거래에 동참하는 것은 바람직한 투자행위는 아닌 것으로 판단된다.

44. 우량기업을 구별하기 위해서는 EPS(원), PER(%), BPS(원), PBR(배) 개념을 알아야 한다

건전한 주식투자를 위해서는 우량한 기업을 찾아내는 방법에 대해서 배워야 한다. 우량기업 분석시 가장 많이 사용하는 지표로 EPS(Earning Per Share, 주당순이익), PER(Price Earning Ratio, 주가수익률), BPS(Bookvalue Per Share, 주당순자산가치), PBR(Price Bookvalue Ratio, 주가순자산비율)가 있다.

기업 분석을 위한 기초 개념

구분	개념
EPS(원)	· 주당순이익 : 당기순이익 / 주식수 ☞ 1주당 순이익으로 주당순이익이 크면 클수록 주식가격이 상승할 가능성이 크다고 분석하고 있음.
PER(%)	· 주가수익률 : 주식가격 / 주당순이익 ☞ 주당순이익 대비 주식가격 비율로 경쟁사 대비 PER가 낮을수록 상승요인이 있는 것으로 분석하고 있음.

구분	개념
BPS(원)	· 주당순자산가치 : 순자산 / 주식수 ☞ 기업이 현재 상태로 청산한다고 가정 하에 1주당 순자산가치와 현재 주식가격을 비교하여 주당 순자산가치가 더 높으면 저평가 주식으로 보아 상승요인이 있는 것으로 분석하고 있음.
PBR(배)	· 주가순자산비율 : 주식가격 / 주당순자산가치 ☞ 주식가격이 해당기업의 순자산가치에 비해 몇 배로 거래되고 있는지 측정하는 지표로 1미만인 경우 저평가 주식으로 보아 상승요인이 있는 것으로 분석하고 있음.

삼성엔지니어링 재무자료

기업실적분석

주요재무정보	2018.12 IFRS 연결	2019.12 IFRS 연결	2020.12 IFRS 연결	2021.12(E) IFRS 연결
매출액(억원)	54,798	63,680	67,251	68,922
영업이익(억원)	2,061	3,855	3,510	3,975
당기순이익(억원)	702	2,956	2,445	3,140
영업이익률(%)	3.76	6.05	5.22	5.77
순이익률(%)	1.28	4.64	3.64	4.56
ROE(%)	6.60	24.62	16.75	17.68
부채비율(%)	347.73	248.86	200.66	
당좌비율(%)	70.94	86.73	83.83	
유보율(%)	21.87	51.89	68.06	
EPS(원)	350	1,493	1,249	1,569
PER(배)	50.22	12.86	10.61	8.99
BPS(원)	5,383	6,749	8,167	9,578
PBR(배)	3.27	2.84	1.62	1.47

키다리스튜디오 재무자료

기업실적분석

주요재무정보	2017.12 IFRS 연결	2018.12 IFRS 별도	2019.12 IFRS 연결	2020.12(E) IFRS 연결
매출액(억원)	143	196	267	475
영업이익(억원)	-5	3	7	56
당기순이익(억원)	-23	2	23	20
영업이익률(%)	-3.47	1.36	2.63	11.73
순이익률(%)	-15.86	0.77	8.50	4.21
ROE(%)			0.90	9.19
부채비율(%)	37.66	12.88	100.17	
당좌비율(%)	198.08	362.82	271.78	
유보율(%)	108.22	111.52	179.75	
EPS(원)	-142	10	166	124
PER(배)	-18.79	235.41	24.32	94.57
BPS(원)	1,041	1,047	1,213	1,437
PBR(배)	2.55	2.15	3.33	8.14

네이버 재무자료 기준 분석지표 및 주가 비교

〈삼성엔지니어링 2021.12(E), 키다리스튜디오 2020.12(E) 재무자료 기준〉

구분	삼성엔지니어링	키다리스튜디오
EPS(원)	1,569원	124원
PER(배)	8.99배	94.57배
기준 주식가격 (EPS × PER)	14,105원	11,726원
BPS(원)	9,578원	1,437원
PBR(배)	1.47배	8.14배
기준 주식가격 (BPS × PBR)	14,079원	11,697원
2020.12.30. 주식가격	12,950원	9,830원
2020.03.22. 주식가격	14,100원	12,950원

저자 해설

네이버증권 재무자료에서 PER 및 PBR을 구하기 위하여 어느 일자의 주식가격을 사용하였는지는 불분명하다. 그러나 주식을 매입하고자 하는 경우 해당 일자의 주식가격을 기준으로 가장 최근의 재무자료를 사용하여 PER 및 PBR을 재계산하여 해당 기업의 주가가 저가 메리트가 있는지 판단하여야 할 것이다.

PER 및 PBR를 분석에 있어 상기와 같이 산업설비 등을 건설·제조하는 삼성엔지니어링 보다는 웹툰 플랫폼을 기반으로 사업을 운영하는 키다리스튜디오의 주가가 재무상태에 비해서 상당히 고가로 평가되어 있음을 알 수 있다. 즉, PER 및 PBR이 주식 투자여부를 결정하는 절대적인 지표가 될 수 없다. 왜냐하면 아무리 건실한 기업이라 할지라도 투자자의 관심에 벗어나는 업종(미래에도 별 성장성이 없어 보이는 종목)인 경우에는 주가가 상승하기가 쉽지 않다. 그럼에도 불구하고 안정적인 장기투자를 선호하는 경우에는 EPS, PER, BPS, PBR을 분석하여 저평가 우량기업을 선별한 뒤 사업전망을 고려해 투자한다면 안정적인 고수익을 얻을 수 있을 것이다.

45. 영업이익률, 순이익률, ROE로 기업의 이익수준을 파악할 수 있다

기업이 사업을 통하여 어느 정도의 이익을 벌어들이는 지에 대하여 분석하는 지표에 대해서 알아보자. 기업의 이익을 알아보는데 중요한 지표로 영업이익률, 순이익률, ROE(Return On Equity)가 있다.

기업 분석을 위한 기초 개념

구분	개념
영업이익률	· 영업이익률 : 영업이익 / 매출액 · 영업이익 = 매출액 - 매출원가 - 영업비용(판매관리비) ☞ 매출액 대비 순수한 사업활동으로 인하여 발생한 영업이익 비율
순이익률	· 순이익률 : 당기순이익 / 매출액 · 당기순이익 = 영업이익 + 기타수익, 금융수익 등 - 기타비용, 금융비용 등 ☞ 매출액 대비 영업이익에서 사업활동 이외의 수익과 비용을 가감하여 계산한 순이익 비율
ROE	· 자기자본이익률 : 당기순이익 / 자기자본(자본금+자본잉여금) ☞ 자본금과 자본잉여금을 포함한 자기자본 대비 당기순이익 비율

클아우드에어 네이버 증권 재무자료

기업실적분석

주요재무정보	최근 연간 실적				최근 분기 실적					
	2017.12	2018.12	2019.12	2020.12(E)	2019.09	2019.12	2020.03	2020.06	2020.09	2020.12(E)
	IFRS 연결	IFRS 연결	IFRS 연결	IFRS 연결	IFRS 연결	IFRS 연결	IFRS 연결	IFRS 연결	IFRS 연결	IFRS 연결
매출액(억원)	166	144	135		33	35	34	27	34	
영업이익(억원)	15	7	-		-2	1	-1	-10	-2	
당기순이익(억원)	-9	-23	-138		-29	-85	-12	-41	13	
영업이익률(%)	8.92	4.98	-0.07		-5.20	3.77	-2.40	-38.59	-6.38	
순이익률(%)	-5.16	-16.22	-102.11		-87.24	-239.25	-35.22	-155.74	38.75	
ROE(%)	-1.29	-3.23	-16.79		-0.95	-16.79	-14.51	-20.15	-14.59	

저자 해설

상기 재무자료 중 최근연간 실적에서 2017.12 연간 재무자료를 보면 영업이익은 15억원인데 당기순이익이 -9억원이 발생하였다. 이는 사업활동으로는 이익이 발생하였으나 사업활동 외의 이자비용 등의 비용 등이 영업이익보다 크게 발생하여 당기순손실이 된 것이다.

상기 재무자료 중 최근분기 실적에서 2020.9월 분기 재무자료를 보면 영업이익은 -2억원인데 당기순이익은 13억원이 발생하였다. 이는 사업활동으로는 손실이 발생하였으나 사업활동 이외의 수익이 영업손실보다 크게 발생하여 당기순이익이 발생한 것이다.

영업이익(손실)과 당기순이익(손실)이 서로 다르게 발생한 경우 그 이유가 무엇인지 반드시 '금융감독원 전자공시시스템'을 통하여 사업보고서 및 감사보고서에서 재무제표 주석 등을 검토하여 해당 기업의 부실여부를 판단하여야 한다. 즉, 영업이익이 발생하더라도 당기순손실이 발생하는데 그 이유가 과다한 부채에 의한 금융비용때문이라면 해당기업은 흑자로 전환하기가 어려울 것이다. 그러나 과다한 부채 문제가 아닌 1회성 손실에 의한 것이라면 해당 기업은 흑자로 전환될 가능성이 있다고 예측할 수 있는 것이다.

46 부채비율, 당좌비율로 기업의 사업자금이 충분한지 여부를 파악할 수 있다

기업이 사업을 제대로 영위하는지도 중요하지만 더불어 사업에 어려운 시기가 왔을 때 이를 극복할 만한 자금이 충분한지 여부도 중요하다. 만일 기업이 사업에 충분한 자금이 없다고 한다면 조금만 사업이 어려워져도 무너질 수 있기 때문이다.

기업이 안정적인 사업활동을 영위하기 위한 자금을 넉넉히 보유하고 있는지는 부채비율, 당좌비율을 통해 알 수 있다.

기업의 충분한 자금보유 분석지표

구분	개념
부채비율	· 부채비율 : 부채총액 / 자본총계 ☞ 부채지급 능력을 측정하는 지표
당좌비율	· 당좌비율 : 당좌자산 / 유동부채 ☞ 단기지급능력을 측정하는 지표

구분	개념
유보율	· 유보율 : (이익잉여금 + 자본잉여금) / 납입자본금 ☞ 얼마나 많은 잉여금을 보유하는지 보여주는 지표

재무상태표 용어 요약

자산	=	부채 + 자본

· 자산총계 : 기업이 보유한 재산적 가치가 있는 모든 것
  - 유동자산 : 당좌자산(현금, 예금 등), 재고자산
  - 고정자산 : 토지, 건물, 기계 등
		· 부채총계 : 은행 차입금 등 기업외부에서 빌려온 자금
		  - 유동부채 : 상환기간이 1년 이내 도래하는 부채
		  - 고정부채 : 상환기간이 1년 이후 도래하는 부채
		· 자본총계 : 납입자본금, 자본잉여금, 이익잉여금 등으로 구분
		  - 납입자본금 : 총 주당 액면가액을 합한 금액
		  - 자본잉여금 : 주당 액면가액보다 더 많은 금액을 주고 주주가 주식을 회사로부터 매입한 금액
		  - 이익잉여금 : 당기순이익 중 배당하지 않고 보유한 금액

코다코 네이버 증권 재무자료

기업실적분석　더보기 ▶

주요재무정보	최근 연간 실적				최근 분기 실적				
	2018.12	2019.12	2020.12	2021.12(E)	2019.12	2020.03	2020.06	2020.09	2020.12	2021.03(E)
	IFRS 연결	IFRS 연결	IFRS 연결	IFRS 연결	IFRS 연결	IFRS 연결	IFRS 연결	IFRS 연결	IFRS 연결	IFRS 연결
매출액(억원)	4,302	4,189	2,728		1,041	821	429	884	593	
영업이익(억원)	285	307	-56		71	38	-67	12	-39	
당기순이익(억원)	197	221	-66		7	47	-58	10	-65	
영업이익률(%)	6.63	7.32	-2.05		6.85	4.66	-15.61	1.39	-6.64	
순이익률(%)	4.57	5.27	-2.43		0.63	5.71	-13.44	1.10	-10.98	
ROE(%)	11.45	11.88	-3.39		11.88	10.77	5.05	0.36	-3.39	
부채비율(%)	65.22	44.87	52.52		44.87	50.50	49.24	62.58	52.52	
당좌비율(%)	102.50	135.19	100.86		135.19	130.83	112.60	108.40	100.86	
유보율(%)	2,132.53	2,360.21	2,227.94		2,360.21	2,368.43	2,301.14	2,313.60	2,227.94	

토비스 네이버 증권 재무자료

기업실적분석

주요재무정보	최근 연간 실적				최근 분기 실적					
	2017.12	2018.12	2019.12	2020.12(E)	2019.09	2019.12	2020.03	2020.06	2020.09	2020.12(E)
	IFRS 연결	IFRS 연결	IFRS 연결	IFRS 연결	IFRS 연결	IFRS 연결	IFRS 연결	IFRS 연결	IFRS 연결	IFRS 연결
매출액(억원)	2,678	2,394	2,234		575	354	556	333	518	
영업이익(억원)	57	-161	-108		-58	-29	6	-48	17	
당기순이익(억원)	-24	-250	-234		-36	-181	-	-85	-27	
영업이익률(%)	2.14	-6.73	-4.84		-10.10	-8.20	1.04	-14.52	3.29	
순이익률(%)	-0.89	-10.43	-10.49		-6.20	-51.13	0.05	-25.67	-5.23	
ROE(%)	-2.33	-31.32	-55.81		-36.14	-55.81	-45.40	-63.17	-58.61	
부채비율(%)	274.55	554.74	986.44		351.43	986.44	1,165.06	1,570.06	1,294.68	
당좌비율(%)	42.86	21.26	56.01		29.32	56.01	17.85	13.14	13.29	
유보율(%)	430.75	181.93	61.82		313.44	61.82	57.89	24.24	10.71	

2019년 코다코와 토비스 자금상태 지표 분석

구분	코다코	토비스
부채비율(%)	986.44	44.87
당좌비율(%)	56.01	135.19
유보율(%)	61.82	2,360.21

저자 해설

부채비율은 낮을수록 자금상태가 좋은 것이고, 당좌비율은 높을수록 자금상태가 좋고, 유보율은 높을수록 차후 배당가능성이 높아진다. 그러므로 토비스의 자금상태가 코다코보다 훨씬 안정적이다는 것을 알 수 있다.

일반적으로 부채비율은 50% 미만, 당좌비율은 100% 이상인 경우 기업의 자금상태가 매우 양호한 것으로 볼 수 있다. 유보율의 경우 자금상태보다는 배당여력을 판단하는데 더 적합한 지표로 사용된다.

47. 워렌버핏의 5가지 투자원칙을 알아보자

미국 경제전문지 Money Crashers에 경제전문가인 Kiara Ashanti가 기고한 내용을 근거로 작성한 워렌 버핏(Warren Buffett)의 주식매매 원칙에 대해서 알아보자.

1. 주식 매입 기준 목록을 작성한다.

예를 들어, 특정 업종 내에서 수익률 또는 6개월 이동 평균을 기준으로 특정가격 대에 있는 주식을 찾을 수 있다. 하지만 주가가 유일한 기준이 되어서는 안 된다는 것을 기억하라. 자주 좋은 기업이 시장이나 업종현황으로 인하여 가격이 하락할 때가 있다. 이는 여러분이 설정한 기준을 충족하는 경우에 좋은 매입 기회가 될 수 있다.

2. 친숙한 산업 및 회사에 투자하라.

여러분이 투자하는 산업이나 회사에 대한 무언가를 이해하면 산업 동향과 회사 뉴스를 보다 쉽게 최신 상태로 업데이트 할 수 있다. 다른 사람의 주식 정보에 동요되거나 쫓아가는 것에 기반을 둔 투자 전략은 장기적으로는 실패할 수 밖에 없다. 많이 들어는 봤지만 잘 모르는 회사에 관심이 많다면, 먼저 그 기업을 연구해라.

3. 필요한 경우 현금을 보유해라.

만약 당신의 투자 기준에 맞는 회사가 없다면, 현금을 보유해라. 이 경우에는 현금이 정답이다.

4. Follow the Companies.

Once you invest, follow the companies on a monthly basis. Do not look at them on a daily basis.

4. 투자한 기업을 지켜봐라.

일단 투자하고 나면, 월 단위로 해당 투자한 기업들을 지켜봐라. 매일 그 기업들을 지켜보지는 마라.

5. 적절한 시점에 매도하라.

투자한 기업이 더 이상 당신의 매입한 이유와 일치하지 않을 때에는 해당 기업의 주식을 매도해라. 2년 평균주가를 웃돌아야 한다고 판단하여 투자하였다면, 그 아래로 떨어지면 매도해라. 이 부분이 대부분의 버핏 추종자들이 놓치는 것이다. 버핏에게는 규칙이 있고 열심히 해당 규칙을 따른다. 기업이 더 이상 그의 기준에 맞지 않을 때에는 그는 해당 기업의 주식을 매도한다. 투자에 머무르기 위해 변명하고 싶은 충동을 억눌러야 한다. 팔아라.

48. 가치 투자를 중시하는 워렌 버핏이 매입할 주식을 선택할 때 고려하는 사항을 명심하자

미국 금융웹사이트인 Investopedia에 Brent Radilife가 2020.03.18. 작성한 글을 참고로 워렌 버핏의 매입할 주식을 선택하는 분석방법을 알아보자.

워렌 버핏이 매입할 주식을 선정할 때 고려하는 주요 사항

1. 워렌 버핏의 성공 종목 선정 전략은 그의 가치 투자 철학을 바탕으로 한 기업 평가에서 출발한다.
2. 버핏은 특히 동종 업계의 경쟁사들과 비교했을 때 장기간 동안 높은 자기자본이익률(ROE)을 지닌 기업을 찾는다.
3. 버핏은 투자하기 좋은 기업들을 찾을 때, 해당 기업들이 건강하게 성장할 수 있는지 이익을 검토한다.
4. 버핏은 <u>경쟁 우위</u>를 제공하는 독특한 제품이나 서비스를 제공하는 기업에 초점을 맞추고 있으며, <u>낮은 가격으로 구입할 수 있는 저평가된 기업</u>에도 초점을 맞추고 있다.

매입할 주식 선정을 위한 가치투자

워렌 버핏이 어떻게 매입할 주식을 선정하는지를 이해하는 것은 그와 밀접한 관계에 있는 버크셔 해서웨이의 투자 철학을 분석하는 것에서 출발한다. 버크셔는 주식 인수와 관련해 오랫동안 지켜온 공개 전략을 가지고 있다. 회사는 장기간의 이익률과 자산 대비 이익률(ROE), 능력 있는 경영, 합리적인 가격을 가져야 한다.

버핏은 벤자민 그레이엄에 의해 대중화된 가치 투자를 기반으로 하고 있다. 가치 투자는 이동 평균, 볼륨 또는 모멘텀 지표와 같은 기술적 지표에 초점을 맞추기 보다는 주식의 본질적인 가치를 중요시 한다. 내재가치를 결정하는 것은 기업의 재무, 특히 손익계산서와 같은 공식 문서를 이해하는 연습이다.

버핏이 기업의 주식에 투자를 평가하기 위해서는 아래와 같이 몇 가지 주요 고려사항을 사용한다.

1) 회사의 성과는 어떠한가?

탄탄한 수익률이 짧은 기업보다 수년간 긍정적이고 수용 가능한 자기자본이익률(ROE)을 제공해 온 기업이 더 바람직하다. 좋은 자기자본이익률(ROE)의 이익률이 오래되면 오래될수록 좋다. 역사적 성과를 정확하게 측정하기 위해서는 투자자가 최소 5년에서 10년의 기업의 자기자본이익률(ROE)을 검토해야 한다. 기업의 과거 자기자본이익률(ROE)을 살펴볼 때, 이를 동종업계 최고 경쟁업체의 자기자본이익률(ROE)과 비교하는 것도 필수다.

2) 회사의 부채는 얼마나 되는가?

특히 부채가 늘어나기만 하면 기업의 수익의 더 많은 부분이 부채를 상환하는 쪽으로 가기 때문에 자본 대비 부채 비율이 높으면 주의해야 한다. 주주지분(자본총계)이 양호한 기업은 부채를 감당할 수 있을 만큼 충분한 현금흐름을 창출하고, 부채에 의존하지 않고 있다는 것을 의미한다. 버핏에게 있어 낮은 부채와 양호한 주주지분(자본총계)이 성공적인 주식 선택을 위한 두 가지 핵심 요소이다.

3) 이익률은 어떠한가?

버핏은 특히 이익률이 증가하는 경우, 이익률이 좋은 기업을 찾는다. 자기자본이익률(ROE)의 경우와 마찬가지로, 그는 장기간 동안의 이익률을 검토한다. 버핏의 레이더에 계속 노출되려면 회사의 경영진이 매년 수익률을 올리는데 능숙해야 하는데 이는 경영진이 운영비 조절에도 유능하다는 신호이다.

4) 회사의 제품은 얼마나 독특한가?

버핏은 쉽게 대체할 수 있는 제품을 생산하는 기업이 더 독특한 제품을 제공하는 기업보다 더 위험하다고 생각한다. 예를 들이, 한 석유 회사의 제품, 즉 석유는 고객이 다른 경쟁업체로부터 석유를 구입할 수 있기 때문에 그리 독특한 것은 아니다. 그러나 이 기업이 보다 높은 수준의 정제된 석유를 생산 할 수 있다면, 그것은 검토할 가치가 있는 투자일 수 있습니다. 이 경우 기업이 원하는 등급의 석유는 매출과 마진 확대를 통해 수익을 올릴 수 있는 경쟁 우위가 될 수 있다.

5) 주식가격은 얼마나 저평가 되어 있나?

이것은 가치 투자의 핵심이다. 펀더멘털은 좋지만 거래처보다 낮은 가격에 있는 기업을 찾는 것이다. 저평가 폭이 클수록 향후 수익이 발생할 여지는 더 커진다.

버핏 같은 가치투자자들의 목표는 내재가치에 비해 저평가된 기업을 발굴하는 것이다. 기업의 현재 시장가치가 내재가치보다 저렴할 때 할인된 가격에 살 수 있는 기회가 존재한다. 내재가치를 계산하는 정확한 공식은 없지만, 투자자들은 내재가치를 추정하기 위해 기업지배구조와 미래 수익 잠재력과 같은 다양한 요소들을 살펴보아야 한다.

제 5 장
차트 분석방법

49 캔들(봉) 및 차트 기본 개념

 주식관련 전문가들의 해설을 듣다보면 자주 음봉, 양봉 또는 차트에 대하여 이야기를 하는 경우가 많다. 그러므로 이러한 해설을 이해하기 위해서는 기본적인 차트에 대한 기본 개념을 먼저 이해해야하므로 이에 대하여 설명하고자 한다.

양봉

 주식시장 시작시간에 거래된 가격(시가)보다 주식시장 마감시간에 거래된 가격(종가)이 더 높은 경우 발생되는 봉(캔들)으로 빨간색으로 표시된다.

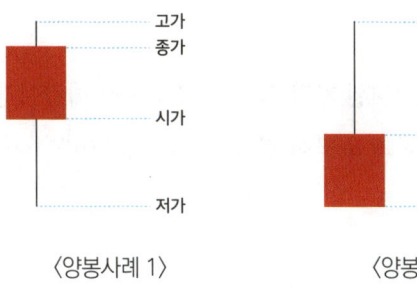

〈양봉사례 1〉

· 시가 : 1,500
· 장중저가 : 1,400원
· 장중고가 : 1,600원
· 종가 : 1,550원

〈양봉사례 2〉

· 시가 : 1,400원
· 장중저가 : 1,400원
· 장중고가 : 1,600원
· 종가 : 1,450원

음봉

주식시장 시작시간에 거래된 가격(시가)보다 주식시장 마감시간에 거래된 가격(종가)이 더 낮은 경우 발생되는 봉으로 파란색으로 표시된다.

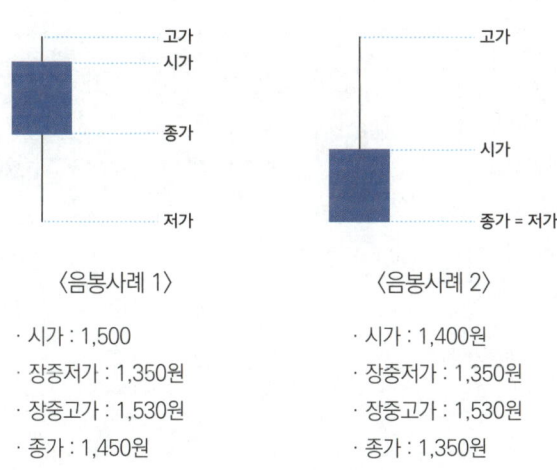

〈음봉사례 1〉

· 시가 : 1,500
· 장중저가 : 1,350원
· 장중고가 : 1,530원
· 종가 : 1,450원

〈음봉사례 2〉

· 시가 : 1,400원
· 장중저가 : 1,350원
· 장중고가 : 1,530원
· 종가 : 1,350원

시가와 종가 동일(십자형)

주식시장 시작시간에 거래된 가격(시가)과 주식시장 마감시간에 거래된 가격(종가)이 동일한 경우 아래와 같이 십자형으로 표시된다.

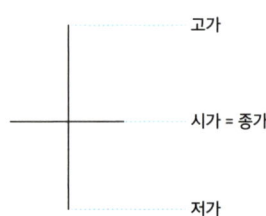

일봉차트

일간 거래내역을 봉으로 정리하여 표시한 차트를 말한다.

주봉차트

주간 거래내역을 봉으로 정리하여 표시한 차트를 말한다.

월봉차트

월간 거래내역을 봉으로 정리하여 표시한 차트를 말한다.

이동평균선 차트

　1일, 5일, 20일, 60일, 120일 평균주가를 산정하여 주가 평균치를 이어서 만든 선을 말한다. 주식가액이 써진 선은 일일이동평균선으로 아래 이동평균선을 보면 총 5개의 선이 있다. 주로 5일 이동평균선과 20일 이동평균선을 가지고 추세를 분석한다.

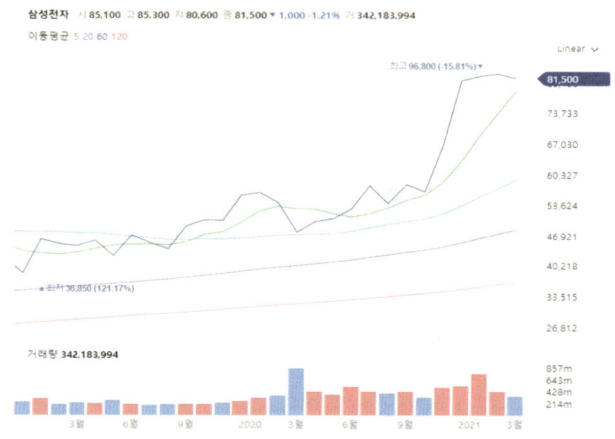

50

지지선은 하락하다 반등이 예상되는 가격대, 저항선은 상승하다 하락이 예상되는 가격대를 말한다

지지선

지지선이란 저점끼리 연결한 추세선으로 하락하는 경우에서도 해당 가격대 미만까지 떨어지지는 않고 반전하여 상승할 것으로 예상되는 가격대를 말한다.

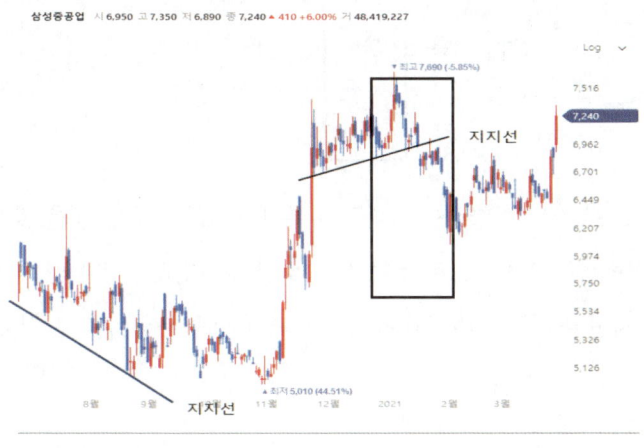

상기 박스를 보면 지지선이 무너지자 주가가 크게 하락한 것을 볼 수 있다. 이처럼 지지선은 일반적으로 추가 하락이 일어나지 않을 것이라고 여겨지는 심리선이지만 이러한 심리선이 무너지면 크게 하락이 일어날 수 있다.

☞ 추세선 : 상승추세 및 하락추세를 알 수 있는 선을 말한다. 흔히 우측으로 상승하는 선은 상승 추세선이고, 우측으로 하락하는 선은 하락추세선 이라 할 수 있다.

저항선

저항선이란 고점끼리 연결한 추세선으로 상승하는 경우 해당 가격대 이상으로 올라가지 않고 반전하여 하락할 것으로 예상되는 가격대를 말한다.

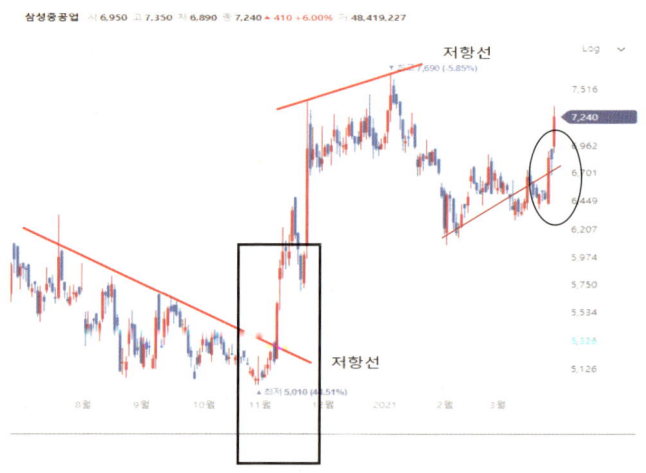

상기 박스를 보면 저항선을 돌파하자 주가가 크게 상승한 것을 볼 수 있다. 이처럼 저항선은 일반적으로 추가 상승이 일어나지 않을 것이라고 여겨지는 심리선이자만 이러한 심리선을 돌파하면 크게 상승이 일어날 수 있다.

> **저자 해설**
>
> 상기 삼성중공업의 2021년 2월 및 3월 고점을 연결하여 저항선을 그려보면 아마도 책 작성일자 (2021.03.26.) 가격인 7,240원은 저항선을 돌파한 금액일 수도 있다. 그렇다면 큰 상승이 발생한다는 것일까? 사실 이러한 추세선은 일정기간이 지난 뒤 작성하는 경우에는 상당히 설득력이 있어 보이나 조금만 상승하고 오히려 더 떨어질 수 도 있는 것으로 해당 추세선을 너무 맹신해서는 안 된다. 먼저 재무자료를 통한 우량기업의 리스트를 확보한 후 저가평가된 것으로 볼 수 있는 주식 중에서 이러한 저항선을 돌파하는 주식을 매수하는 것은 추천할 만하다고 생각된다.

51. 저점에서 망치형·역망치형은 상승 추세로, 고점에서 교수형·유성형은 하락 추세로 전환될 것으로 예측한다

기본적인 봉(캔들) 모형에 따른 분석방법에 대해서 알아보자.

망치형 캔들과 역망치형 캔들

주식거래가격이 시초가보다 종가가 높을 때 나타나는 양봉 중 망치형 캔들(봉)과 역망치형 캔들(봉)은 아래와 같은 형태를 지닌다. 이러한 망치형과 역망치형 캔들이 저점에서 발생하는 경우 일반적으로 주가가 향후 상승하는 추세로 전환될 것으로 예측한다.

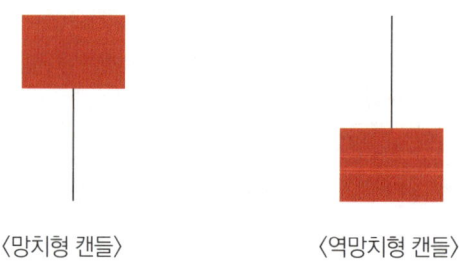

〈망치형 캔들〉   〈역망치형 캔들〉

교수형 캔들과 유성형 캔들

주식거래가격이 시초가보다 종가가 낮을 때 나타나는 음봉 중 교수형 캔들(봉)과 유성형 캔들(봉)은 아래와 같은 형태를 지닌다. 이러한 교수형과 유성형 캔들이 고점에서 발생하는 경우 일반적으로 주가가 향후 하락하는 추세로 전환될 것으로 예측한다.

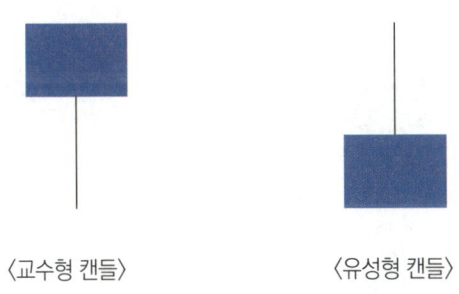

〈교수형 캔들〉   〈유성형 캔들〉

도지형 캔들

주식거래가격이 시초가보다 종가가 동일하거나 차이가 거의 없을 때 발생하는 형태의 캔들(봉)의 형태를 도지형 또는 십자형 캔들이라고 한다. 도지형 캔들이 고점이나 저점에서 발생하는 경우 추세가 전환될 것으로 예측한다.

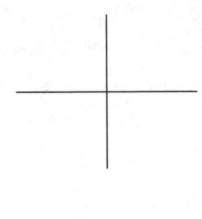

〈도지형 캔들〉

　삼성전자의 일봉차트를 보면 저점에서 망치형 캔들이 발생 후 상승세로 전환한 사실이 확인된다. 또한 고점에서 도지형과 유사한 형태의 캔들이 발생한 후 급격하지는 않지만 하락 횡보하는 것으로 추세가 전환한 사실이 확인된다.

> **저자 해설**
>
> 상기 삼성전자의 일봉차트에서 캔들형태에 따른 상승과 하락추세로의 전환을 대입시켜 보았을 때 상당히 일치하는 것처럼 보인다. 그러나 막상 매입 당시 그 상황이 고점인지 저점인지 여부를 일반 투자자들은 알 수 없으므로 캔들 모양에 따른 분석 방법만을 가지고 매매여부를 결정하는 것은 바람직하지 않다. 앞서 말한바와 같이 먼저 재무자료를 가지고 우량기업의 리스트를 작성한 후 그 안에서 이러한 캔들 분석방법을 병행하는 것이 합리적이라고 생각된다.
> 사실 다른 종목의 일봉차트를 보면 삼성전자와 동일하게 캔들분석방법이 효과적이라고 말하기 어려운 경우가 더 많이 있다.

제 2 편

주택세금

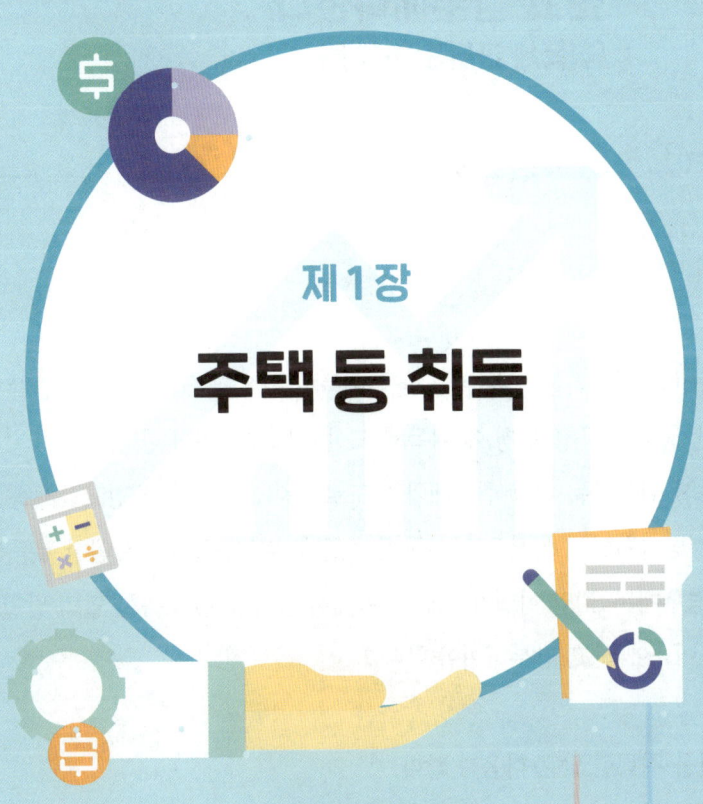

제1장
주택 등 취득

01 취득세는 취득일로부터 60일 이내에 지방자치단체에 신고·납부해야한다
(취득세 과세표준·세율)

    부동산을 취득하는 자는 부동산을 취득한 날부터 60일 이내에 관할 지방자치단체(시청·군청·구청)에 취득세를 신고·납부하여야 한다.
    부동산 취득자는 해당 취득세와 별도로 농어촌특별세, 지방교육세를 합산하여 지방자치단체에 신고·납부하여야 한다. 다만, 상속으로 인한 부동산 취득의 경우에는 60일 이내가 아닌 상속개시일(사망일)이 속한 달의 말일부터 6개월 이내에 신고·납부하여야 한다.

부동산을 취득한 날은 다음과 같다.
① 대금청산일이 분명한 경우 : 대금청산일
② 대금청산일이 불분명한 경우 : 등기부·등록부에 기재된 등기·등록접수일
③ 대금을 청산하기 전에 소유권이전등기를 한 경우 : 등기부·등록부에 기재된 등기·등록접수일

> **저자 해설**
>
> 상속의 경우 상속세 신고일과 상속으로 인한 취득세 신고일이 동일하지만, 증여의 경우에는 증여세는 증여받은 날(증여 등기일)이 속하는 달의 말일부터 3개월 이내에 신고·납부하여야 하는 반면, 취득세는 '증여계약일'을 취득한 날로 보아 이날로부터 60일 이내에 신고·납부하여야 하므로 혼동이 없기를 바란다. 즉 상속세 및 증여세는 국세로서 지방세인 취득세와는 별도의 세금이다.

만일 이 기한을 넘기는 경우에는 무신고가산세(20%) 및 납부불성실가산세(1일 10만분의 25)를 추가 부담하여야 한다.

취득가액

취득세는 취득가액을 과세표준으로 하여 계산하는데, 이러한 취득가액은 취득자가 신고한 가액으로 한다. 그러나 신고를 하지 아니하거나 신고한 금액이 시가표준액에 미달 또는 신고가액의 표시가 없는 경우에는 시가표준액으로 계산한다.

그러나, 국가 또는 법인 등으로부터 취득하여 사실상 취득가액이 입증되는 거래인 경우에는 사실상의 취득가액에 의하여 계산한다.

시가 표준액

구분		산정방법
건물	주택	개별(공동) 주택의 공시가격
	주택 이외	지방자치단체의 장이 결정한 가액
토지		개별공시지가

> **저자 해설**
>
> 상속세 및 증여로 인한 국세의 경우 부동산 가액에 대한 과세표준을 ①매매사례가액, ②감정평가액, ③기준시가 순서로 결정하게 된다. 그러나 상속 및 증여로 인한 취득세의 경우에는 상속세 및 증여세의 과세표준이 매매사례가액 및 감정평가액으로 결정되었다하더라도 이에 관계없이 시가표준액을 기준으로 취득세 과세표준을 결정함에 주의해야 할 것이다.
> 즉, 동일한 부동산에 대한 상속세 및 증여세의 과세표준과 취득세 과세표준은 서로 다를 수 있다.

취득세 등 과세표준

취득세, 농어촌특별세 및 지방교육세는 실제 취득가액, 실제 취득가액이 불분명한 경우 상기 시가표준액을 과세표준으로 하여 아래 세율을 적용하여 취득세 등을 지방자치단체에 신고·납부하게 된다.

취득세 등 과세표준 구분에 따른 표준세율

〈2020.01.01. 기준〉

구분(전용면적 기준)		취득세	농어촌특별세	지방교육세	합계세율
6억원이하 주택	85㎡이하	1%	비과세	0.1%	1.1%
	85㎡초과	1%	0.2%	0.1%	1.3%
6억원초과 9억원이하주택	85㎡이하	1~3%*1	비과세	0.2%	1.2~3.2%
	85㎡초과	1~3%	0.2%	0.2%	1.4~3.4%
9억원초과 주택	85㎡이하	3%	비과세	0.3%	3.3%
	85㎡초과	3%	0.2%	0.3%	3.5%
그 밖의 원인(농지 외)		4%	0.2%	0.4%	4.6%
주택 신축·증축 후 부속토지		4%	0.2%	0.4%	4.6%
1세대 4주택이상 주택		4%	0.2%	0.4%	4.6%
원시취득, 상속(농지 외)		2.8%	0.2%	0.16%	3.16%
무상취득(증여)		3.5%	0.2%	0.3%	4%

구분(전용면적 기준)		취득세	농어촌특별세	지방교육세	합계세율
농지	매매 신규	3%	0.2%	0.2%	3.4%
	매매 2년이상 자경	1.5%	비과세	0.1%	1.6%
	상속	2.3%	0.2%	0.06%	2.56%

*¹ : 아래 계산식에 따라 계산, 이 경우 소수점 이하 다섯째자리에서 반올림하여 소수점넷째자리까지 계산한다.

$$\left(\text{해당주택의 취득당시가액} \times \frac{2}{300{,}000{,}000} - 3 \right) \times \frac{1}{100}$$

저자 해설

취득세 신고·납부하는 경우 주의해야 할 점은
① 과밀억제권역 안 취득 등에 대한 취득세가 중과되는 지
② 2020.08.12. 개정된 주택 등 취득에 대한 취득세가 중과되는 지
③ 법인의 과점주주에 해당하여 간주 취득으로 보아 취득세가 추가 과세되는 지에 대한 검토가 반드시 필요하다. 왜냐하면 상기의 경우에는 취득세가 중과되거나 추가로 과세되기 때문이다.

【취득세 계산사례 1】

〈가정〉
· 2020.09.20. 홍길동은 인천광역시 연수구 송도동 아파트 전용면적 84㎡인 아파트를 김이슬에게서 취득하였다.
· 홍길동은 해당 아파트를 사기전에 무주택자이었다.
· 거래가액 : 8억원

〈취득세 등 계산〉
· 취득세율 : (800,000,000 × 2/300,000,000 - 3) × 1/100 = 0.0233(2.33%)
· 취득세 : 800.000.000원 × 2.33% = 18,640,000원
· 농어촌특별세 : 비과세
· 지방교육세 : 800,000,000원 × 0.2% = 1,600,000원
· 합계세액 : 20,240,000원 (= 18,640,000원 + 1,600,000원)

【취득세 계산사례 2】

〈가정〉
· 2020.10.20. 김우주은 서울특별시 강남구 대치동 아파트 전용면적 92㎡인 아파트를 1세대 1주택자인 어머니인 황하늘로부터 증여 받았다.
· 증여세 과세표준(감정가액) : 25억원
· 시가표준액(공시가액) : 20억원

〈취득세 등 계산〉
· 취득세율 : 3.5%
· 취득세 : 2.0000.000.000원 × 3.5% = 70,000,000원
· 농어촌특별세 : 2,000,000,000원 × 0.2% = 4,000,000원
· 지방교육세 : 2,000,000,000원 × 0.3% = 6,000,000원
· 합계세액 : 80,000,000원 (= 70,000,000원 + 4,000,000원 + 6,000,000원)

02 2020.08.20.이후 개인 다주택자 및 법인 주택취득에 대하여 취득세를 중과세하도록 개정되었다
(취득세 중과세율·주택수 산정)

개인의 다주택 취득

주택의 실수요자를 보호하고 투기수요를 근절하기 위하여 2020.08.12. 이후 법인이 주택을 취득하거나, 1세대가 2주택 이상을 취득하는 경우 등에 대하여 취득세 중과세율을 적용하도록 개정하였다.

다만, 일시적 2주택에 대하여는 중과세율 적용을 배제하고, 정부발표(2020.07.10.) 이전 매매계약을 체결한 경우에 대하여는 중과세율 적용을 배제하도록 하였다.

개인의 주택 취득 적용 세율

구분	1주택	2주택	3주택	법인·4주택
조정대상지역	1~3%	8%[*1]	12%	12%
비조정대상지역	1~3%	1~3%	8%	12%

[*1] : 일시적 2주택자는 1주택으로 보아 취득세 과세

☞ (적용례) ① 1주택 소유자가 非조정대상지역 주택 취득시 세율 : 1 ~ 3%
② 1주택 소유자가 조정대상지역 주택 취득시 세율 : 8%
③ 2주택 소유자가 非조정대상지역 주택 취득시 세율 : 8%

1) 중과 제외 주택

이 경우라도 공공성이 높은 주택, 저가주택(시가표준액 1억이하) 및 농어가 주택 등 투기목적으로 보기 어려운 경우에는 중과대상에서 제외한다.

① 산정일 현재 시가표준액이 1억원 이하인 주택(재개발 구역내 주택 등 제외)
② 노인복지주택, 공공지원민간임대주택으로 공급하기 위해 취득하는 주택, 가정어린이집, 사원임대주택
③ 국가등록문화재에 해당하는 주택
④ 주택건설사업자가 주택건설사업을 위해 멸실목적으로 취득하는 주택
⑤ 공사시공자가 대물변제로 취득하는 주택(취득일부터 3년이내 한정)
⑥ 농어촌 주택(주택수 산정일 현재기준 가격요건 충족)

2) 주택수 산정

조합원입주권, 주택분양권, 오피스텔은 취득세 과세대상은 아니지만 이를 보유하고 있는 경우 세대별 소유 주택 수에 가산한다. 이 경우 신탁법에 따라 신탁된 주택은 위탁자의 주택 수에 가산한다.

① 조합원입주권

도시정비법상 관리처분계획의 인가 및 소규모주택정비법상 사업시행계획 인가로 취득한 입주자로 선정된 지위

② 주택분양권

「부동산 거래신고 등에 관한 법률」에 따른 "부동산에 대한 공급계약"을 통

하여 주택을 공급받는 자로 선정된 지위
③ 오피스텔

  주택분 재산세가 과세된 오피스텔은 해당 오피스텔을 소유한 자의 주택 수에 가산

3) 주택수 제외

① 상기 1) 중과세 제외 주택은 제외
② 주택건설업자가 신축하여 보유하는 주택. 다만, 타인이 거주한 기간이 1년 이상인 주택은 제외
③ 상속을 원인으로 취득한 주택, 조합원 입주권, 주택분양권 또는 오피스텔은 상속개시일부터 5년간 주택수에서 제외
④ 시가표준액이 1억원 이하인 오피스텔

기간별 일시적 2주택자 해당요건

기간	일시적 2주택 해당요건	
'12.06.29. ~ '18.09.13.	종전주택(A)을 취득한 날부터 1년이상이 지난 후 다른주택(B) 취득하고, 그 주택(B) 취득한 날부터 3년 이내 종전주택(A) 양도	
'18.09.14. ~ '19.12.16.	조정대상지역내에 주택이 있는 상태에서 조정대상 지역내 신규주택을 취득	2년 이내 종전주택 양도
	그 외 지역	3년 이내 종전주택 양도
'19.12.17. ~ 현재까지	조정대상지역내에 주택이 있는 상태에서 조정대상 지역내 신규주택을 취득	1년 이내 종전주택 양도
	그 외 지역	3년 이내 종전주택 양도

☞ 종전 주택 매도시 1세대 1주택 비과세요건을 반드시 충족해야만 함.

현재시점 일시적 2주택자 해당요건

〈조정지역〉

☞ 종전주택에 세입자가 있는 경우 임대차계약종료까지 기한연장 가능

〈비조정지역〉

(2020.12.18. 현재)

구분	조정대상 지역
서울	전 지역('16.11.3)
경기	과천, 성남, 하남, 동탄2('16.11.3), 광명('17.6.19), 구리, 안양동안, 광교지구('18.8.28), 수원팔달, 용인수지·기흥('18.12.31), 수원영통·권선·장안, 안양만안, 의왕('20.2.21) 고양, 남양주*¹, 화성, 군포, 부천, 안산, 시흥, 용인처인*², 오산, 안성*³, 평택, 광주*⁴, 양주*⁵, 의정부('20.6.19), 김포주*⁶('20.11.20) 파주주*⁷('20.12.18)
인천	중주*⁸,동, 미추홀, 연수, 남동, 부평, 계양, 서('20.6.19)
부산	해운대, 수영, 동래, 남, 연제('20.11.20), 서구, 동구, 영도구, 부산진구, 금정구, 북구, 강서구, 사상구, 사하구('20.12.18)
대구	수성('20.11.20), 중구, 동구, 서구, 남구, 북구 달서구, 달성군주*⁹('20.12.18)
광주	동구, 서구, 남구, 북구, 광산구('20.12.18)
대전	동, 중, 서, 유성, 대덕('20.6.19)

구분	조정대상 지역
울산	중구, 남구('20.12.18)
세종	세종주[10]('16.11.3)
충북	청주주[11]('20.6.19)
충남	천안동남[12]·서북[13], 논산[14], 공주[15]('20.12.18)
전북	전주완산·덕진('20.12.18)
전남	여수[16], 순천[17], 광양주[18]('20.12.18)
경북	포항남[19], 경산주[20]('20.12.18)
경남	창원성산('20.12.18)

[1] : 화도읍, 수동면 및 조안면 제외
[2] : 포곡읍, 모현읍, 백암면, 양지면 및 원삼면 가재월리·사암리·미평리·좌항리·맹리·두창리 제외
[3] : 일죽면, 죽산면, 삼죽면, 미양면, 대덕면, 양성면, 고삼면, 보개면, 서운면 및 금광면 제외
[4] : 초월읍, 곤지암읍, 도척면, 퇴촌면, 남종면 및 남한산성면 제외
[5] : 백석읍, 남면, 광적면 및 은현면 제외
[6] : 통진읍, 대곶면, 월곶면 및 하성면 제외
[7] : 문산읍, 파주읍, 법원읍, 조리읍, 월롱면, 탄현면, 광탄면, 파평면, 적성면, 군내면, 장단면, 진동면 및 진서면 제외
[8] : 을왕동, 남북동, 덕교동 및 무의동 제외
[9] : 가창면, 구지면, 하빈면, 논공읍, 옥포읍, 유가읍 및 현풍읍 제외
[10] : 건설교통부고시 제2006-418호에 따라 지정된 행정중심복합도시 건설 예정지역으로,「신행정수도 후속대책을 위한 연기·공주지역 행정중심복합도시 건설을 위한 특별법」제15조제1호에 따라 해제된 지역을 포함
[11] : 낭성면, 미원면, 가덕면, 남일면, 문의면, 남이면, 현도면, 강내면, 옥산면, 내수읍 및 북이면 제외
[12] : 목천읍, 풍세면, 광덕면, 북면, 성남면, 수신면, 병천면 및 동면 제외
[13] : 성환읍, 성거읍, 직산읍 및 입장면 제외
[14] : 강경읍, 연무읍, 성동면, 광석면, 노성면, 상월면, 부적면, 연산면, 벌곡면, 양촌면, 가야곡면, 은진면 및 채운면 제외
[15] : 유구읍, 이인면, 탄천면, 계룡면, 반포면, 의당면, 정안면, 우성면, 사곡면 및 신풍면 제외
[16] : 돌산읍, 율촌면, 화양면, 남면, 화정면 및 삼산면 제외
[17] : 승주읍, 황전면, 월등면, 주암면, 송광면, 외서면, 낙안면, 별량면 및 상사면 제외
[18] : 봉강면, 옥룡면, 옥곡면, 진상면, 진월면 및 다압면 제외
[19] : 구룡포읍, 연일읍, 오천읍, 대송면, 동해면, 장기면 및 호미곶면 제외
[20] : 하양읍, 진량읍, 압량읍, 와촌면, 자인면, 용성면, 남산면 및 남천면 제외
[21] : 대산면 제외

【취득세 계산사례 1(조정대상지역 3주택자)】

〈가정〉
· 2020.09.20. 홍길동은 인천광역시 연수구 송도동 아파트 전용면적 84㎡인 아파트를 김이슬에게서 취득하였다.
· 홍길동은 해당 아파트를 사기전에 2주택을 소유하고 있었다.
· 거래가액 : 8억원

〈취득세 등 계산〉
· 조정지역 해당여부 : 인천광역시 연수구로 조정지역 해당함.
· 취득세율 : 12%(조정대상 지역 3주택자)
· 취득세 : 800,000,000원 × 12% = 96,000,000원
· 농어촌특별세 : 비과세
· 지방교육세 : 800,000,000원 × 0.2% = 1,600,000원
· 합계세액 : 97,600,000원 (= 96,000,000원 + 1,600,000원)

【취득세 계산사례 2(법인 및 4주택자 취득세율)】

· 2020.10.20. 소나무(주)는 서울특별시 강남구 대치동 아파트 전용면적 92㎡인 아파트를 황하늘에게서 취득하였다.
· 거래가액 : 20억원

〈취득세 등 계산〉
· 취득세율 : 12%
· 취득세 : 2,0000,000,000원 × 12% = 240,000,000원
· 농어촌특별세 : 2,000,000,000원 × 0.2% = 4,000,000원
· 지방교육세 : 2,000,000,000원 × 0.3% = 6,000,000원
· 합계세액 : 250,000,000원 (= 240,000,000원 + 4,000,000원 + 6,000,000원)

03. 고급재산 및 과밀억제권역내 사업용 부동산을 취득하는 경우 취득세가 중과된다
(중과대상자산 및 과밀억제권역 취득세율)

별장 등 중과대상 자산

개인이나 법인이 별장, 골프장, 고급주택, 고급선박을 취득하는 경우 취득세가 아래와 같이 중과세 된다.

별장 등 중과대상 자산 취득세율

구분	적용 세율
중과대상 재산(별장, 골프장, 고급주택, 고급오락장, 고급선박)	표준세율 + (중과기준세율(2%) × 4)

저자 해설

별장 및 고급주택을 취득하는 경우 2020.08.12. 개정된 취득세 규정에 따라 주택수를 산정하여 중과한 후 별장 등에 대한 중과규정을 추가로 8% 중과세율을 적용하는 것임에 유의해야 한다.

과밀억제권역 등

과밀억제권역 내에서 법인 및 개인이 사업용 부동산 등을 아래와 같이 취득하는 경우에는 표준세율에 중과세율을 더하여 취득세를 신고·납부해야 한다.

과밀억제권역 등의 경우 취득세율

구분	적용 세율
과밀억제권역 내 본점·사무소 사업용 부동산 취득	표준세율 + (중과기준세율(2%) × 2)
대도시 내 법인 설립 및 법인 전입함에 따라 부동산 취득	(표준세율 × 3) - (중과기준세율(2%) × 2)
대도시 내 공장 신·증설에 따라 부동산 취득	

과밀억제권역

1. 서울특별시
2. 인천광역시(강화군, 옹진군, 서구 대곡동·불로동·마전동·금곡동·오류동·왕길동·당하동·원당동, 인천경제자유구역 및 남동 국가산업단지는 제외)
3. 의정부시
4. 구리시
5. 남양주시(호평동, 평내동, 금곡동, 일패동, 이패동, 삼패동, 다산동, 주석동, 지금동 및 도농동만 해당)
6. 하남시
7. 고양시
8. 수원시
9. 성남시
10. 안양시
11. 부천시
12. 광명시
13. 과천시
14. 의왕시
15. 군포시
16. 시흥시[반월특수지역(반월특수지연에서 해제된 지역을 포함)은 제외]

【취득세 계산사례 (별장 취득)】

〈가정〉
· 2020.09.20. 홍길동은 경기도 남양주 조안면에 전용면적 340㎡인 단독주택 (별장에 해당)을 김이슬에게서 취득하였다.
· 주택부수토지는 주택면적의 3배로 주택에 포함된 것으로 본다.
· 홍길동은 해당 주택을 사기전에 2주택을 소유하고 있었다.
· 거래가액 : 20억원

〈취득세 등 계산〉
· 조정지역 해당여부 : 경기도 남양주 조안면은 조정지역 해당함.
· 취득세율 : 12%(조정대상지역 3주택자) + 8%
· 취득세 : 2,000.000.000원 × 20% = 400,000,000원
· 농어촌특별세 : 2,000.000.000원 × 0.2% = 4,000,000원
· 지방교육세 : 2,000,000,000원 × 0.3% = 6,00,000원
· 합계세액 : 410,000,000원 (= 400,000,000원 + 4,000,000원 + 6,000,000원)

04 주거용 오피스텔은 취득세 중과가 되지 않지만 다른 주택의 취득세 중과를 판단할 때는 주택 수에 포함된다

주거용 오피스텔은 건축물대장 상에는 오피스텔로 기재되어 있어 조정대상지역 내 주거용 오피스텔 자체를 취득하는 경우 설사 조정대상지역에 다른 주택이 있더라도 취득세 중과를 하지 않는다.

다만, 주거용 오피스텔이 아닌 조정대상지역 내에 있는 다른 주택을 취득하는 경우에는 취득세 중과 시 주택 수에 포함되어 중과세율이 적용됨에 유의해야 한다.

이 경우, 지방세법이 개정된 2020.8.12.이후 취득하는 분양권, 조합원입주권, 주거용 오피스텔부터 다른 주택의 취득세 중과여부 판단 시 주택 수에 포함된다.

참고로, 양도소득세에 있어서는 주택을 공부상 기재와는 관계없이 실제 사용용도로 판단하기 때문에 주거용 오피스텔은 주택으로 보아 주택 수에도 산입되고 1세대 1주택인 경우 비과세 적용도 가능하다.

주거용 오피스텔 취득 시 취득세 중과여부

오피스텔 취득 시점에는 해당 오피스텔이 주거용인지 상업용인지 확정되지 않으므로 건축물 대장상 용도대로 건축물 취득세율(4%)이 적용됨.

> · (해석사례) 조심2019지2233, 2020.9.14.
> 건축물대장에 업무시설로 기재되어 있는 오피스텔을 주거용으로 사용하더라도 지방세법 제11조제1항제8호의 주택으로 볼 수 없음.

참고 : 지방세법 개정 후 취득세율

구분	1주택	2주택	3주택	법인·주택 ~
조정대상지역	1 ~ 3%	8%	12%	12%
비조정대상지역	1 ~ 3%	1 ~ 3%	8%	12%

☞ (적용례) ① 1주택 소유자가 비조정대상지역 주택 취득시 세율 : 1 ~ 3%
② 1주택 소유자가 조정대상지역 주택 취득시 세율 : 8%
③ 2주택 소유자가 비조정대상지역 주택 취득시 세율 : 8%

주거용 오피스텔의 주택 수 포함

개정 지방세법 개정일(20.8.12.) 이후 취득한 주거용 오피스텔만 다른 주택의 취득세 중과여부 판단 시 주택 수에 포함됨.

> **저자 해설**
> 지방세법 개정일(20.8.12.) 전에 취득한 주거용 오피스텔은 취득세 중과여부 판단할 때 주택 수에서 제외되며, 20.8.12.이후 재산세 과세대장에 주택으로 기재되어 주택분 재산세가 과세되고 있는 주거용 오피스텔의 경우만 주택 수에 포함됨.

주거용 오피스텔 분양권이 주택수에 포함되는지

오피스텔 취득 후 실제 사용하기 전까지는 해당 오피스텔이 주거용인지 상업용인지 확정되지 않으므로 오피스텔 분양권은 주택 수에 포함되지 않음.

【실무사례】

1세대가 A주택 및 주거용 오피스텔(주택분 과세)을 보유한 상태에서 추가로 조정대상지역 B주택을 취득 시 취득세 세율

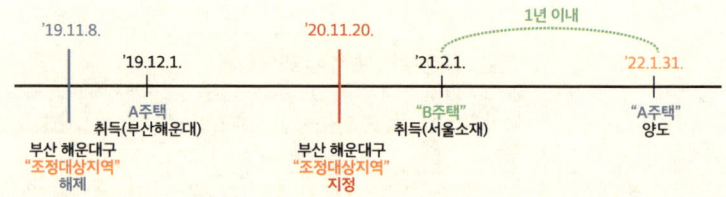

☞ 1세대가 1주택 및 주거용 오피스텔 보유하여 주택수가 2개인 상태에서 추가로 조정대상지역 B주택 취득 → 조정대상지역 3주택 세율 12% 적용
만약, '20.7월에 주거용 오피스텔을 취득하였다면 법 개정 전으로 조정대상지역 2주택 세율 8% 적용

■ 관련 법규
지방세법 제11조
지방세법 제13조의2, 지방세법 제13조의3

05 투기과열 지구 및 조정대상 지역에서 주택을 취득하는 경우 자금조달계획서를 제출하여야 한다
(자금조달계획서 제출대상)

  투기과열지구 및 조정대상지역(P.26 참고)에 소재하는 주택을 취득하는 경우에는 거래가액과 관계없이(비규제 지역은 실제 거래가액이 6억원 이상) 거래대상 주택의 취득에 필요한 자금의 조달계획 및 지급방식을 기재한 자금조달계획서를 제출하여야 한다.

자금조달계획서 제출대상 확대

  종전에는(2020.3.12. 이후 거래분부터 2020.10.27.까지) 투기과열지구 및 조정대상지역 내 3억원 이상 주택 및 비규제지역 6억원 이상 주택 취득에만 자금조달계획서를 제출하였으나 2020.10.27. 시행령이 개정됨에 따라 투기과열지구 및 조정대상지역에 소재하는 주택을 취득하는 경우 거래가액에 관계없이 자금조달계획서를 제출하는 것으로 제출대상이 확대되었다.

투기과열지구 내 주택 취득 시 자금 조달계획 증빙도 제출

  2020.3.13.이후 거래분부터 2020.10.27.까지 투기과열지구 내 9억원을 초과하는 주택을 취득하는 경우에는 주택거래 신고 시 자금조달계획서 작성 항목별로 예금잔액증명서, 부동산임대차계약서 등 객관적인 증빙을 제출해야 하였으나 2020.10.27. 시행령 개정 이후 부터는 투기과열지구 내는 실제 거래가액에 관계없이 자금조달계획 증빙을 제출하여야 한다.

자금조달 증빙 제출서류

항목 별		제출 서류
자기 자금	금융기관 예금액	잔고증명서, 예금잔액 증명서 등
	주식·채권 매각금액	주식거래내역서, 잔고증명서 등
	증여·상속 등	증여·상속세 신고서, 납세증명서 등
	현금 등 기타	소득금액증명원, 근로소득원천징수 영수증 등 소득 증빙서류
	부동산 처분 대금 등	부동산매매계약서, 부동산임대차계약서 등
차입금 등	금융기관 대출액합계	금융거래확인서, 부채증명서, 금융기관 대출신청서 등
	임대보증금 등	부동산임대차계약서
	회사지원금·사채 등 또는 그 밖의 차입금	금전 차용을 증빙할 수 있는 서류 등

  다만, 부동산 매매계약 체결 당시 본인 소유 부동산의 매도 계약이 이루어지지 않았거나 금융기관 대출금, 차입금 등 자금조달이 실행되지 않은 경우 현실적으로 증빙서류를 제출할 수 없다.

  이 경우, 자금조달 계획서 제출 시점에 자금조달을 어떻게 조달할 것인지 계획 중인 내용으로 작성하여 제출하고, 해당 내역은 증빙자료를 제출하지 않아도 된다.

추후, 국토부나 지방자치단체(시·군·구청)에서 부동산 거래완료 후 증빙자료를 요청할 경우 제출하면 된다.

> ■ Q&A
> Q) 자금조달계획서 또는 증빙서류를 제출하지 않는 경우 어떤 처벌이 있나요?
> A) 자금조달계획서 또는 증빙서류를 제출하지 않는 경우 「부동산 거래신고 등에 관한 법률」 제28조 제2항 제4호 위반으로 500만원이하의 과태료가 부과되며, 부동산 소유권 이전등기 필수 첨부서류인 '실거래 신고필증'이 발급되지 않습니다.

> ■ 제출 예시
> 홍길동이 가령 15억의 주택을 구입하면서 금융기관 예금액 2억, 금융기관 대출액 4억, 부동산 처분대금 3억, 수증가액 3억, 임대보증금 3억으로 주택을 구입하는 경우 거래 신고 시 제출하는 서류
> ☞ 예금잔액증명서, 금융거래확인서, 부동산매매계약서, 증여세 신고서, 부동산임대차계약서

자금조달 신고내용 적정성 검증 및 과세관청 통보

 부동산 거래 신고를 받은 관할 구청은 신고내용에 대해 적정성 여부를 검증한다. 신고 받은 내용이 누락되어 있거나 불분명한 경우 보완을 요구하거나 관련 증빙의 제출을 요구할 수 있다.

 신고내용 조사결과 그 내용이 실제와 다른 경우 과태료 부과 등 필요한 조치를 취하며, 자금조달계획서 및 증빙자료 확인 결과 자금출처가 부족하거나 증여가 의심되는 경우 해당 거래내역과 확인내역을 국세청에 통보한다.

 관할 과세관청은 이를 바탕으로 탈세혐의를 분석하여 주택 취득자금에 대한 자금출처 조사를 할 수 있다.

자금출처 이상거래 통보 과정

거래자 (주택 매매거래 계약체결) → 부동산 거래신고 (30일 이내) → 시·군·구청 (· 신고내용 검증 · 이상거래 조사) → 이상거래 통보 → 국세청 (· 자금출처 확인 · 증여혐의시 조사)

저자 해설

자금조달계획서 신고항목이 매우 구체화됨에 따라 증여상속의 경우 증여자 와의 관계를, 금융기관 대출의 경우 주택 담보대출, 신용대출, 그 밖의 대출로 세분화하여 신고하게 되어 있고, 차입금의 경우 특수관계자간 차입여부 등을 신고하게 되어 있다.

따라서, 신고항목 중 정상적인 자금조달로 보기 어려운 편법 증여가 의심되는 경우 과세관청으로부터 자금출처 조사를 받을 수 있으니 자금조달 증빙제출 단계부터 미리 증여세 신고서, 금융거래 자료 등 객관적인 증빙을 최대한 준비하여 자금출처 조사대상자로 선정되지 않도록 주의하자.

규제지역 지정 현황

(2020.12.18. 현재)

구분	투기과열지구	조정대상 지역
서울	전 지역('17.8.3)	전 지역('16.11.3)
경기	과천('17.8.3), 성남분당('17.9.6), 광명, 하남('18.8.28), 수원, 성남수정, 안양, 안산단원, 구리, 군포, 의왕, 용인수지·기흥, 동탄2*[1]('20.6.19)	과천, 성남, 하남, 동탄2('16.11.3), 광명('17.6.19), 구리, 안양동안, 광교지구('18.8.28), 수원팔달, 용인수지·기흥('18.12.31), 수원영통·권선·장안, 안양만안, 의왕('20.2.21) 고양, 남양주*[2], 화성, 군포, 부천, 안산, 시흥, 용인처인*[3], 오산, 안성*[4], 평택, 광주*[5], 양주*[6], 의정부('20.6.19), 김포*[7]('20.11.20) 파주*[8]('20.12.18)
인천	연수, 남동, 서('20.6.19.)	중*[9], 동, 미추홀, 연수, 남동, 부평, 계양, 서('20.6.19)

구분	투기과열지구	조정대상 지역
부산	-	해운대, 수영, 동래, 남, 연제('20.11.20), 서구, 동구, 영도구, 부산진구, 금정구, 북구, 강서구, 사상구, 사하구('20.12.18)
대구	수성('17.9.6.)	수성('20.11.20) 중구, 동구, 서구, 남구, 북구, 달서구, 달성군*10('20.12.18)
광주	-	동구, 서구, 남구, 북구, 광산구('20.12.18)
대전	동, 중, 서, 유성('20.6.19)	동, 중, 서, 유성, 대덕('20.6.19)
울산	-	중구, 남구('20.12.18)
세종	세종('17.8.3)	세종*11('16.11.3)
충북	-	청주*12('20.6.19)
충남	-	천안 동남*13·서북*14, 논산*15, 공주*16('20.12.18)
전북	-	전주 완산·덕진('20.12.18)
전남	-	여수*17, 순천*18, 광양*19('20.12.18)
경북	-	포항남*20, 경산*21('20.12.18)
경남	창원의창*22('20.12.18)	창원성산('20.12.18)

*1 : 화성시 반송동·석우동, 동탄면 금곡리·목리·방교리·산척리·송리·신리·영천리·오산리·장지리·중리·청계리 일원에 지정된 동탄2택지개발지구에 한함
*2 : 화도읍, 수동면 및 조안면 제외
*3 : 포곡읍, 모현읍, 백암면, 양지면 및 원삼면 가재월리·사암리·미평리·좌항리·맹리·두창리 제외
*4 : 일죽면, 죽산면, 삼죽면, 미양면, 대덕면, 양성면, 고삼면, 보개면, 서운면 및 금광면 제외
*5 : 초월읍, 곤지암읍, 도척면, 퇴촌면, 남종면 및 남한산성면 제외
*6 : 백석읍, 남면, 광적면 및 은현면 제외
*7 : 통진읍, 대곶면, 월곶면 및 하성면 제외
*8 : 문산읍, 파주읍, 법원읍, 조리읍, 월롱면, 탄현면, 광탄면, 파평면, 적성면, 군내면, 장단면, 진동면 및 진서면 제외
*9 : 을왕동, 남북동, 덕교동 및 무의동 제외
*10 : 가창면, 구지면, 하빈면, 논공읍, 옥포읍, 유가읍 및 현풍읍 제외
*11 : 건설교통부고시 제2006-418호에 따라 지정된 행정중심복합도시 건설 예정지역으로, 「신행정수도 후속대책을 위한 연기·공주지역 행정중심복합도시 건설을 위한 특별법」제15조제1호에 따라 해제된 지역을 포함
*12 : 낭성면, 미원면, 가덕면, 남일면, 문의면, 남이면, 현도면, 강내면, 옥산면, 내수읍 및 북이면 제외
*13 : 목천읍, 풍세면, 광덕면, 북면, 성남면, 수신면, 병천면 및 동면 제외
*14 : 성환읍, 성거읍, 직산읍 및 입장면 제외
*15 : 강경읍, 연무읍, 성동면, 광석면, 노성면, 상월면, 부적면, 연산면, 벌곡면, 양촌면, 가야곡면, 은진면 및 채운면 제외
*16 : 유구읍, 이인면, 탄천면, 계룡면, 반포면, 의당면, 정안면, 우성면, 사곡면 및 신풍면 제외
*17 : 돌산읍, 율촌면, 화양면, 남면, 화정면 및 삼산면 제외
*18 : 승주읍, 황전면, 월등면, 주암면, 송광면, 외서면, 낙안면, 별량면 및 상사면 제외

[19] : 봉강면, 옥룡면, 옥곡면, 진상면, 진월면 및 다압면 제외
[20] : 구룡포읍, 연일읍, 오천읍, 대송면, 동해면, 장기면 및 호미곶면 제외
[21] : 하양읍, 진량읍, 압량읍, 와촌면, 자인면, 용성면, 남산면 및 남천면 제외
[22] : 대산면 제외

06 고액의 부동산을 취득하는 경우 미리 취득자금에 대한 증빙을 꼼꼼히 챙겨 자금출처조사에 대비하자 (취득자금 증여추정)

'자금출처조사'란 어떤 사람이 재산을 취득하거나 부채를 상환하였을 때 그 사람의 직업·나이, 그 동안의 신고상황, 재산상태 등으로 보아 본인의 자금으로 재산을 취득하거나 부채를 상환하였다고 보기 어려운 경우 과세관청에서 소요자금의 출처를 제시하도록 하여 그 자금의 출처를 밝힘으로서 증여세 등의 탈루 여부를 확인하는 세무조사를 말한다.

부동산 취득자금의 증여추정

직업·연령·소득 및 재산상태 등으로 볼 때 재산을 자력으로 취득하였다고 인정하기 어려운 경우에는 취득자금의 출처를 조사받게 되고 조사결과 취득자금의 출처를 제시하지 못하는 금액에 대하여 증여세가 과세된다.

다만, 입증되지 아니하는 금액이 취득재산의 가액의 100분의 20에 상당하는 금액과 2억원 중 적은 금액에 미달하는 경우에는 증여추정을 하지 아니한다.

자금출처 소명 범위

구분	과세 범위
증여추정 배제	미입증 금액≤Min(취득재산등 × 20%, 2억원)
증여추정 과세	미입증 금액>Min(취득재산등 × 20%, 2억원)
	증여재산가액 = 미입증 금액(취득재산의 가액 등 - 입증된 금액)

재산취득가액에 따라 자금출처 입증가액이 다르며 취득자금이 10억원 미만이면 자금의 출처가 80%이상이면 전체가 소명된 것으로 보며, 10억원 이상인 경우 자금 출처를 입증하지 못한 금액이 2억원 미만이면 취득자금 전체가 소명된 것으로 본다.

자금출처 입증금액 예시

재산 취득가액(①)	자금출처 입증금액	미입증 금액	증여추정판단기준 Min(①×20%,2억원)	과세여부 (증여재산가액)
9억원	7.5억원	1.5억원	1.8억원	추정배제
9억원	6억원	3억원	1.8억원	추정과세(3억원)
20억원	17억원	3억원	2억원	추정과세(3억원)

자금출처로 인정받는 대표적인 항목과 증빙서류는 아래와 같다

구분	자금출처로 인정받는 금액	증빙서류
근로소득	총급여액-원천징수세액	원천징수영수증
원천징수소득 (이자, 배당, 기타소득)	총지급액-원천징수세액	원천징수영수증

구분	자금출처로 인정받는 금액	증빙서류
사업소득	소득금액-소득세상당액	소득세신고서 사본
차입금	차입금액	부채증명서
임대보증금	보증금 또는 전세금	임대차계약서 사본
보유재산 처분액	처분가액-양도소득세 등	매매계약서 사본
현금·예금 수증	증여재산가액	통장사본

　자금출처 조사 시 해명자료는 최대한 챙겨 제출해야 하며, 고액의 부동산을 취득하는 경우 미리 자금조달계획서 제출단계부터 객관적인 증빙자료를 꼼꼼히 챙기자.

　예를 들면, 증여받은 경우 신고기한이 경과하더라도 증여세 기한 후 신고를 하고, 개인 간 금전거래의 경우에는 사적인 차용증, 계약서, 영수증만으로는 인정받기 어려우니 이를 뒷받침할 수 있는 예금통장사본, 무통장 입금증, 이자 지급내역 등 금융거래 자료를 꼼꼼히 준비하는 게 좋다.

■ 관련 법규
상속세 및 증여세법 제45조
상속세 및 증여세법 시행령 제34조

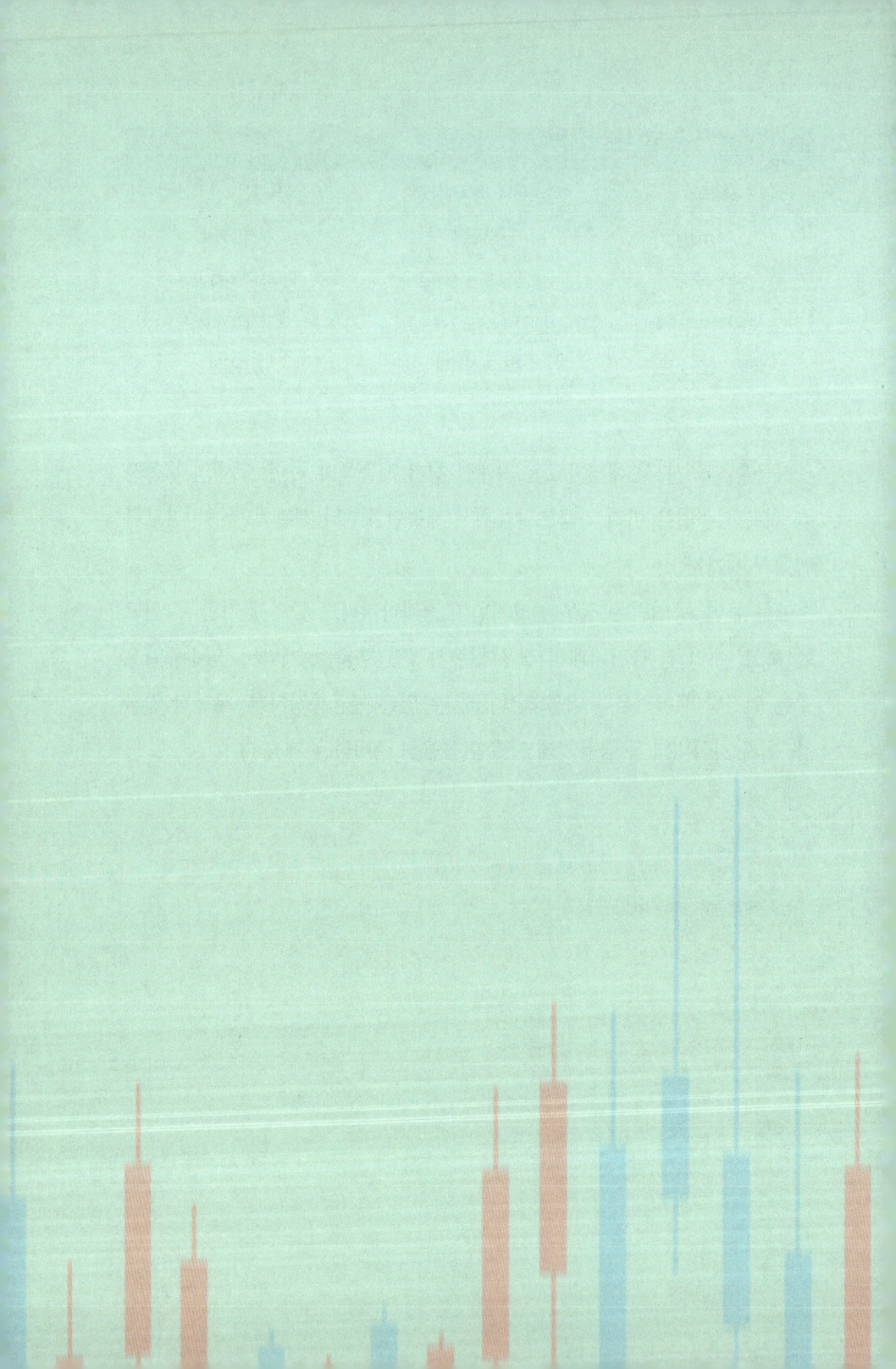

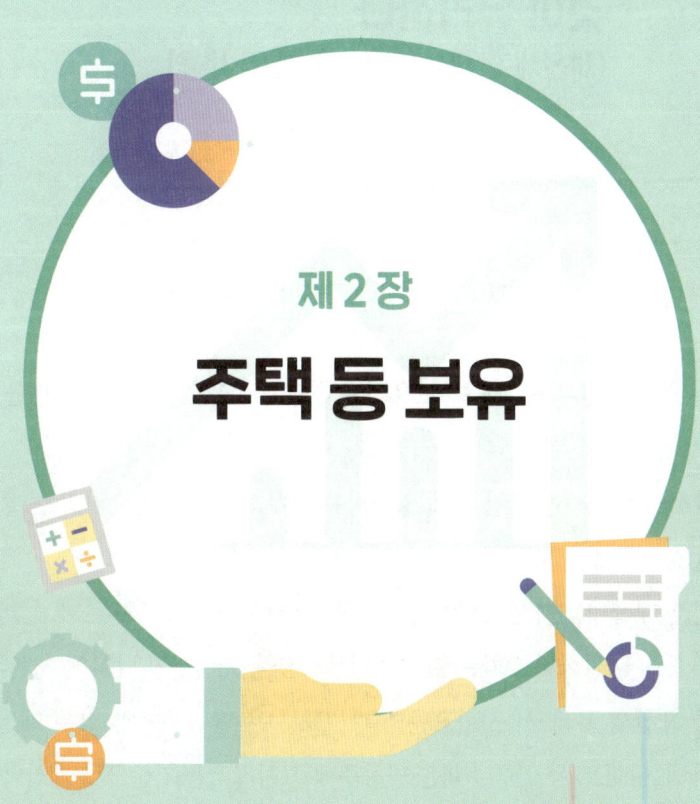

제 2 장
주택 등 보유

07 재산세는 매년 6월 1일 기준으로 부과되니 6월 1일 전에 매도하는 것이 유리하다
(재산세 납세의무자·과세표준·세율)

재산세 및 종합부동산세 등 보유세는 매년 6월 1일 기준으로 주택을 소유하는 자에 대해서 부과된다.

따라서, 주택을 6월 1일 전에 양도하는 경우 즉, 잔금 청산일 또는 소유권 이전등기 접수일이 기준일 전이면 재산세가 부과되지 않는다.

주택분 재산세는 매년 2회에 걸쳐 나누어 납부하는데, 1차는 매년 7월 16일부터 7월 31일까지, 2차는 9월 16일부터 9월 30일까지 납부해야 한다.

또한 재산세 부과 시 시가표준액(과세표준)은 단독주택의 경우 개별주택 고시가액, 아파트 등 공동주택은 공동주택 고시가액을 기준으로 계산하되,

종합부동산세와 마찬가지로 공정시장가액 비율(현재 60%)을 곱하여 과세표준을 산정한다.

매년 주택 공시가격이 상승하고 시세에 맞게 현실화됨에 따라 재산세 부담도 계속 늘고 있어 기본적으로 재산세 과세구조에 대해 알아둘 필요가 있다.

납세의무자

과세기준일(6월 1일) 현재 재산을 사실상 소유하고 있는 자를 납세의무임.
다만, 과세기준일 현재 소유권의 귀속이 불분명한 경우 그 사용자가 재산세 납세의무자이며, 과세기준일 현재 아래와 같은 경우 아래에 해당하는 자임.

1) 상속 재산으로서 상속등기가 이행되지 않은 경우

상속이 개시된 재산으로 그 사실상 소유자를 신고하지 아니한 경우 민법상 상속지분이 가장 높은 사람(주된 상속자)

2) 종중재산으로 종중소유를 신고하지 않은 경우

공부상의 소유자

3) 신탁법에 따른 수탁자의 명의로 등기·등록된 경우

위탁자가 신탁재산을 소유한 것으로 봄.(2021.1.1. 지방세법 개정)

저자 해설

과세기준일(6월 1일) 현재 공부상의 소유자가 매매 등으로 소유권이 변동되었음에도 신고하지 아니하여 사실상의 소유자를 알 수 없는 경우에는 공부상 소유자로 재산세를 부과하도록 되어 있다.(지방세법§107)
따라서, 과세기준일 이전에 실제로 잔금을 청산하고 매도가 된 경우에는 부동산 거래신고를 명확히 하여 재산세를 부과 받는 등 불이익이 없도록 주의해야 할 것임.

과세표준

재산세 과세표준은 지방세법 4조(취득세 과세표준)의 규정에 의한 시가표준액으로 함. 다만, 토지, 건축물, 주택에 대한 과세표준은 시가표준액[*1]에 공정시장가액비율을 곱하여 산정한 가액으로 함.

[*1] : 단독주택은 시·군·구청장이 고시하는 개별주택가액, 공동주택은 국토부 장관이 고시하는 공동주택 고시 가액을 말하며, 공시되지 아니한 경우에는 주택가격 기준표 등을 적용하여 시·군·구청장이 정한 가격을 말함

· 주택분 재산세 과세표준 = 주택 시가표준액 × 공정시장가액 비율[*1]

[*1] : 현행 주택분 공정시장가액 비율은 60%임(cf. 토지 및 구축물은 70%)

재산세 세율

주택 재산세 세율은 4단계 누진세율로 적용하고, 지방세법 제111조의2에 【1세대 1주택에 대한 주택 세율 특례】 규정을 신설하여 2021년부터 2023년까지 한시적으로 공시가격 6억 이하 주택에 대해 0.05%를 인하하였다.

주택 재산세 세율

과세표준	표준 세율	특례 세율[*1]
6천만원 이하	0.1%	0.05%
6천만원 ~ 1.5억원	6만원 + 6천만원 초과분의 0.15%	3만원 + 6천만원 초과분의 0.10%
1.5억원 ~ 3억원	19.5만원 + 1억5천만원 초과분의 0.25%	12만원 + 1억5천만원 초과분의 0.20%
3억원 ~ 3.6억원	57만원 + 3억원 초과분의 0.4%	47만원 + 3억원 초과분의 0.35%
3.6억원 ~		

[*1] : 공시가격 6억원 이하 1주택자에 대한 특례세율임

재산세에 부가되는 세금(SUR TAX)

1) 재산세 도시지역분

재산세 도시지역분은 주택이 도시지역에 소재한 경우 지방자치단체 조례에 따라 과세할 수 있다. 또한, 재산세와 재산세 도시지역분을 나누어 각각에 대해 세부담 상한을 적용한다.(105% ~ 130%)

> · 재산세 도시지역분 산출세액
>   주택분 재산세 과세표준 × 1.4/1,000(0.14%)

2) 지방교육세

주택분 재산세에는 지방교육세가 함께 부과된다.

> · 지방교육세 = 재산세 납부세액(도시지역분 제외) × 20%

3) 지역자원 시설세

소방사무에 소요되는 재원마련을 위해 소방분 지역자원시설세를 납부해야 한다.

> · 지역자원 시설세
>   시가표준액(주택의 건축물) × 공정시장가액비율(60%) × 세율
> ☞ 세율 : 0.04% ~ 0.12% 초과 누진 세율

【실무사례】

홍길동이 보유한 아파트는 올해 4월 30일 고시한 공동주택가격이 12억원인 경우 재산세 부담은?

구분	세액 계산	산출 근거
공시가격	1,200,000,000	공동주택가격
공정시장가액비율	60%	
과세표준	720,000,000	공시가액 × 공정시장비율
산출세액	2,250,000	3억원 초과 0.4%, 누진공제 63만원
납부할 재산세액	2,250,000	주택분 재산세액
재산세 도시지역분	1,008,000	재산세 과세표준 × 0.14%
지방교육세	450,000	납부할 재산세액 × 20%
총부담세액	3,708,000	

☞ 세부담상한은 없는 것으로 가정, 지역자원시설세(소방분) 별도

◼ 관련 법규

지방세법 제107조, 제110조, 제111조, 제114조,
지방세법 제112조, 제151조

08 일정 임대면적 이하 및 기준 임대 호수 요건을 갖춘 임대사업자는 재산세 감면을 적용받을 수 있다
(주택임대사업자 재산세 감면)

민간임대주택법에 따라 임대사업자 등록을 하고 일정 요건을 갖춘 경우 임대사업자에 대해서는 주택분 재산세를 '21.12.31.까지 감면해 준다.

참고로, '20.8.18. 민간임대주택법 개정에 따라 기존의 단기임대(4년) 및 장기일반민간임대주택 중 아파트는 폐지됨에 따라 지방세 감면대상에서 제외되었으며 장기일반임대의 경우 임대의무기간이 8년에서 10년으로 강화되었다.

아울러, '20.8.12. 지방세특례제한법이 개정되어 임대주택 및 장기일반민간임대주택 등에 대한 감면특례 시 가액요건(수도권 6억원, 수도권 외 3억원)을 신설하여 동 가액을 초과하는 경우 재산세 감면을 배제하였다.

등록 임대사업자의 경우 기본적인 재산세 감면규정 적용 요건 및 배제 규정에 대해 알아 둘 필요가 있다.

임대사업자에 대한 감면

1) 감면 요건

① 민간임대주택법 제5조에 따른 임대사업자가 임대용 공동주택 또는 오피스텔을 과세기준일(6월 1일) 현재 2세대 이상 임대목적으로 사용하는 경우 2021년 12월 31일까지 감면함.

② 가액 요건 신설('20.8.12. 개정)
 공동주택 : 시가표준액이 3억원(수도권 6억원)을 초과하는 경우 감면배제
 오피스텔 : 시가표준액이 2억원(수도권 4억원)을 초과하는 경우 감면배제

2) 감면 범위

전용면적(㎡)	감면 범위	감면 범위
40㎡ 이하	공공주택법 상 30년 이상 임대목적 공동주택의 경우	면제
60㎡ 이하	공동주택 또는 오피스텔	100분의 50 경감
85㎡ 이하	공동주택 또는 오피스텔	100분의 25 경감

> **저자 해설**
>
> 공동주택이나 오피스텔을 보유한 임대사업자의 경우 기존의 단기민간임대주택(현행 폐지)보다 장기일반민간임대주택으로 등록을 해야 재산세 감면율이 더 높다.
> 또한, '20.8.12. 신설된 재산세 감면 가액요건은 '20.8.12.전에 임대할 목적으로 취득하여 등록한 공동주택 및 오피스텔에 대해서는 종전의 규정에 따라 감면한다.
> (가액 요건을 적용하지 않음)

■ 관련 법규
지방세특례제한법 제31조, 제31조의3

09 올해부터 다주택 및 법인소유 주택에 대해 종합부동산세율이 대폭 인상되었다
(종부세 과세대상·과세표준·세율)

   종합부동산세란 매년 6월 1일 현재 주택 및 토지분 재산세의 납세의무자로 국내에 소재한 재산세 과세대상인 주택 및 토지의 공시가격을 합산하여 그 공시 가격의 합계액이 일정금액을 초과하는 경우에 그 초과분에 대하여 부과하는 세금으로 세무서장이 납부할 세액을 결정고지하며 매년 12월1일부터 12월15일까지 납세의무자는 종합부동산세를 납부해야 한다.

과세대상 및 공제금액

1) 과세대상

   주택(부속토지 포함), 종합합산토지(나대지, 잡종지 등), 별도합산토지(일반 건축물의 부속토지 등)로 구분하여 각각의 공시가격을 합산하여 일정 공제금액 초과 시 과세대상이 된다.

2) 공제금액

인별로 전국 합산한 공시가격이 아래의 공제금액 초과 시 과세된다.

과세대상 유형	공제 금액
주택	6억원(1세대 1주택자 9억원)
종합합산토지(나대지, 잡종지)	5억원
별도합산토지(일반건축물 부속토지)	80억원

☞ 1세대 1주택자란 세대원 중 1명만이 주택분 재산세 과세대상인 1주택만을 소유하는 경우로, 1주택 외에 민간임대주택법 등에 따른 임대주택을 보유한 경우로 민간임대주택 외의 1주택이 주민등록되어 있고, 실제 거주하는 경우 1세대 1주택으로 봄.

3) 주택 수 계산 방법

· 공동 소유주택의 주택 수 계산

- 공동소유자 각자가 그 주택을 소유한 것으로 본다.
- 상속받아 공동 소유한 주택은 과세기준일(6월 1일) 현재 다음의 요건을 모두 갖춘 경우 주택 수에서 제외함.

① 지분율이 20% 이하, ② 지분 상당 공시가격이 3억원 이하

☞ 공동 소유지분은 주택 수에서 제외하되, 그 공시가격 상당액은 합산하여 과세

저자 해설

공동 상속주택 특례(지분율 20% 이하 & 지분 공시가격 3억원 이하)는 종합부동산세 중과세율 적용 시에만 주택 수에서 차감하는 것으로, 특례 상속주택에 해당하더라도 공시가격 상당액은 과세표준에 합산하여 과세하며 종합부동산세법상 1세대 1주택 판단 시 주택 수에 포함됨.
양도소득세법상 1세대 1주택 비과세 판단 시에도 원칙적으로 주택 수에 포함.
(단, 선순위 공동상속주택 소수지분자는 주택을 소유한 것으로 보지 않음)

과세표준 산정

1) 주택분 종합부동산세 과세표준

> · (인별 주택 공시가격 합계액 − 과세기준금액 6억(or 9억*[1])) × 공정시장가액 비율*[2]

*[1] : 1세대 1주택자인 경우 과세기준금액은 9억원이며, 그 이외의 경우 과세기준금액은 6억원임
*[2] : 공정시장가액 비율은 60 ~ 100% 범위에서 대통령령으로 정하며 '19년부터 매년 5%씩 상향하여 '22년 이후 100%로 적용된다.
('18년 이전) 80% → ('19년) 85% → ('20년) 90% → ('21년) 95% → ('22년) 100%

세율 적용

1) 개인 주택분 세율인상 및 법인 주택분 고율의 단일세율 적용

특히, 3주택 이상 또는 조정대상지역에 소재하는 2주택의 경우 기존세율보다 2배를 상향(1.2 ~ 6.0%)하는 고율의 세율을 적용함.

과세표준	2주택 이하			3주택이상, 조정대상지역 2주택		
	현행	개정		현행	개정	
		개인	법인		개인	법인
3억원 이하	0.5%	0.6	3%	0.6%	1.2	6%
3 ~ 6억원	0.7%	0.8		0.9%	1.6	
6 ~ 12억원	1.0%	1.2		1.3%	2.2	
12 ~ 50억원	1.4%	1.6		1.8%	3.6	
50 ~ 94억원	2.0%	2.2		2.5%	5.0	
94억원 초과	2.7%	3.0		3.2%	6.0	

【종부세 세율 적용사례】

〈가정〉
· 홍길동은 조정대상지역에 2주택(A,B)을 보유하던 중 주택 A가 '20.9.1.
  조정대상지역서 해제된 경우

〈종부세율 적용〉
· 종합부동산세는 매년 6월 1일을 기준으로 주택 수를 산정하므로 올해 종부세
  계산시에는 조정대상지역 2주택자로 종부세 중과세율을 적용하고
· 21년 종부세 계산시에는 일반 2주택자로 종부세 세율을 적용함.

2) 세부담 상한 인상

법인이 소유한 주택분에 대한 세부담상한 적용을 폐지하고 개인이 조정대상지역에 소재하는 2주택자이상자는 세부담 상한 200% → 300% 인상

구분	현행 (개인·법인 동일)	개정	
		개인	법인
일반 1·2주택	150%	150%	폐지
조정대상지역 2주택	200%	300%	
3주택 이상	300%	300%	

▣ 관련 법규
종부세법 제3조, 제5조, 제8조, 제9조
종부세법 제10조, 제15조
종부세법 시행령 제2조의3, 제2조의4

10

올해부터 부부 공동명의 1주택자도 고령자 및 장기보유 공제를 적용 받을 수 있어 세부담을 줄일 수 있다
(1세대 1주택자 세액공제)

올해부터 부부 공동명의 1주택자도 종합부동산세를 낼 때 고령자 및 장기보유공제 혜택이 주어진다.

종전에는 종합부동산세법에서 단독명의 1주택자만 1세대 1주택자에 해당되어 고령자 및 장기보유공제 혜택이 주어졌으나 올해 세법개정으로 공동명의 1주택자의 경우 단독명의 1주택자처럼 9억원까지 기본공제를 받고 고령자 공제 및 장기보유공제 적용을 선택하거나, 종전과 마찬가지로 12억원(각각 6억원)까지 기본공제를 받고 고령자 공제 및 장기보유공제를 받지 않는 것을 선택 할 수 있다.

1세대 1주택자 세액공제

과세기준일(매년 6.1.) 현재 만60세 이상인 1세대 1주택자는 연령에 따른 공제율을, 5년 이상 보유한 자는 보유기간별 장기보유공제를 적용받으며 두

항목은 100분의 80의 범위 내에서 중복 적용할 수 있다.

고령자 공제율 인상 및 장기보유 공제와 합산한 공제한도 증액(2021년)

고령자 공제			장기보유 공제(현행 유지)		공제한도
연령	공제율		보유기간	공제율	
	현행	개정			
60 ~ 65세	10%	20%	5 ~ 10년	20%	70% → 80%
65 ~ 70세	20%	30%	10 ~ 15년	40%	
70세 이상	30%	40%	15년 이상	50%	

▌ 저자 해설

부부 공동명의 1주택자가 고령자 및 장기보유특별공제 특례규정을 받으려면 9월16일 ~ 9월30일까지 신청서를 제출하여야 특례적용을 받을 수 있다.
이 경우, 부부 중 주택지분이 가장 큰 사람을 공동명의 1주택자로 지정해야 한다.
(지분이 동일한 경우 합의에 따른 사람을 공동명의 1주택자로 지정 가능하나, 보유기간이 길거나 연령이 많은 자를 지정해야 세액공제 혜택이 많아 유리함)

■ 관련 법규
종부세법 제9조
종부세법 제10조의2 동법 시행령 제5조의2

11. 1세대 1주택자인 경우 부부 공동명의가 단독명의보다 양도세뿐만 아니라 종부세도 유리하다
(공동명의 세부담 비교)

공동명의로 취득한 부동산의 경우 소득세는 원칙적으로 인별 과세이기 때문에 공동명의 부동산을 양도하는 경우 각자가 양도가액, 취득가액, 양도차익을 지분별로 계산한다.

세율을 적용할 때 기본세율(누진세율)을 적용하기 때문에 소득이 높은 경우 높은 세율을 적용받으므로 소득금액이 분산되면 양도소득세 부담이 낮아질 수 있다.

또한, 종합부동산세 있어서도 주택의 경우 매년 6월 1일을 기준으로 인별 공시가격이 6억원을 초과하는 경우 과세되기 때문에 공동명의인 경우 기준시가 12억까지 과세되지 않는다.

아울러, 종전에는 1세대 1주택자에게 주어지는 장기보유공제나 고령자 공제가 공동명의인 경우에는 적용되지 않았으나 올해부터 공동명의자도 1세대 1주택자의 종부세 계산방식과 각각 인별(기준시가 6억원 공제) 과세로 계산한 금액과 비교하여 유리한 것을 선택 가능하다.

단독 명의자와 공동 명의자의 양도소득세 세부담 차이

【도주택은 양도가액 20억원, 취득가액 5억원, 5년 보유 및 거주, 필요경비 5천만원, 기본공제 0원 가정】

구분	단독 명의	공동 명의	
양도가액	2,000,000,000	1,000,000,000	1,000,000,000
취득가액	500,000,000	250,000,000	250,000,000
필요경비	50,000,000	25,000,000	25,000,000
양도차익	1,450,000,000	725,000,000	725,000,000
양도차익 9억원초과	797,500,000	398,750,000	398,750,000
장기특별공제(40%)	319,000,000	159,500,000	159,500,000
과세표준	478,500,000	239,250,000	239,250,000
세율	40%	38%	38%
산출세액	166,000,000	71,515,000	71,515,000

☞ 단독명의(약 23백만원 세부담↑) 〉 공동명의

부부 공동명의 1세대1주택 특례

종합소득세는 인별로 과세되므로 부부 공동명의 주택인 경우에도 각각 1주택을 보유한 것으로 보아 기본공제 6억원을 적용하였다.

2021년부터 부부 공동명의 1주택인 경우 납세자가 신청한 경우에는 1세대 1주택자로 간주하여 기본공제 9억원 및 세액 공제를 적용이 가능함.

【실무사례】

· 부부 공동명의 1주택자로 신청한 경우
  - 9억원 기본공제와 고령자 및 장기보유 세액공제 적용

종합 한도	연령별 공제			보유기간별 공제		
	60세이상	65세이상	70세이상	5년 이상	10년이상	15년이상
80%	20%	30%	40%	20%	40%	50%

· 부부 공동명의 1주택자 종부세 세부담 차이(21년 세율, 공정시장비율 적용시)
  ☞ 공시가격 24억, 65세 보유기간(30%공제), 10년 이상 보유(40%) 가정

구분	2020년(개정 전)			2021년 (개정 후)
	남편	배우자	합계	
공시가격 합계	1,200,000,000	1,200,000,000	2,400,000,000	2,400,000,000
− 공제액	600,000,000	600,000,000		900,000,000
× 공정시장 비율	95%	95%		95%
과세표준	570,000,000	570,000,000	1,140,000,000	1,425,000,000
× 세율	0.8%	0.8%		1.6%
산출세액	3,960,000	3,960,000	7,920,000	15,000,000
세액감면	−	−		10,500,000 (70% 공제)
납부세액	3,960,000	3,960,000	7,920,000	4,500,000

· 세법개정 전·후 종합부동산세 3.4백만원 세부담 약 2분의 1로 감소

저자 해설

1세대 1주택 공동명의자인 경우 상기 사례와 같이 장기보유하거나 고령자인 경우 절세 효과가 크니 종합부동산세 합산배제 신고기한(9.16 ~ 9.30)에 반드시 신청하여 유리한 세액 계산방식을 선택할 수 있도록 하자.

12. 주택이 2채인 경우 각각 부부공동명의보다는 단독명의 2채가 종부세에서 더 유리할 수 있다
(주택 수 계산·주택 수 판정사례)

종합부동산세는 기본적으로 인별 주택 공시가격에서 6억원을 공제한 금액에서 공정시장가액 비율을 곱한 과세표준을 기준으로 산출하기 때문에 올해 개정된 종합부동산세 세율 적용에 있어서도 개인별 주택 수를 계산하여 세율을 적용한다.

취득세와 양도소득세에 있어서 세대별로 주택 수를 계산하여 중과세율을 적용하는 것과는 차이가 있음에 유의할 필요가 있다.

예를 들어, 부부 공동명의 2채를 보유한 세대와 남편·아내 각각 단독명의 2채를 보유한 경우를 비교해 보면 종합부동산세는 인별로 주택수를 계산하기 때문에 부부 공동명의자는 각각 2주택자이고 단독 명의 2채는 각각 1주택자가 된다.

따라서, 그 2채가 조정대상지역에 소재해 있다면 올해부터 조정대상지역 2주택을 가지고 있는 경우 종합부동산세 세율이 크게 인상되어 많은 세금을 부담 할 수 있으니 주의하기 바란다.

종합부동산세 주택 수 계산

중과세율 적용 시 과세기준일(6.1.) 현재를 기준으로 주택 수 및 조정대상지역 지정여부를 판단한다.

① 공동 소유자 각자가 그 주택을 소유한 것으로 본다.
② 상속받아 공동 소유한 주택은 과세기준일(6월1일) 현재 다음의 요건을 모두 갖춘 경우 주택수에서 제외함.
   ㉠ 지분율이 20% 이하, ㉡ 지분 상당 공시가격이 3억원 이하

☞ 공동소유지분은 주택 수에서 제외하되, 그 공시가격 상당액은 합산하여 과세

종합부동산세 개정세율

과세표준	2주택 이하			3주택이상, 조정대상지역 2주택		
	세율	누진공제	법인	세율	누진공제	법인
3억원 이하	0.6%		3%	1.2%		6%
3~6억원	0.8%	60만원		1.6%	120만원	
6~12억원	1.2%	300만원		2.2%	480만원	
12~50억원	1.6%	780만원		3.6%	2,160만원	
50~94억원	2.2%	3,780만원		5.0%	9,160만원	
94억원 초과	3.0%	11,300만원		6.0%	18,560만원	

다른 주택의 부속 토지 소유 시

종합부동산세에 있어서는 다른 주택의 부속토지를 소유하는 경우에도 주택을 소유한 것으로 보아 종합부동산세 세율을 적용한다.

다만, 단독명의 1주택자가 소유한 부속토지는 1세대 1주택으로 보아 인별 공시가격 합계액에서 9억원까지 공제하고 세액공제도 가능하다.

남편이 1채의 주택을 가지고 있고 배우자가 부속토지를 보유하고 있다면

각각 주택을 1개 보유한 것으로 보아 세율을 적용한다.

세율적용 주택수 판정사례

사례	본인		배우자	주택수 판정	1세대1주택
	조정지역	조정지역외			
1	주택1	부속토지1		일반1주택	○
2	주택1		주택1	일반1주택	×
3	주택2	부속토지1		3주택	×
4	부속토지2			조정지역2주택	×
5	주택1		주택2	일반1주택	×
6	주택1/2		주택1/2	일반1주택	△*1

*1 : 공동명의 1세대1주택 계산 특례신청하는 경우 1세대1주택 적용됨.

> **저자 해설**
>
> 올해부터 조정대상지역내 2주택자의 종합부동산세 세율이 크게 오름에 따라 조정대상지역내 1주택과 다른 주택의 부수토지를 가지고 있는 경우
> 과세기준일(6.1.) 전에 부수 토지를 정리하거나 건물을 철거하여 주택수에서 제외해야 종합부동산세 중과세율을 적용받지 않는다.

■ 관련 법규
종부세법 제2조, 제3조, 제8조, 제10조의2
종부세법 시행령 제2조의3, 제4조의2

제 3 장
주택임대소득

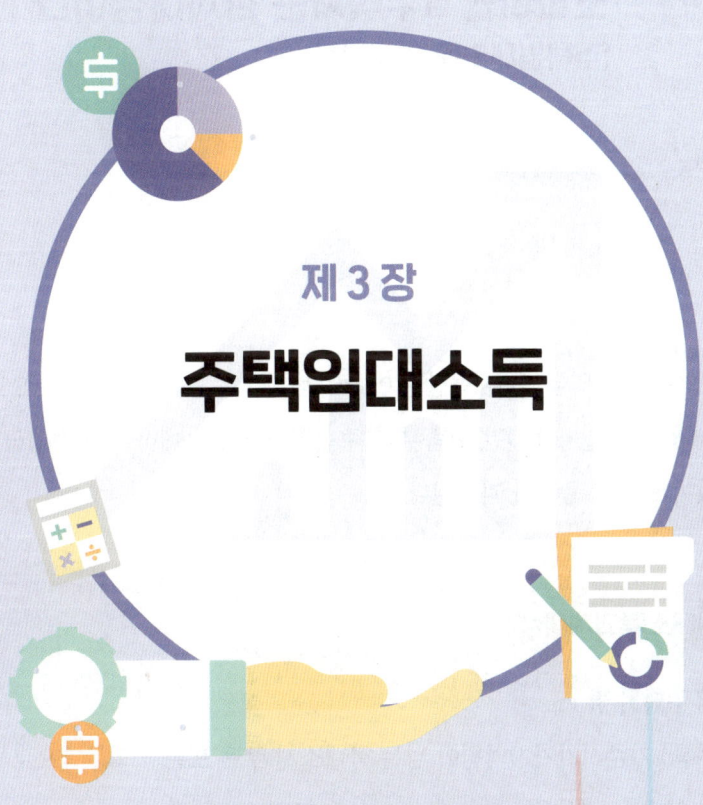

13 월세소득이 있는 2주택 이상자와 보증금 등 합계액이 3억원을 초과하는 3주택자는 과세대상이다
(주택임대소득 과세대상)

종전에는 총수입금액이 2천만원 이하 주택임대소득에 대해 한시적으로 비과세 해왔던 것을 2019년 귀속부터 주택임대소득에 대하여 총수입금액과 관계없이 모두 소득세가 과세된다.

주택임대소득 과세대상

1) 보유주택 수별
① (1주택) 기준시가가 9억원이 넘는 국내소재 주택 또는 국외주택으로 월세 수입이 있는 경우
② (2주택) 월세수입이 있는 경우(보증금 과세 안함)
③ (3주택 이상) 월세수입이 있는 경우 또는 보증금 합계가 3억원을 넘는 경우

【주택임대소득 과세요건 및 과세방법】

과세요건(주택 수 기준)			과세방법(수입금액 기준)	
주택 수*¹	월세	보증금	수입금액	과세방법
1주택	비과세*²	비과세	2천만 원 이하	종합과세와 분리과세 중 선택
2주택	과세			
3주택 이상		간주임대료 과세	2천만 원 초과	종합과세

*¹ : 보유주택 수는 부부 합산하여 계산
*² : 기준시가 9억 원 초과 주택 및 국외소재 주택의 임대소득은 1주택자도 과세

2) 주택 수 계산

① 다가구주택은 1주택으로 보되, 구분 등기된 경우 각각을 1주택으로 계산
② 공동소유의 주택은 그 지분이 가장 큰 자의 소유주택으로 계산
  다만, 지분이 가장 큰 자가 2인 이상인 경우에는 각각의 소유로 계산하되, 합의하여 그들 중 1인을 임대수입의 귀속자로 정할 시 그의 소유로 계산
※ 2020년부터 아래 소수지분자도 주택수에 가산
  · 해당주택에서 발생하는 수입금액(총수입금액 × 지분율)이
    연간 600만원 이상
  · 기준시가가 9억원을 초과하는 주택의 30%를 초과 소유
③ 본인과 배우자가 각각 주택을 소유하는 경우에는 이를 합산함.

> **저자 해설**
>
> 공동소유 주택은 2019년 귀속까지 최다지분자의 소유주택으로만 계산하고 주택임대소득 비과세 또는 간주임대료 총수입금액 계산 시 소수지분 주택은 주택수에서 제외되었으므로 부부가 소수지분 주택을 임대하더라도 과세하지 않았다.
> 다만, 부부합산 2주택 이상으로 월세소득이 과세되는 경우에는 소수지분 주택의 임대수입도 과세대상 수입에 포함됨에 유의하자.
> 특히, 2020년 귀속부터 소수지분자라 하더라도 월세수입이 연간 600만원이상이거나 지분이 30% 초과 소유하는 경우 주택수에 산입되니 꼼꼼하게 주택수를 확인하여야 한다.

소형주택 임대사업자에 대한 세액감면

1) 세액감면 요건

① 세무서와 지자체에 모두 사업자 등록을 하였을 것
② 국민주택규모(85㎡) 이하의 주택일것
③ 임대개시일 당시 기준시가가 6억원을 초과하지 않을 것
④ 임대보증금·임대료의 증가율이 5%를 초과하지 않을 것
⑤ 임대주택을 1호 이상 4년(장기일반임대주택은 8년(20.8.18.이후 등록은 10년)) 이상 임대할 것

2) 감면율

30%(장기일반임대주택은 75%) 세액감면

> **저자 해설**
>
> 소형주택 임대사업자에 대한 세액감면 요건이 20년 귀속 임대소득 분까지는 1호이상 30%(장기일반임대주택 75%)였으나 21년 귀속('22.5월 신고)부터는 임대주택을 2호 이상 임대해야 하고 감면율도 20%(장기일반임대주택 50%)로 축소되었으니 감면세액 요건 적용에 주의해야 할 것이다.

▣ 관련 법규
소득세법 제64조의2, 소득세법시행령8조의2
조세특례제한법 제96조

14 주택임대수입금액이 2천만원 이하인 경우 종합합산과세와 분리과세(14%)를 선택할 수 있다
(주택임대소득 신고)

주택임대소득은 사업소득이며, 사업소득은 다른 소득과 합산하여 기본세율(6 ~ 45%)의 종합소득 세율로 과세한다. 그러나 주택임대 수입금액이 2천만원 이하인 경우에는 분리과세를 선택 할 수 있다. 분리과세를 선택하는 경우 주택임대소득에 대해서만 14%의 세율로 과세한다.

주택임대소득 과세방법

수입 금액	과세 방법
2천만원 초과	다른 소득과 합산하여 종합과세
2천만원 이하	종합과세와 분리과세 선택 가능

총 수입금액의 계산

① 임대료 등 : 월세 등의 임대료 및 청소비, 난방비의 유지관리비

② 보증금 등 간주임대료 : 주택을 임대하고 보증금·전세금을 받는 경우에 3주택 이상을 소유하고 보증금 합계액이 3억원을 초과하는 경우 산입

※ 간주임대료 : (과세기간의 보증금등 - 3억원)의 적수×60/100×1/365×정기예금이자율(20년 1.8%)

필요경비의 계산

① 종합과세 선택 시
  · 장부신고 : 실제 지출비용, 추계신고 : 단순경비율 42.6% 적용
② 분리과세 선택 시
  · 사업자 등록 : 필요경비율 60%, 미등록 : 필요경비율 50%

> **저자 해설**
>
> 주택임대소득이 2천만원이하인 경우 다른 종합소득이 있는 경우 종합합산과세를 선택하는 것보다 분리과세를 선택하는 것이 필요경비율이 더 높고 단일세율(14%)를 적용할 수 있어 절세효과가 크다. 다만, 반드시 그러하지 않다.
> 가령, 다른 종합소득이 없고 연간 주택임대소득금액이 1200만원 이하인 경우 종합소득세율(6%)이 분리과세세율(14%)보다 낮아 더 유리할 수 도 있다.

실무사례

1) 주택임대수입 18,000,000원이 있는 경우

   (다른 종합소득 16,000,000원, 사업자 등록 가정)

   ☞ 분리과세가 유리(종합과세 선택시 1,604,400원, 분리과세 313,600원)

구분	종합과세	계산	분리과세	계산
주택임대 수입금액	월세+간주임대료	18,000,000	월세+간주임대료	18,000,000
필요경비	단순경비율 (42.6%)	8,520,000원	등록 : 60% 미등록 : 50%	10,800,000원 (등록가정)
주택임대 소득금액		9,480,000원		7,200,000원
다른 소득		16,000,000원		-
종합소득금액		25,480,000원		7,200,000원
소득공제	인적공제 등	3,000,000원	등록:4백만원 미등록:2백만원	4,000,000원 (등록가정)
과세표준		22,480,000원		3,200,000원
산출세액	세율 15%	2,292,000원	세율 14%	448,000원
감면세액		687,600	단기임대 : 30% 장기임대 : 75%	134,400원
납부세액		1,604,400		313,600

2) 주택임대수입 10,000,000원이 있는 경우

(다른 종합소득 없으며, 사업자 미등록 가정)

☞ 종합과세가 유리(종합과세 선택시 164,400원, 분리과세 280,000원)

구분	종합과세	계산	분리과세	계산
주택임대 수입금액	월세+간주임대료	10,000,000	월세+간주임대료	10,000,000
필요경비	단순경비율(42.6%)	4,260,000원	등록 : 60% 미등록 : 50%	5,000,000원 (미등록가정)
주택임대 소득금액		5,740,000원		5,000,000원
종합소득금액		5,740,000원		5,000,000원
소득공제	인적공제 등	3,000,000원	등록 : 4백만원 미등록 : 2백만원	2,000,000원 (미등록가정)
과세표준		2,740,000원		3,000,000원
산출세액	세율 6%	164,400원	세율 14%	420,000원
납부세액		164,400원		420,000원

▣ 관련 법규
소득세법 제64조의2
조세특례제한법 제96조

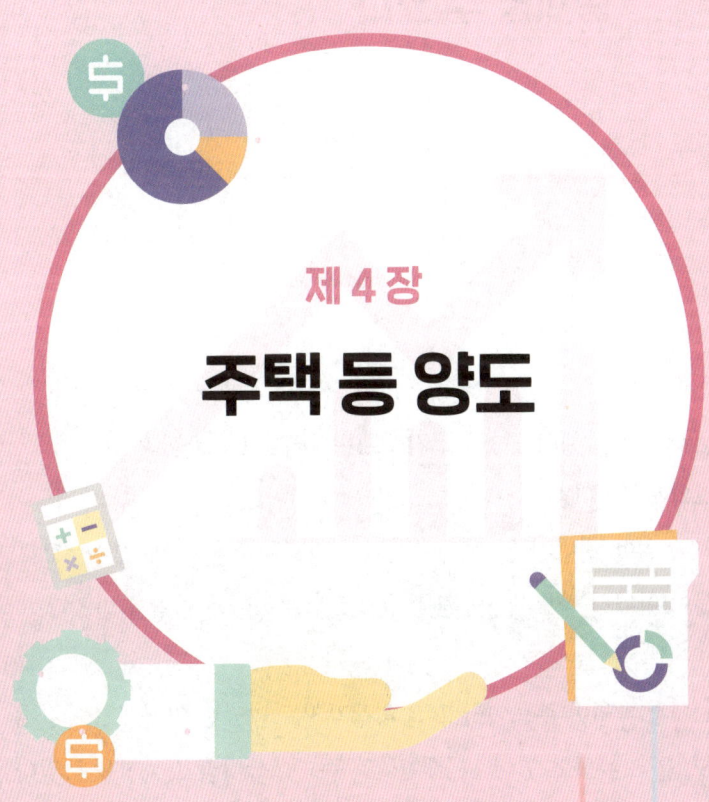

제 4 장
주택 등 양도

15 부동산을 팔기 전에는 세무사 등 전문가와 미리 상담해야 양도세를 절세할 수 있다

홍길동은 서울시 서초구에 12년 정도 보유하고 거주한 아파트를 총 25억원에 양도한 후 1세대 1주택 고가주택 비과세 신고를 하고 양도세 7천만원을 신고납부하였다.

그런데, 얼마 지나지 않아 세무서에서 양도주택이 1세대 2주택으로 비과세 대상이 아니니 양도세 3억원을 추가로 납부하라는 연락을 받았다.

알고보니, 본인이 주택이라고 전혀 생각지도 않았던 인천에 소재한 주거용 오피스텔을 보유하고 있어 1세대 2주택 중과대상이라고 설명을 들었다.

만약, 사전에 전문가와 상담을 하여, 주거용 오피스텔을 세무서와 구청에 사업자 등록 및 장기임대주택 등록을 하였으면 1세대 1주택 비과세를 받았을 것이다.

이와 같이, 본인이 주택이라고 생각하지 않았던 지방에 공동주택 소수지분이라든가 무허가 주택을 소유한 경우, 양도세 계산에 있어서 주택으로 포함되기 때문에 특히나 주의를 요한다.

또한, '20.7.10. 부동산 보완대책에 따라 조정대상지역에 주택 1채가 있고 조정대상지역에 2번째 주택을 취득하는 경우 취득세가 8%로 중과가 되기 때문에 무심코 취득하다간 낭패를 볼 수 있다.

더군다나 '19.12.16. 이후 종전주택이 조정대상지역에 있고 조정대상지역에 있는 신규주택을 취득하는 경우 일시적 2주택 비과세 특례를 받으려면 1년 이내 전입 및 이사, 1년 이내 종전주택 양도 등 일시적 2주택 특례규정이 강화되었다.

또한, 양도세는 양도일 현재를 기준으로 세법을 적용하기 때문에 합법적인 절세방법이 있다 하더라도 양도 이후에는 아무 소용이 없게 된다. 따라서 반드시 양도 전에 세무사 등과 상담을 진행하여야 절세를 할 수 있다.

16 양도세가 계산구조를 이해하고 증빙서류를 철저히 챙겨야 양도세 부담을 줄일 수 있다
(양도세 필요경비·계산방법)

양도소득세는 기본적으로 양도한 실지거래가액에서 취득할 때 소요된 취득가액을 차감하여 양도차익을 계산하고, 그 양도차익에서 장기보유특별공제를 공제하여 양도소득금액을 계산한다.

이 양도소득금액에 기본공제를 차감한 양도소득세 과세표준에 세율을 적용하면 양도소득세 세액이 산출된다.

따라서, 부동산을 취득할 때부터 필요경비로 공제받을 수 있는 항목에 대해 증빙자료를 잘 챙기고 보관하면 추후 양도세 세금부담을 줄일 수 있다.

양도소득세 계산방법

1) 양도차익 계산

① 양도차익 = 양도가액 - 필요경비
  · 실지 양도가액 : 상대방으로부터 실제 수수하는 거래금액

- 실지 취득가액 : 취득에 소요된 실제 취득가액
- 필요경비 : ㉠ 취득에 소요된 비용, ㉡ 취득 후 지출한 비용, ㉢ 양도비용

구분	공제 항목
㉠ 취득에 소요된 비용	· 당해 자산의 매입가액 · 취득세, 부동산 중개수수료 등 취득에 소요된 모든 비용
㉡ 취득 후 지출한 비용	[부동산 취득 후 이용편의 및 가치를 증가시키는 비용] · 본래의 용도를 변경하기 위한 개조비용 · 엘리베이터 또는 냉난방장치 설치비용 · 빌딩 등의 피난시설 등 설치비용 · 재해 등으로 건물, 기계, 설비 등이 멸실되거나 훼손되어 본래의 용도로 이용가치가 없는 것의 복구비용 · 재해나 노후화 등 부득이한 사유로 건물을 재건축한 경우 그 철거비용 (2020년 2월 11일 이후 양도분부터)
	· 기타 개량, 확장, 증설 등 위와 유사한 성질의 비용 (예를 들면, 섀시 설치비용, 발코니 개조비용, 난방시설 교체비용 등은 공제가능, 벽지,장판 교체비용, 싱크대나 주방기구 교체, 외벽 도장비용은 공제받지 못함.
㉢ 양도 비용	· 자산을 양도하기 위하여 직접 지출한 계약서 작성비용, 공증비용, 소개비, 양도소득세 신고서 작성비용 등과 국민주택채권 매각손실비용 등 인정

2) 양도소득금액 계산

① 양도소득금액은 양도차익에서 장기보유특별공제를 차감하여 계산하며 장기보유특별공제는 토지 또는 건물을 양도하는 경우에만 적용합니다.

장기보유특별공제율

〈표1 : 토지, 건물〉 (2021년 1월 1일 이후)

공제율	3년 이상	4년 이상	5년 이상	6년 이상	7년 이상	8년 이상	9년 이상	10년 이상	11년 이상	12년 이상	13년 이상	14년 이상	15년 이상
토지,건물	6%	8%	10%	12%	14%	16%	18%	20%	22%	24%	26%	28%	30%

〈표2 : 1세대 1주택〉

공제율		3년 이상	4년 이상	5년 이상	6년 이상	7년 이상	8년 이상	9년 이상	10년 이상
1세대 1주택	보유기간별	12%	16%	20%	24%	28%	32%	36%	40%
	거주기간별	12%	16%	20%	24%	28%	32%	36%	40%

3) 양도세 과세표준 계산

① 양도소득금액에 기본공제 250만원을 차감합니다.

4) 양도소득세 세액계산

양도세 과세표준에 세율을 곱하여 산출하고 산출된 양도소득세 세액에 지방소득세 10%가 추가로 과세됩니다.

■ 관련 법규
소득세법 제95조
소득세법 제97조, 소득세법시행령 제163조

17 양도 및 취득시기를 잘 활용하면 양도세를 절세할 수 있다
(양도·취득시기)

양도소득세 계산에 있어 양도 및 취득 시기는 원칙적으로 대금(잔금)을 청산한 날이다.

다만, 잔금을 청산하기 전에 소유권이전등기를 먼저 하는 경우에는 등기접수일이 양도 및 취득 시기이다.

이렇게 잔금시기에 따라 양도 및 취득시기가 달라지고 양도일에 적용되는 세법 또한 다를 수 있어 이를 이해하면 양도소득세 절세할 수 있다.

예를 들어, 홍길동이 1주택을 양도하고 같은 연도에 또 다른 1주택을 양도한다면 1년 내 양도한 2채의 주택 양도소득은 합산하고 세율적용에 있어 누진세율(소득금액이 높을수록 높은 세율로 계산)을 적용하기 때문에 양도세 부담이 확 높아진다.

반면, 1주택을 양도하고 잔금시기를 조정하여 다음해에 양도하게 되면 양도소득금액이 합산이 안되기 때문에 양도소득세 부담이 상대적으로 낮아진다.

또 다른 예로, 올해부터 1세대 1주택 고가주택의 경우 거주기간에 따라 장기보유특별공제(거주기간별 연 4%, 10년 거주 40% 공제)가 늘어나는데 1세대가 거주기간이 짧은 1주택을 2020년 연말에 양도하는 경우 잔금을 앞당겨서 2020.12.31.이전으로 하거나 잔금을 2021.1.1.이후 치르더라도 소유권이전 등기접수를 2020.12.31.이전에 할 수 있다면 2020년 세법을 적용하기 때문에 양도세를 절약하는 데 유리할 수 있다.

양도 및 취득시기

1) 원칙
대금청산일

2) 예외
① 대금청산일이 불분명한 경우 등기·등록 접수일 또는 명의개서일
② 대금청산일 전에 소유권이전등기를 한 경우는 등기접수일
③ 대금청산일까지 목적물이 완성·확정되지 아니한 경우 : 목적물이 완성 또는 확정된날

3) 자기가 건설한 건축물의 경우 취득시기
사용승인서 교부일

4) 상속·증여로 취득한 자산의 취득시기
상속개시일 또는 증여등기접수일

【실무사례】

〈가정〉
· 홍길동은 일시적 2주택(종전주택A 2015.1.1., 대체주택B 2018.1.1.취득)을 보유하던 중 대체주택B를 취득한 날(2018.1.1.)로부터 3년 이내에 종전주택을 양도해야 비과세 혜택을 받을 수 있음을 알고
  - 비록, 매매계약서 상에 2021.1.20.에 잔금을 치렀으나 소유권이전등기를 2020.12.20.에 접수하여 양도일이 2020.12.20.이 됨에 따라 3년 이내에 종전주택을 양도(2020.12.31.기한)하는 조건을 충족하여 비과세 특례적용을 받을 수 있었음.

■ 관련 법규
소득세법 제98조, 소득세법시행령 제162조

18. 공부상으로 주택이나 사실상 폐가 상태이면 다른 주택을 양도하기 전에 멸실하고 공부 정리하자 (주택·세대 개념)

1세대 1주택 비과세 특례규정은 국내에 1세대가 1주택을 보유하는 경우에 양도가액 9억원 이하는 주거안정을 위해 비과세를 해주고 있다.

그런데, 가끔 주택이라고 생각해 본 적이 없는 시골에 폐가상태의 주택 등이 공부(등기부등본, 건축물대장)상으로 확인되어 1세대 2주택으로 판정 되어 비과세 특례를 못 받는 경우가 있을 수 있다.

이 경우, 납세자는 과세관청에 주택의 기능이 없는 폐가 상태를 적극적으로 입증해야 하고 이는 사실판단 문제이기 때문에 비과세로 인정받는 것이 결코 쉬운 것은 아니다.

그러므로 아예 폐가 상태의 주택을 멸실하여 건축물대장이나 등기부등본을 말소하는 등 공부를 깨끗이 정리 해 둘 필요가 있다.

주택의 개념(소득세법 제88조)

- 세대 구성원이 장기간 독립된 주거생활을 할 수 있는 구조로 된 건물 전부 또는 일부와 부속토지

☞ 상시 주거용으로 사용하는 건물

- '주택'이란 허가여부나 공부상의 용도에 관계없이 사실상 주거용으로 사용하는 건물을 말한다. 이 경우 용도가 분명하지 않는 경우 공부상의 용도에 따른다.

【주택 판단 사례】
- 오피스텔 : 주거용으로 사용된 경우 주택으로 판단
- 공가(폐가) : 건축법상 건축물로 볼 수 없는 경우 주택 제외
- 무허가 주택 : 주택에 포함.(양성화 대상인 경우 등기하지 않고 양도시 미등기 양도)
- 기숙사 : 공장 등에 부수된 기숙사는 주택에서 제외
- 농막 : 상시 주거용이 아닌 농막 등을 관리 시는 주택에 해당하지 않으나 상시 주거용으로 이용하는 경우 주택에 해당

1세대 1주택 비과세(소득세법 제89조)

- 양도일 현재 1세대가 1주택(주택과 이에 딸린 토지로서 건물이 정착된 면적에 지역별 배율을 곱하여 산정한 면적이내의 토지)을 보유하는 경우로서 보유기간이 2년(조정대상지역에 소재하는 주택을 취득 시 거주기간 2년 포함)이상인 경우 비과세를 적용한다.

세대의 개념

- 세대란 거주자 및 그 배우자가 그들과 같은 주소 또는 거소에서 생계를 같이하는 가족과 함께 구성하는 가족단위를 말함.
  ☞ 배우자는 세대성립의 기본단위이며, 주민등록을 달리해도 배우자는 동일 세대임.
- 생계를 같이하는 가족의 범위
  - 거주자 및 그 배우자의 직계존비속(그 배우자 포함)
  - 거주자 및 그 배우자의 형제자매
  ☞ 생계를 같이 한다는 것은 반드시 주민등록상 세대를 같이해야 하는 것은 아님.

저자 해설

다만, 배우자가 없어도 1세대를 구성할 수 있는 경우는 30세 이상인 경우, 배우자가 사망하거나 이혼한 경우, 기준 중위소득 40/100 이상 소득자로 소유하고 있는 주택 등을 유지·관리하면서 독립된 생계를 유지하는 경우 독자적 세대구성이 가능함.

■ 관련 법규

소득세법 제88조, 제89조
소득세법시행령 제154조

19 이혼하면서 재산분할이 아닌 이혼 위자료로 부동산을 증여받는 경우 양도세 과세대상이다
(재산분할·이혼 위자료)

부부가 백년해로 하면서 잘 살면 좋겠지만 때론 어쩔 수 없이 이혼을 하는 경우가 있다. 이혼을 하면 재산분할 청구와 위자료 문제가 따라오기 마련이다.

재산분할 청구권이란 부부가 혼인 기간 중에 이룩한 공동재산에 대해 재산형성 기여도에 따라 원래 자기지분을 찾아오는 공유물 분할 개념이고 이혼 위자료는 이혼의 귀책사유가 있는 배우자가 상대방에게 손해배상금 성격으로 법원의 판결에 의해 지급하는 것을 말한다.

따라서, 재산분할 청구권에 의해 부동산을 이전하는 것은 공유물 분할과 같은 성격으로 양도세 과세대상이 아니지만 위자료는 귀책사유가 있는 배우자가 상대방에게 위자료 성격으로 부동산을 증여하거나 양도한 경우에는 양도소득세가 과세됨에 유의하자.

이혼에 따른 재산분할(민법 제839조의2, 제843조)

이혼에 따른 재산분할은 혼인 중에 부부 쌍방의 협력으로 이룩한 실질적인 부부 공동재산을 청산을 분배하는 것을 목적으로 하는 것이므로 실질적으로 공유물 분할에 해당하여 양도 및 증여로 보지 아니한다.

제839조의2 【재산분할청구권】

① 협의상 이혼한 자의 일방은 다른 일방에 대하여 재산분할을 청구할 수 있다.
② 제1항의 재산분할에 관하여 협의가 되지 아니하거나 협의할 수 없는 때에는 가정법원은 당사자의 청구에 의하여 당사자 쌍방의 협력으로 이룩한 재산의 액수 기타 사정을 참작하여 분할의 액수와 방법을 정한다.
③ 제1항의 재산분할청구권은 이혼한 날부터 2년을 경과한 때에는 소멸한다.

이혼위자료에 따른 부동산 이전

이혼위자료는 이혼의 귀책사유가 있는 배우자가 상대방에게 손해배상금을 지급하는 것으로, 양도소득세는 자산이 사실상 유상으로 이전하는 대물변제의 성격을 갖고 있으므로 양도소득세 과세대상이 된다.

다만, 이전하여 주는 부동산이 1세대 1주택으로서 비과세요건을 갖춘 때에는 양도세가 과세되지 않는다.

제806조 【약혼해제와 손해배상청구권】

민법 제843조(준용규정) 재판상 이혼에 따른 손해배상책임에 관하여는 제806조를 준용함.
① 약혼을 해제한 때에는 당사자 일방은 과실있는 상대방에 대하여 이로 인한 손해의 배상을 청구할 수 있다.
② 전항의 경우에는 재산상 손해외에 정신상 고통에 대하여도 손해배상의 책임이 있다.

【실무사례 1 : 이혼에 따른 재산분할로 부동산 이전 시】

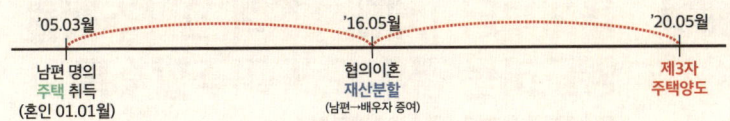

☞ 남편이 '16.5월 배우자에게 재산 분할하는 것은 증여나 양도로 보지 않음.
배우자가 '20.5월 제3자에게 부동산 양도 시 취득가액과 취득 시기는 '05.3월이고 취득가액은 그 당시 남편명의 부동산 취득가액임

【실무사례 2 : 이혼위자료 지급대가로 부동산 이전 시】

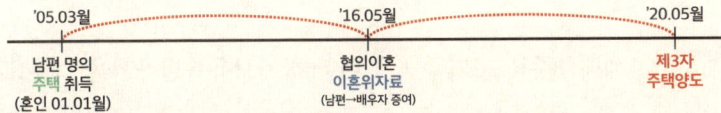

☞ 남편이 '16.5월 배우자에게 이혼위자료로 증여한 것은 양도에 해당함.
배우자가 '20.5월 제3자에게 부동산 양도 시 취득가액과 취득시기는 '16.5월이고 취득가액은 이혼위자료로 남편에게 취득한 가액

저자 해설

재산분할청구로 인해 부동산이 양도 또는 증여 형식으로 이전되는 경우에는 재산분할협의서, 판결문 등을 잘 보관해야 추후 과세관청으로부터 양도세 과세대상이나 증여세 대상이 아님을 입증할 수 있으니 주의를 기울이자.

■ 관련 법규
소득세법 제88조

20 올해부터 1세대 1주택 고가주택을 양도하는 경우 오래 거주할수록 양도세가 줄어든다
(1주택자 장기보유특별공제)

올해부터 1세대 1주택 고가주택에 대한 장기보유특별공제율 적용요건에 거주기간이 추가되었다.

종전에는 거주기간 2년만 채우면 연간 8% 공제율을 적용받을 수 있었지만, 올해부터는 보유기간에 따라 연간 4%씩 10년 보유 시 최대 40% 장기보유특별공제를 받고, 거주기간에 따라 연간 4%씩 10년 거주 시 최대 40% 장기보유특별 공제를 적용하는 것으로 개정되었다.

따라서, 1세대 1주택 고가주택(양도가액 9억 초과)을 보유한 경우 오래 거주할수록 장기보유특별공제액이 커져 양도세 부담이 줄어드는 점에 유의해야 한다.

1세대 1주택자 장기보유특별공제율(21.1.1.이후 양도분부터)

보유기간별 연 8% 공제율을 보유기간 4% + 거주기간 4%로 조정하였다.

(%)

기간(년)		3년~	4년~	5년~	6년~	7년~	8년~	9년~	10년 이상
현행	보유	24	32	40	48	56	64	72	80
개정	보유	12	16	20	24	28	32	36	40
	거주	12(8*[1])	16	20	24	28	32	36	40
	합계	24(20*[1])	32	40	48	56	64	72	80

*[1] : 보유기간이 3년 이상(12%)이고 거주기간이 2년~3년(8%)인 경우 20% 적용

저자 해설

1세대 1주택 비과세와 관련하여 거주기간 계산에 있어 원칙적으로 세대전원이 거주해야 하나, 세대원 일부가 취학, 질병의 요양, 근무상 또는 사업상의 형편으로 일시 퇴거하는 경우도 세대전원이 거주한 것으로 본다.

【실무사례 : 거주기간에 따라 1세대 1주택 고가주택 양도세 차이】

〈가정〉
- 2011.01.15. 홍길동은 서울시 서초구 서초동 소재 전용면적 84㎡인 아파트를 4억원에 취득하였다. 취득세 및 중개수수료 1천만원임
- 홍길동은 상기 아파트를 2021.03.15. 20억원에 양도하였다. 양도시 중개수수료는 2천만원임

거주기간에 따른 1세대 1주택 고가주택 양도세 부담

구분	2021년 양도(2년 거주)	2021년 양도(10년 거주)
양도가액	2,000,000,000	2,000,000,000
- 필요경비	410,000,000	410,000,000
양도차익	1,590,000,000	1,590,000,000

구분	2021년 양도(2년 거주)	2021년 양도(10년 거주)
과세대상 양도차익	874,500,000 {1.59억×(20억-9억)/20억}	874,500,000 {1.59억×(20억-9억)/20억}
- 장특공제	419,760,000 (보유 40%+거주 8%)	699,600,000 (보유 40%+거주 40%)
양도소득금액	454,740,000	174,900,000
- 기본공제	2,500,000	2,500,000
과세표준	452,240,000	172,400,000
산출세액	155,496,000	46,112,000

☞ 2020년 양도분까지는 1세대 1주택 고가주택의 경우 2년 거주요건만 채우면 장기보유특별공제를 연간 8% 공제받았지만, 2021년 양도분부터 거주기간이 짧을 수록 1세대 1주택 고가주택 양도세 부담이 늘어남.

■ 관련 법규
소득세법 제95조, 소득세법 88조
소득세법시행령 제154조

21 조정대상지역에서 취득한 주택은 2년 거주해야 1세대 1주택 비과세를 받을 수 있다
(1세대 1주택 보유기간 특례)

'17.8.2. 주택시장 안정화 대책에 따라 조정대상지역 내 1세대가 주택을 취득하는 경우 비과세요건에 거주요건이 추가되었다.

따라서, 종전에는 양도가액 9억원 이하 주택을 양도 시 보유기간 2년만 충족하면 비과세를 받을 수 있었지만, '17.8.3.이후 조정대상지역에서 취득하는 주택부터는 1세대 1주택 비과세를 받기 위해서 2년 보유 뿐만 아니라 2년 거주까지 해야 함에 유의해야 한다.

아울러, 민간임대주택의 경우 비록 조정대상지역에서 취득하더라도 거주요건을 제외하였지만, 예외조항을 삭제하여 일반주택과 마찬가지로 2년 거주요건을 충족해야 비과세를 받을 수 있다.

아래에 해당하는 경우에는 조정대상지역의 주택을 팔더라도 2년 이상 거주요건이 필요하지 않는다

① 조정대상지역 지정일 이전 취득한 주택

② 조정대상지역 지정일 이전에 매매계약을 체결하고 계약금을 지급한 경우 (단, 계약금 지급일 현재 무주택자에 한함)

③ 2019년 12월 16일 이전에 등록(세무서 및 시군구)한 임대주택으로 임대의무기간을 충족한 주택(2019년 12월 17일 이후 임대주택으로 등록한 경우에는 거주요건 적용)

1세대 1주택 비과세 판정시 보유기간 특례(시행령 제154조)

구분	보유기간 취득일
상속받은 주택	· 별도 세대원 상속 : 상속개시일부터 기산 · 동일 세대원 상속 : 동일 세대로서 보유기간 통산
증여받은 주택	· 별도 세대원 증여 : 증여받은날부터 기산 · 동일 세대원 증여 : 동일 세대로서 보유기간 통산
용도 변경	· 주택 외인 경우로서 주택으로 용도변경 시 용도변경 시부터 기산 · 주택으로서의 보유기간 등은 합산 (주택 → 주택 외 → 주택 양도 시)

22. 2021.1.1. 기준 다주택자는 최종 1주택이 된 날부터 2년 보유하고 2년 거주해야 비과세를 받을 수 있다

　1세대 1주택 비과세 적용을 받으려면 보유기간이 2년 이상이고 조정대상지역에 있는 주택을 취득하는 경우 2년 거주요건을 필요로 하고 있다.

　종전에는 보유기간 2년을 산정할 때 당해 주택의 취득일부터 양도일까지 기간 중에 2년을 산정하였는데 2021.1.1.이후 양도하는 분부터는 2주택 이상을 보유한 1세대가 1주택 외의 주택을 모두 양도한 경우에 양도 후 1주택을 보유하게 된 날부터 보유기간을 기산하니 특히 주의를 요한다.(일시적으로 2주택으로 보는 경우는 적용제외)

　아울러, 조정대상지역에 있는 주택을 취득하는 경우 비과세 요건인 2년 거주기간도 1주택을 보유하게 된 날부터 새롭게 2년 거주요건을 충족해야 한다.

1세대 1주택 비과세 요건 강화

　1세대가 1주택 이상을 보유한 경우 다른 주택을 모두 처분하고 최종적으로 1주택만 보유하게 된 날부터 기산한다.

다만, 최종 1주택이 된 날부터 비과세를 위한 2년 보유기간을 기산하는 규정은 2021.1.1. 현재 2주택 이상 보유하는 경우에 적용하는 것이며, 2021.1.1. 현재 1주택자가 1주택을 보유한 상태에서 양도하는 경우에는 적용하지 않음.

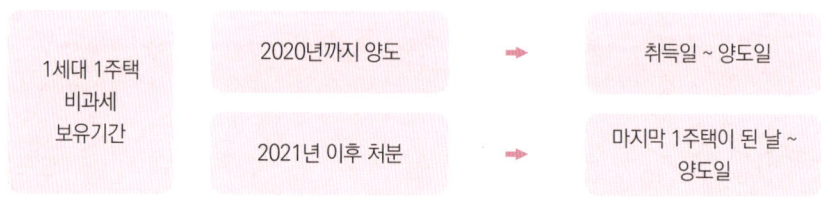

1세대 1주택 보유기간 계산

※ 다만, 일시적 2주택자(2주택자가 1주택을 과세 받은 후 1주택 보유상태에서 다시 1주택을 추가하여 일시적 2주택이 된 경우 제외)나 상속·동거봉양·혼인합가 등 부득이한 사유로 인해 1주택 비과세를 받는 주택은 제외

> **저자 해설**
>
> 2주택 이상자가 1주택 외 다른 주택을 모두 처분하고 최종 1주택을 보유하게 된 날부터 보유기간을 기산하는데, 이 때 '처분'이란 의미는 양도, 증여 또는 용도변경을 포함하므로 2주택자 이상자가 양도 뿐만 아니라 증여하거나 용도변경(처분)하여 1주택이 된 경우 1주택이 된 날부터 기산함에 유의

거주기간 요건도 새롭게 기산

1세대 1주택 비과세를 판단함에 있어 2년 거주요건(조정대상지역 내 주택을 취득하는 경우)도 보유기간과 마찬가지로 최종 1주택을 보유한 날로부터

2년 거주기간을 다시 충족해야 함에 유의해야 한다.

2주택 상태에서 종전에 2년을 거주하였더라도 1세대 1주택 비과세를 받기 위해서는 새롭게 2년 거주를 해야 한다.

> **저자 해설**
>
> 개정된 1세대 1주택 보유기간 규정은 2021.1.1. 현재 1주택자가 1주택을 보유한 상태에서 양도하는 경우 종전과 같이 당초 취득일부터 양도일까지 기간을 계산하고 1세대 1주택 고가주택의 경우 양도차익 계산에 있어 장기보유특별공제율 표2(연간 8% 공제율)를 적용함에 있어 거주기간은 당초 취득일부터 양도일까지 기간 중 통산하여 거주기간 2년을 충족하면 된다.

(사례별) 1세대 1주택 비과세 보유기간 기산일 산정

구분	내용	보유기간 기산
사례 1	당초부터 일시적 2주택(상속, 동거봉양 등 포함)	당초 취득일
사례 2	2주택 이상자가 1주택 처분하여 과세를 받은 후 최종 1주택이 된 상태에서 다시 주택을 취득하여 일시적 2주택이 된 경우	마지막 1주택이 된 날
사례 3	2주택 이상을 보유(일시적 2주택 미해당)하고 1주택 외의 주택을 모두 처분한 경우	마지막 1주택이 된 날

【실무사례 1 : 당초부터(남은 주택이) 일시적 2주택에 해당하는 경우】

'15.10월	'19.01월	'19.03월	'20.12월	'21.02월
A주택 취득	B주택 취득	C주택 취득	C주택 양도(과세)	A주택 양도

☞ 남은 A, B주택이 일시적 1세대 2주택에 해당하는 경우 A주택의 비과세 보유기간 계산은 취득일('15.10)부터 계산

【실무사례 2 : 2주택을 보유하고 1주택을 양도(과세) 후 1주택이 된 후 다시 신규주택을 취득하여 일시적 2주택이 된 경우】

```
'16.09월        '16.12월        '19.08월        '19.10월        '21.08월
A주택           B주택           B주택            C주택           A주택
취득            취득            양도(과세)        취득            양도
```

☞ B주택 양도(과세) 후 C주택을 취득하여 다시 일시적 1세대 2주택에 해당하는 경우 A주택의 비과세 보유기간 계산은 B주택 양도일('19.8)임

【실무사례 3 : 2주택을 보유한 1세대가 1주택을 '21.1.1.이후 양도하고 남은 "최종 1주택"을 양도하는 경우】

```
'14.05월        '19.02월        '21.04월        '24.01월 이후
A주택           B주택           B주택            A주택
취득            취득            양도(과세)        양도
```

☞ 비과세가 적용되지 않는 1주택 양도 후 남은 1주택의 비과세 보유기간은 1주택이 된 날(B주택 양도일, '21.4) 부터 계산함.

23. 1세대 2주택인 경우에도 일정요건을 충족하면 비과세 혜택을 받는 경우가 있다
(1세대 1주택 특례)

1세대가 양도일 현재 1주택을 보유하고 보유기간이 2년 이상(조정대상지역에 있는 주택을 취득 시 거주기간 2년 필요)인 경우에는 1세대 1주택 비과세 적용이 가능하다.

또한, 1세대가 1주택을 양도하기 전에 다른 주택을 대체취득하거나 상속, 동거봉양, 혼인 등으로 2주택을 가진 경우에도 일정 요건을 충족하면 1세대 1주택으로 보아 비과세 혜택을 받을 수 있다.

그럼, 1세대 1주택 비과세 규정에 대해 대표적인 사례에 대해 살펴보자.

일시적으로 2주택을 보유하게 된 경우

국내에 주택을 소유한 1세대가 주택(종전주택)을 양도하기 전에 다른 주택(신규주택)을 취득함으로써 일시적 2주택이 된 경우 종전의 주택을 취득한 날로부터 1년 이상이 지난 후 신규주택을 취득하고, 신규주택을 취득한 날로부터 3년 이내 종전의 주택을 양도하는 경우에는 1세대 1주택으로 보아 비과세한다.

단, 종전의 주택이 조정대상지역에 있는 상태에서 조정대상지역에 있는 신규주택을 취득하는 경우에는 신규주택 취득일로부터 1년 이내에 세대전원이 이사하고 전입신고를 마치고, 신규주택의 취득일로부터 1년이내에 양도하는 경우 1세대 1주택으로 보아 비과세한다.(2019.12.17.이후 취득분부터 적용)

종전주택, 신규주택 모두 조정대상지역 소재

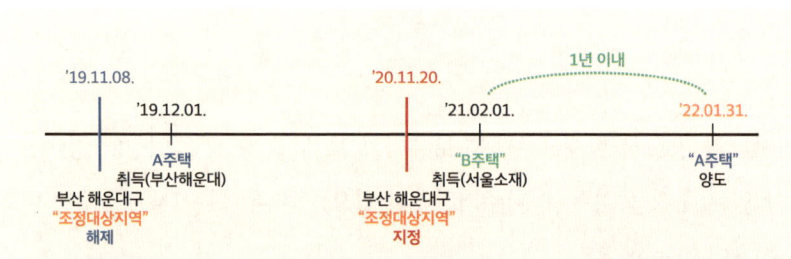

☞ 비록 종전주택 A주택(부산 해운대 소재)이 취득당시에는 조정대상지역이 아니어도 B주택 취득(서울) 당시 조정대상지역에 해당하면 '19.12.17.이후 신규주택을 취득하는 분부터 신규주택 취득일부터 1년이내 전입·이사 하고 1년 이내 양도해야 비과세를 받을 수 있다.

> **저자 해설**
>
> 일시적 2주택의 경우 종전주택과 신규주택 모두 조정대상지역에 있는 경우에 1년 이내 전입요건 및 1년 이내 양도 요건이 필요하며, 둘 중 하나만 조정대상지역에 있는 경우 종전대로 신규주택 취득일로부터 3년이내 양도 시 비과세된다.

종전주택 또는 신규주택 조정대상지역 외 소재

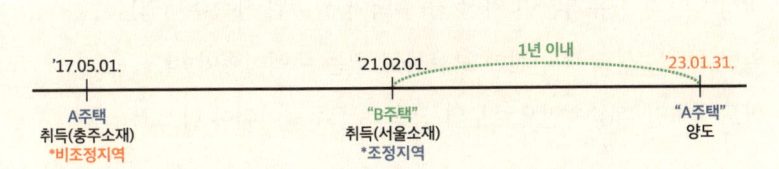

☞ A주택(종전주택)이 비조정대상지역인 상태에서 조정대상지역에 있는 B주택(신규주택)을 취득하는 경우 종전주택은 신규주택을 취득한 날로부터 3년이내에 양도하면 비과세를 적용받을 수 있다.

조정대상지역 공고일 전 매매계약 체결 및 계약금 지급 시

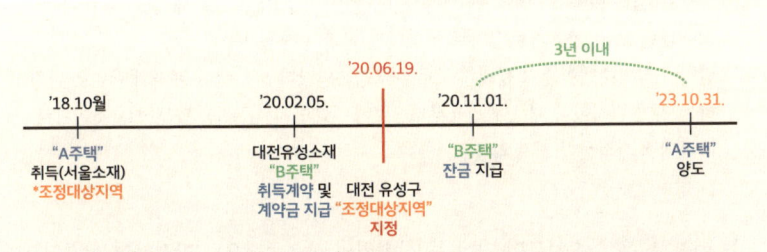

☞ A주택(종전주택)이 조정대상지역인 상태에서 조정대상지역에 있는 B주택(신규주택)을 취득하였지만 조정대상지역 공고 전에 B 신규주택을 계약하고 계약금을 지급한 경우 신규주택 취득한날로부터 3년이내에 양도하면 비과세를 적용받을 수 있다.

상속받은 주택으로 2주택이 된 경우

상속받은 주택과 일반주택을 각각 1개씩 소유하고 있는 1세대가 일반주택을 양도하는 경우 1세대 1주택으로 보아 비과세요건을 충족한 경우 비과세한다.

다만, 다음의 요건을 기본적으로 충족해야 함.

① 상속받은 주택은 선순위 상속주택이어야 함.(상속받은 주택이 2채인 경우 피상속인의 소유기간이 가장 긴 주택이 선순위 상속주택임)
② 일반주택은 상속개시 전에 보유하고 있는 주택이어야 함.
③ 별도세대인 피상속인으로부터 상속받은 주택이어야 함.

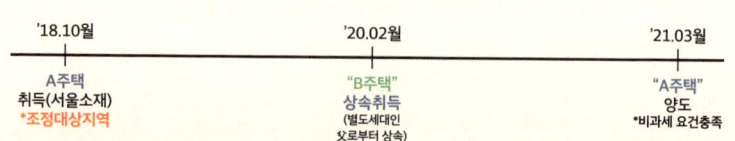

☞ A주택(일반주택)을 보유하고 있는 상태에서 별도 세대인 아버지로부터 B주택을 상속받은 경우 비록 2주택이지만 1세대 1주택 특례규정으로 A주택 양도 시 비과세 요건(2년 보유, 2년 거주)을 충족하였다면 비과세 적용가능
만약, B상속주택이 동일세대 父로부터 상속받았다면 주택 수는 세대단위로 판정하는 것이 원칙이기 때문에 원래부터 2주택 상태에서 A주택을 양도하는 것이므로 비과세 특례적용이 되지 않음.

※ 공동상속주택은 상속지분이 가장 큰 상속인의 상속주택으로 판정하며 상속지분이 큰 상속인이 2명 이상인 경우에는 당해 주택에 거주하는자, 최연장자 순으로 소유주주택을 판정한다.

저자 해설

공동상속주택 소수지분이 2채인 경우 선순위상속주택은 소수지분자로 1세대 1주택 비과세 판정할 때 주택수에서 제외되지만, 차순위 공동상속주택 소수지분은 주택수에 포함되어 1세대 1주택 비과세 적용을 받을 수 없음에 유의해야 한다.

직계존속과 동거봉양으로 1세대가 2주택이 된 경우

1주택을 보유하고 1세대를 구성하는 자가 1주택을 보유하고 있는 60세 이상의 직계존속을 동거봉양하기 위하여 세대를 합침으로써 1세대가 2주택을 보유하게 된 경우 합친 날로부터 10년 이내에 먼저 양도하는 주택은 1세대 1주택 비과세를 적용함.

① 직계존속(배우자의 직계존속)은 어느 일방이 60세 이상이면 가능(합가일 기준으로 60세 여부 판단)
② 일시적 1세대 2주택자가 동거봉양 합가하는 경우에도 적용 가능함.
※ 이 경우 신규주택 취득일부터 3년 이내 종전주택을 양도하는 경우 비과세 적용가능

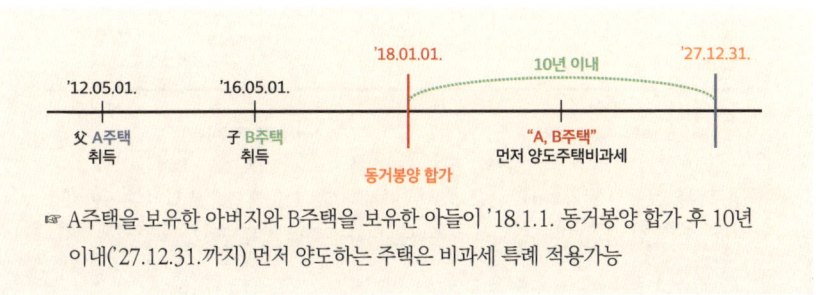

☞ A주택을 보유한 아버지와 B주택을 보유한 아들이 '18.1.1. 동거봉양 합가 후 10년 이내('27.12.31.까지) 먼저 양도하는 주택은 비과세 특례 적용가능

혼인으로 1세대가 2주택이 된 경우

1주택을 보유하는 자와 1주택을 보유한 자와 혼인함으로써 1세대가 2주택을 보유하게 된 경우 또는 1주택을 보유한 직계존속을 동거 봉양하는 무주택자가 1주택을 보유한 자와 혼인함으로써 1세대가 2주택을 보유하게 된 경우에 혼인한 날로부터 5년 이내에 먼저 양도하는 주택은 1세대 1주택 비과세를 적용함.

① 혼인한 날은 혼인 신고한 날을 의미함.
② 1주택을 보유하고 있는 60세 이상 직계존속을 동거 봉양하는 무주택자가 1주택을 보유하는 자와 혼인함으로써 1세대 2주택이 된 경우에도 혼인한 날로부터 5년 이내 먼저 양도하는 주택은 비과세 특례적용
③ 일시적 2주택자(종전주택 A, 신규주택 B)가 1주택(C)와 결혼하여 1세대 3주택을 소유하게 된 경우, 신규주택(B)을 취득한 날로부터 3년이내 종전주택(A)을 양도하는 경우 일시적 2주택 특례가 적용되고, 종전주택을 양도한 후 '혼인한 날로부터' 5년 이내 먼저 양도하는 주택은 혼인으로 인한 특례가 적용

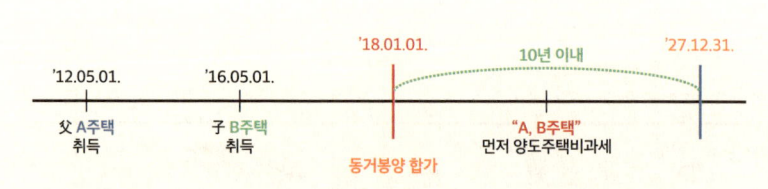

☞ A주택을 보유한 남자와 B주택을 보유한 여자가 '18.1.1. 혼인으로 합가 후 5년 이내('22.12.31.까지) 먼저 양도하는 주택은 비과세 특례 적용가능

저자 해설

혼인으로 1세대가 2주택이 된 경우 혼인한 날로부터 5년 이내 양도를 하는 경우 1세대 1주택 비과세 특례를 적용 받고 1주택을 보유하는 자와 다주택을 보유한 자와 혼인하는 경우 혼인 후 1주택을 보유한 자가 혼인한 날로부터 5년 이내 양도를 하는 경우 혼인한 상대 배우자의 주택 수는 중과 적용 시 주택 수에서 제외되어 다주택 중과세율을 적용하지 않는다.

■ 관련 법규
소득세법 시행령 제155조

24 다주택자의 경우 장기임대주택을 잘 활용하면 1세대 1주택 비과세 적용을 받을 수 있다
(거주주택 비과세 특례)

　양도일 현재 장기임대주택을 보유한 1세대가 2년 이상 거주한 주택을 양도하는 경우 장기임대주택이 일정요건을 충족하면 1세대 1주택으로 보아 비과세를 적용 할 수 있다.(이하 '거주주택 비과세 특례'라고 함)

　예컨대, 1세대가 종전주택을 취득한 후 1년이 지나 신규주택을 취득하고 신규주택을 취득한 날로부터 종전주택을 3년 이내(종전·신규주택 모두 조정대상지역에 있는 경우 1년 이내 이사 및 1년 이내 종전주택 양도) 양도하면 일시적 2주택으로 비과세를 받을 수 있으나 종전주택을 취득한 후 1년이 경과하지 않아 신규주택을 취득하거나 종전주택을 신규주택을 취득한 날로부터 3년을 경과하여 양도하면 비과세 특례를 받을 수 없다.

　이 경우 거주하지 않는 주택을 장기임대주택으로 등록하고 나머지 1주택에서 2년 거주하고 양도하면 '거주주택 비과세 특례'를 받을 수 있어 적절히 잘 활용하면 양도세를 절세할 수 있다.

거주주택 비과세 특례

 소득세법상 장기임대주택과 일반주택을 보유하고 있을 때 일반주택을 양도하는 경우 1세대 1주택으로 보아 비과세를 받을 수 있다. 다만, 장기임대주택과 일반주택은 다음의 요건을 충족해야 한다.

1) 장기임대주택이 갖추어야 할 요건
① 양도일 현재 세무서에 사업자등록을 하고 지자체에 민간임대주택으로 등록하고 5년 이상 임대하고 있을 것
② 임대료 등 증가율이 5%를 초과하지 않을 것
③ 임대개시일 현재 기준시가가 6억원(수도권 밖 3억원)이하 일 것
※ '20.8.18. 이후에는 단기임대주택 및 아파트 장기일반민간매입임대주택이 폐지되어 아파트가 아닌 빌라, 오피스텔, 단독주택 등만 장기일반임대주택으로 등록 가능

2) 거주주택이 갖추야 할 요건
① 보유기간 중 거주기간이 2년 이상일 것

【실무사례 1】

'16.05월	'17.03월	'17.08월	'19.03월
서울 소재 A주택 취득	서울소재 신규B주택 취득	B주택 장기임대주택등록	A주택 양도

* A주택과 B주택은 소령§155 20항에 따른 거주주택과 장기임대주택 요건을 갖춘 것으로 봄

☞ A주택과 B주택은 종전주택을 취득한 날로부터 신규주택을 1년이 경과 하지 않고 취득하여 1세대 1주택 비과세가 적용되지 않지만 B주택을 장기임대주택 등록함으로써 A주택 거주주택 비과세특례 적용됨.

> **저자 해설**
>
> 일시적 2주택 비과세 요건을 충족하지 못한 주택을 장기일반민간임대주택으로 등록하여 거주주택 비과세 특례를 적용받을 수 있다. 다만, 2019.2.12.이후 취득하는 주택의 경우 평생 1회에 한해 거주주택 비과세 특례를 받을 수 있음에 유의해야 한다.

【실무사례 2】

'16.05월	'17.03월	'17.08월	'19.03월
서울 소재 A주택 취득	서울소재 신규B주택 취득 장기임대주택등록	C주택 취득	A주택 양도

* A주택과 B주택은 소령§155 20항에 따른 거주주택과 장기임대주택 요건을 갖춘 것으로 봄

☞ A주택, B주택 및 C주택은 3주택으로 1세대 1주택 비과세 특례가 적용되지 않지만, B주택을 장기임대주택 등록함으로써 A주택과 B주택이 거주주택 비과세 특례 적용되고 A주택과 C주택은 일시적 2주택으로 중첩 적용되어 A주택은 비과세 특례적용이 가능함.

■ 관련 법규
소득세법 시행령 제155조

25. 주택면적이 주택외 면적보다 큰 겸용주택은 1세대 1주택 고가주택에 해당된다면 올해 양도하는 것이 유리하다
(고가주택 판정)

　종전에는 주택면적이 주택외 면적(상가, 사무실 등)보다 크면 전부를 주택으로 보아 1세대 1주택 비과세를 적용해 왔다.

　따라서, 주택 외 면적(상가나 사무실 등)도 주택으로 보기 때문에 양도가액 9억원 이하의 양도차익은 비과세 적용을 받고, 양도가액 9억원 초과분에 해당하는 양도차익에 대해서는 장기보유특별공제도 연간 8%(10년 보유시 최대 80%) 공제를 받아 양도세 부담이 적었다.

　그러나 2022년부터는 겸용주택 1채를 가지고 있더라도 주택부분에 해당하는 양도차익만 1세대 1주택 비과세를 적용하고 상가부분에 대한 양도차익은 비과세를 적용하지 않는 것으로 소득세법 시행령이 개정되었다.

　따라서, 주택면적이 주택외면적보다 큰 겸용주택을 1세대 1주택으로 비과세 적용을 받으려면 올해 양도하는 것이 절세측면에서 유리하다.

고가 겸용주택의 주택과 주택외 부분 과세 합리화

종전	개정
◈ 실거래가 9억원 초과 겸용주택*¹의 양도차익·장기보유특별공제 적용 *¹ : 하나의 건물이 주택 + 주택외 부분으로 복합된 것 – 주택 연면적 ≤ 주택 외 부분 연면적 : 　주택부분만 주택으로 봄. – 주택 연면적 〉주택외 부분 연면적 : 　전부를 주택으로 봄.	◈ 양도차익·장기보유특별공제 합리화 – (좌 동) – **주택 부분만 주택으로 봄 :** 　주택과 주택외 부분을 분리

- 고가주택 판정방법
  · (주택면적 〉주택외 면적) 전체를 주택으로 보아 1세대 1주택 비과세 규정이 적용되는 겸용주택의 고가주택 판정은 전체건물(부수토지 포함)이 9억원을 초과하는 것.('22.1.1.이후 양도부터는 주택부분만 9억원을 초과 시 고가주택 판정)
  · (주택면적 ≤ 주택외 면적) 주택부분만의 가액을 기준으로 판정함.

■ 관련 법규
소득세법 시행령 제160조

26 다가구주택을 양도할 때는 옥탑방 때문에 양도세 폭탄을 맞을 수 있다
(다가구와 다세대 주택)

다가구 주택은 건축법상으로는 단독주택으로 분류하지만 세법을 적용할 때 구획된 부분을 각각 하나의 주택으로 본다. 다만, 하나의 매매단위로 양도하는 경우에는 그 전체를 하나의 주택으로 보고 있다.

통상 다가구주택은 하나의 매매단위로 양도하기 때문에 1세대 1주택 비과세 판정할 때는 하나의 주택으로 보고 있다.

그러나, 옥탑방이 있는 경우 면적이 일정기준 이상으로써 주택의 기능을 가지고 실제 주택으로 사용되고 있으면 세법상 주택으로 보기 때문에 주택으로 쓰는 층수가 하나 더 생기게 된다.

따라서, 건축법상 다가구주택은 주택 층수가 3개층 이하인데 다세대 주택(주택 층 4개)으로 취급되어 1세대가 다주택(각호가 19개라면 19개 주택)을 동시에 양도한 것으로 본다.

결론적으로, 가장 가격이 비싸고 집주인이 거주하는 한개 호수만 비과세를 해주고 나머지는 다주택 중과세율이 적용되어 많은 양도소득세 세금을 부담할 수 있으니 주의해야 한다.

다가구주택과 다세대 주택 비교

구분	다가구주택	다세대주택
주택 형태	단독주택(건축법시행령 별표1)	공동주택(건축법시행령 별표1)
주택	원룸	빌라
요건	다음 요건을 모두 갖춘 주택 ① 주택으로 쓰는 층수(지하층 제외)가 3개 층 이하 ② 주택으로 쓰는 1개 동의 바닥면적 합계가 660㎡ 이하 ③ 19세대 이하가 거주	다음 요건을 모두 갖춘 주택 ① 주택으로 쓰는 층수(지하층 제외)가 4개 층 이하 ② 주택으로 쓰는 1개 동의 바닥면적 합계가 660㎡ 이하
등기형태	세대호별 등기 안됨, 일반건축물대장, 단독소유	세대(호수)별 등기, 집합건축물대장, 구분소유
세법상 취급	원칙은 공동주택, 단 하나의 매매로 거래 시 단독주택	세대별로 각각 하나의 주택

다가구 주택의 옥탑방 세법상 취급

옥탑방은 건축 면적(수평면적)의 8분의 1을 초과하고 실제 주택 용도로 사용하면 주택으로 사용하는 1개 층으로 인정되어 전체 주택 층수가 4개 층이 됨.
이 경우 세법에서는 다세대 주택(공동주택)으로 분류되어 1세대 1주택 비과세는 부인되고 다주택 중과세율을 적용받을 수 있다.

【실무사례 : (조심 2019-서-2534, 2019.09.09.)】

- (판결요지) : 쟁점부동산의 5층 옥탑을 임차인이 주택으로 사용한 사실, 옥탑구조가 방1개, 화장실, 주방으로 구성되어 있고, 건축법시행령에서 규정하는 다가구주택은 ① 3개 층 이하의 주택 층수, ② 660㎡ 이하의 바닥면적, ③ 19세대 이하 거주 등 요건을 모두 충족해야 하므로 주택으로 사용되는 층수가 3개층을 초과하면 다가구주택으로 볼 수 없고 건축법 시행령 제119조에서 옥탑이 수평투영면적의 8분의 1이하인 것은 건축물의 층수에 산입하지 아니하도록 규정하고 있어 쟁점부동산은 다세대주택으로 보아 1세대 1주택 비과세를 부인하고 양도세를 과세한 이건 정당함.

저자 해설

옥탑방이 있는 다가구주택의 경우 옥탑방 면적이 건축물대장의 주택면적(수평투영면적)의 8분의 1을 초과하는지 확인하고 초과한다면 주택으로 사용하지 않은 경우 주택 외 용도로 사용했다는 관련 증빙을 과세관청에서 실제 주택여부 쟁점 소명요청에 대비하여 잘 보관해 둬야 한다.

겸용주택의 상가부분이 주택으로 용도 변경되는 경우

다가구 겸용주택 상가부분이 주택으로 용도 변경되어 주택으로 쓰는 층수가 3층에서 4층으로 변경되는 경우 다가구 주택이 아닌 다세대 주택으로 취급되어 하나의 매매단위로 양도하더라도 1세대 1주택 비과세를 받지 못하고 다주택 중과 세율을 적용받음에 유의해야 한다.

용도변경 전		용도변경 후
주 택		주 택
주 택	주택으로 용도변경	주 택
주 택		주 택
근린생활시설(사무실)		주 택

27. 허위계약서의 유혹을 이겨내지 못하면 비과세·감면이 추징되어 양도세 폭탄을 맞을 수 있다
(비과세·감면 배제)

　부동산 또는 부동산에 관한 권리를 매매하면서 허위계약서 유혹에 자칫 빠질 수 있다. 양도자와 양수자의 이해관계가 맞아 떨어질 때 가능하다.

　가령, 양도자는 양도가액을 낮출 목적으로 다운계약서 작성을 요구하고 그 대가로 시세보다 싸게 양도하고 양수자의 입장에선 다운계약서 작성에 응해주고 저렴하게 부동산을 매수할 수 있기 때문이다.

　추후, 양수자가 동일 부동산을 양도하더라도 1세대 1주택자로 비과세 받는다면 취득가액은 비과세 받는데 영향이 없기 때문이다.

　또한, 양수자는 취득가액을 높여 추후 양도할 때 양도세 부담을 줄일 목적으로 양도자에게 업계약서를 요구할 수 있다. 양도자는 1세대 1주택자라면 9억원 이하까지 비과세 되기 때문에 시세보다 조금 높은 가격으로 거래를 성사시키기 위해 업계약서에 응해줄 수 있다.

　하지만, 2011.7.1. 이후 허위계약서를 작성하는 경우 설령, 비과세에 해당된다하더라도 비과세·감면을 배제하여 높은 양도세를 부담하고, 과태료까지 부과받을 수 있어 허위계약서는 요구하지도 말고 작성하지도 않는게 좋다.

양도소득세 비과세·감면 배제 개요(2011.7.1. 이후 허위계약서 작성분부터)

양도소득세 과세대상 자산인 부동산(부동산에 관한 권리 포함)을 거래하면서 허위계약서를 작성하면 양도소득세 비과세·감면을 배제함.

비과세·감면 배제 범위

거래당사자가 허위계약서를 작성한 경우 다음에 정한 금액을 해당 부동산의 비과세·감면세액에서 차감함.

비과세	①과 ②중 적은금액	① 비과세를 적용 안한 경우의 산출세액
		② 매매계약서의 거래가액과 실지거래가액과의 차액
감면세액	①과 ②중 적은금액	① 감면을 적용한 경우의 감면세액
		② 매매계약서의 거래가액과 실지거래가액과의 차액

과태료 부과기준(부동산 거래신고 등에 관한 법률 시행령 별표)

실거래가액과 신고가격이 차액	과태료
실거래가액과 10% 미만 차이	취득가액의 2%
실거래가액과 10% ~ 20% 미만 차이	취득가액의 4%
실거래가액과 20% 이상 차이	취득가액의 5%

【실무사례】
· 실지거래 5억원을 4억원으로 허위작성하고, 비과세를 적용하지 않은 경우의 산출세액이 6천만원 일때 또는 감면받은 세액이 6천만원일 때 비과 세 및 감면 배제금액은?
☞ 6천만원(감면적용한 세액)과 1억원(허위계약서 상 거래금액과 실제거래금액과 차액) 중 적은 금액인 6천만원
☞ 과태료 부과
5억원 × 0.05 = 25백만원(취득가액 × 5%)

저자 해설

부동산 거래시 다운계약서나 업계약서 등 허위계약서를 작성하는 경우 '사기 기타 부정한 행위로 국세를 포탈하는 경우'에 해당하여 통상 5년인 부과제척기관과 달리 10년의 부과제척기간이 적용된다.
게다가 적발되면, 가산금 등 이익을 본 금액보다 훨씬 더 많은 세금을 부담할 수 있으니 주의 할 필요가 있다.

관련 법규

소득세법 제91조, 조세특례제한법 제129조
부동산거래신고등에관한법률 시행령 별표

28. 무허가 주택과 부수토지를 소유하고 실제 주거용으로 사용하였다면 1세대 1주택임을 적극 입증하자 (주택개념·부수토지)

시골에 농가주택 등 무허가 주택이 있고 부수 토지가 넓은 경우 실제로 무허가 주택에서 주거용으로 사용하였다면 1세대 1주택인 경우 적극 입증하여 비과세 특례를 받을 수 있다.

양도소득세에서 주택은 허가 여부나 공부에 관계없이 사실상 주거용 건물을 말하는 것으로 비록 무허가 주택이더라도 1세대 1주택자라면 비과세 적용이 가능하다.

따라서, 무허가 건물의 정착면적의 일정면적의 부수토지에 대한 양도차익에 대하여도 비과세 적용을 받을 수 있다.

또한, 주택과 주택외 건물을 함께 사용하는 겸용주택의 경우 주택 부수토지면적은 주택 연면적과 전체건물 연면적으로 안분하여 계산한다.

주택의 개념(소득세법 제88조)

- '주택'이란 허가 여부나 공부상의 용도에 관계없이 사실상 주거용으로 사용하는 건물을 말한다. 이 경우 용도가 분명하지 않는 경우 공부상의 용도에 따른다.

1세대 1주택 비과세 부수토지 범위(소득세법시행령 제154조)

주택 부수토지란 당해 주택의 주거생활과 일체를 이루는 토지로 건물정착면적에 도시지역은 5배(도시지역 밖은 10배)이내 토지를 말함.
☞ 도시지역 내라도 녹지지역, 개발제한 구역 안에 포함되면 5배 적용

※ 2022.1.1.이후 양도분부터 1세대 1주택 부수토지 범위 조정

도시지역			도시지역 밖
수도권		수도권 밖	
주거·상업·공업지역	녹지 지역		
3배	5배	5배	10배

복합건물의 경우 주택 부수토지 면적 산정

복합주택의 부수토지 구분 불분명시 비과세 범위 산정

A. 주택분 부수토지 산정 = 건물 전체 부수토지 면적 × (주택부분 연면적 / 건물전체 연면적)

B. 주택분 정착면적 산정 = 건물 전체 정착 면적 × (주택부분 연면적 / 건물전체 연면적)

C. 주택 부수토지 중 비과세 범위 = B × 5배(도시지역 밖 10배)

- 주택분 정착면적을 건물전체 연면적에서 주택부분 연면적이 차지하는 부분으로 산정한 다음, 주택분 부수토지를 동일 방식으로 산정한 후 주택 부수토지 중 비과세 범위를 계산한다.
  · 주택면적이 주택외 면적보다 큰 경우 전체를 주택으로 보며, 주택면적이 주택 외 면적보다 작거나 같은 경우 주택부부만 주택으로 봄.

【실무사례】

건물 정착면적 : 150㎡ [주택 70㎡, 주택외 80㎡]
건물 부수토지 전체면적 : 800㎡, 도시지역 내 소재
· 주택 부수토지 면적(A) : 373㎡(800 × 70/150)
· 주택 정착면적(B) : 70㎡(150 × 70/150)
· 비과세 되는 주택 부수토지 면적 : 350㎡(70 × 5)

☞ 정착면적의 5배(도시지역 내)와 주택 부수토지 면적 중 작은 면적이 비과세 됨.

저자 해설

무허가 주택이 '특정건축물 정리에 관한 법'에 따른 양성화 대상으로서 등기가 가능한 경우에는 1세대 1주택 비과세가 적용되지 않으며, 등기가 불가능한 경우 1세대 1주택 비과세 적용이 가능하니 확인이 필요하다.

■ 관련 법규
소득세법 제88조
소득세법시행령 제154조

29. 가족에게 부동산을 증여 후 5년 이내 양도하면 양도세 부담이 많아질 수 있다
(배우자 등 이월과세)

거주자가 양도일로부터 소급하여 5년 이내에 그 배우자 및 직계존비속으로부터 증여 받은 토지, 건물, 특정시설물이용권, 부동산을 취득할 수 있는 권리 등을 양도하는 경우 양도차익을 계산하는 때에는 그 취득가액을 증여한 배우자 등이 취득한 당시를 기준으로 산정한다.('배우자 등 이월과세'라 함)

따라서, 부동산 가격이 많이 오른 자산을 배우자 또는 직계존비속에게 증여하고 5년 이내 양도하는 경우 당초 증여자의 낮은 취득가액을 기준으로 계산하기 때문에 양도차익이 많아져 양도세 부담이 많아질 수 있다.

물론, 배우자 등이 증여받았을 때 납부한 증여세는 필요경비로 공제해 준다.

배우자 등 이월과세 취득가액 특례규정

증여자의 취득가액을 수증자의 취득가액으로 하는 양도소득을 산정함에 있어서 증여세 상당액을 필요경비로 공제하여 이중과세 방지

※ 입법취지 : '95년 법 개정으로 신설된 배우자 이월과세 규정은 증여세에 대한 배우자 공제확대(6억원)에 따라 단기양도에 따른 양도 소득세 회피를 방지

흐름도

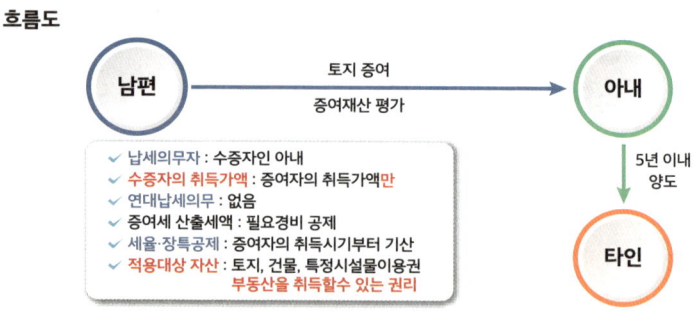

배우자 등 이월과세 적용요건

① 토지, 건물, 특정시설물이용권, 부동산을 취득할 수 있는 권리*¹

*¹ : 19.2.12. 이후 양도분부터 이월과세 적용대상 자산에 포함

② 증여자와 수증자가 배우자 또는 직계존비속 관계일 것

③ 증여받은 날로부터 5년 이내 양도할 것

④ 이월과세 적용배제 사유에 해당하지 않을 것

배우자 등 이월과세 취득가액 산정

① (취득가액) 이월과세 적용시 '증여자의 취득가액'을 적용(소법§97의2①)

② (증여세 상당액) 이월과세 적용시 거주자가 증여받은 자산에 대하여 납부하였거나 납부할 증여세 상당액은 필요경비에 산입

【실무사례 : 배우자에게 증여 후 5년 전·후 양도 시 양도세 부담】

· 2억원에 취득한 주택('10.5월)을 배우자에게 증여(시가 6억, '16.5월) 후 5년 전과 5년 경과 후 양도가액 8억원에 양도하는 경우 세부담 차이

구분	5년 내 양도 ('20.5월)	5년 지난 후 양도 ('21.7월)
양도가액	800,000,000	800,000,000
취득가액	200,000,000	600,000,000
양도차익	600,000,000	200,000,000
장기특별공제	120,000,000 (10년*[1]2%)	20,000,000 (5년*[1]2%)
과세표준	480,000,000	180,000,000
세율	40%	38%
산출세액	166,000,000	49,000,000

*[1]: 증여 후 5년 후에 양도하는 경우 양도세 부담이 117백만원 적게 발생됨.

저자 해설

배우자 등 이월과세 취득가액 특례규정은 배우자 이월과세를 적용해서 증여인의 취득가액과 취득시기를 가져와서 계산해 보니 오히려 1세대 1주택이 되거나 이월과세를 적용하지 않을 때보다 양도세가 적어지면 이월과세를 적용하지 않는다.

■ 관련 법규

소득세법 제97조의2
소득세법 시행령 제163조의2

30. 2021.6.1.부터 주택, 조합원 입주권 및 분양권의 단기 양도세 세율 뿐만 아니라 중과세율이 크게 인상되었다 (양도세 세율)

2020.7.10. 발표된 주택시장 안정 보완대책에 따라 다주택자 및 단기거래에 대한 부동산 세제가 크게 강화되었다.

2년 미만 단기 보유주택에 대해 양도소득세 세율이 크게 인상되고 규제지역(조정대상지역)에서 다주택자의 양도세 중과세율이 기존 2주택자의 경우 추가과세 세율이 10%에서 20%로, 3주택자는 20%에서 30%로 강화되었으며

아울러, 다주택자의 매물유도를 위해 종부세 부과일인 21.6.1.까지 시행이 유예되었다.

**2년미만 보유 주택(조합원입주권·분양권)
양도소득세율 인상('21.6.1.이후 양도분부터)**

- (단기) 1년 미만: 40% → 70%, 1 ~ 2년 : 기본세율 → 60%

주택 등 단기양도 양도세 세율

구분		개정 전				개정 후	
		주택 외 부동산	주택·입주권	분양권		주택·입주권	분양권
				조정	非조정		
보유 기간	1년미만	50%	40%	50%	50%	70%	70%
	2년미만	40%	기본세율		40%	60%	60%
	2년이상	기본세율	기본세율		기본세율	기본세율	

조정대상지역 내 다주택자에 대한 세율 인상('21.6.1.이후 양도분부터)

- (현행) 기본세율 + 10%p(2주택) 또는 20%p(3주택 이상)
- (개정) 기본세율 + 20%p(2주택) 또는 30%p(3주택 이상)
- 다주택자가 양도하는 주택이 중과세율이 적용되는 경우 장기보유특별공제도 배제되어 양도소득이 늘어남에 따라 양도소득세가 크게 늘어난다.

> **저자 해설**
>
> 다주택자의 경우 비조정대상에 있는 주택을 먼저 양도하고, 조정대상지역에 소재한 주택은 중과세율이 인상되는 21.6.1. 전에 양도차익이 적은 주택을 양도하고 양도차익이 가장 큰 주택은 1세대 1주택 비과세를 받는게 유리하다.

【실무사례 : 양도차익 5억원 가정시 단기양도 양도세 부담사례】

(단위 : 원)

구분	1년 미만 보유시		2년 미만 보유시	
	개정 전	개정 후	개정 전	개정 후
양도차익	500,000,000	500,000,000	500,000,000	500,000,000
기본공제	2,500,000	2,500,000	2,500,000	2,500,000
과세표준	497,500,000	497,500,000	497,500,000	497,500,000
세율	40%	70%	기본세율	60%
산출세액	199,000,000	348,250,000	173,600,000	298,500,000
차이		+149,250,000		+124,900,000

【조정대상지역에서 1세대 2주택자 또는 3주택자 21.6.1.전후 양도시 세부담】

(단위 : 원)

구분	2주택		3주택	
	'21.5.31.이전 양도	'21.6.1.이후 양도	'21.5.31.이전 양도	'21.6.1.이후 양도
과세표준	497,500,000	497,500,000	497,500,000	497,500,000
세율	50% (40%+10%)	60% (40%+20%)	60% (40%+20%)	70% (40%+30%)
산출세액	223,350,000	273,100,000	273,100,000	322,850,000
차이		+49,750,000		+49,750,000

▣ 저자 해설

조정대상지역의 주택과 분양권을 조정대상지역 공고일 이전에 매매계약을 체결하고 계약금을 지급받은 사실이 증빙서류에 의해 확인되는 경우에는 비록 양도 당시 조정대상지역에 있더라도 중과세율 적용에서 제외되니 매매계약일을 꼭 확인하자.

▣ 관련 법규
소득세법 제104조, 소득세법 시행령 제167조의3

31 올해부터 분양권은 1세대 1주택 비과세 판정 또는 조정대상지역 내 다주택자 양도세 중과 시 주택 수에 포함됨에 유의하자

2019.12.16. 발표된 주택시장 안정화 방안에 따라 다주택자가 조정대상지역 내 주택 양도 시 양도소득세 중과를 위한 주택수 계산에 분양권이 포함되고 1세대 1주택 비과세 판정할 때도 주택 수에 포함되었다.

다만, 실수요자 보호를 위해 일반주택 소유자가 분양권을 취득하고 3년이내 종전주택을 양도하는 등 실수요자의 경우에는 1세대 1주택 비과세 및 다주택 중과에서 제외하도록 하였다.

1세대 1주택 비과세 판정시 분양권 주택수 포함(21.1.1.취득 분양권부터)

원칙적으로 1세대가 주택과 분양권을 보유하다가 주택을 양도하는 경우에는 1세대 1주택 비과세 특례가 적용되지 않는다.

다만, 1세대가 종전주택을 소유하고 1년이 지나 분양권을 취득함으로써 일시적으로 1주택과 1분양권을 소유하게 되는 경우 분양권을 취득한 날로부터 3년 이내 종전주택을 양도하는 경우 실수요자로 보아 1세대 1주택 비과세 특례를 적용한다.

또한, 분양권을 취득한 날로부터 종전주택을 3년이 경과하여 양도한 경우로서 분양권이 신축주택으로 완성되고 신축주택으로 완성된 후 2년이내에 세대전원이 그 주택으로 세대전원이 이사하여 계속하여 1년이상 거주하고 분양권에 따라 취득하는 주택이 완성되기 전 또는 완성된 후 2년 이내에 종전주택을 양도하면 비과세 특례를 적용한다.

일시적 1주택과 1분양권 소유시 비과세 특례

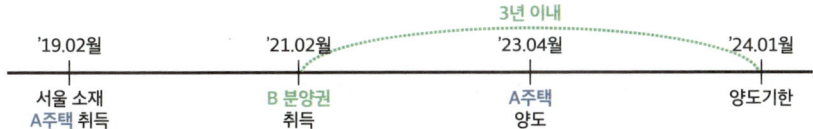

☞ B분양권을 취득한 날로부터 3년 이내 종전주택 양도시 1세대 1주택 비과세

☞ B신축주택 완공일로부터 2년이내 세대전원 이사 및 1년 이상 계속거주하고 종전주택을 완공일 전 또는 완공일로부터 2년 이내 양도시 비과세 적용

다주택자가 조정대상지역 내 주택 양도시 주택수 계산에 포함 (21.1.1.취득 분양권부터)

- 조합원입주권과 마찬가지로 조정대상지역 내 양도세 추가과세 여부 판단할 때 분양권도 주택수에 포함.

  다만, 아래와 같은 분양권의 경우 주택수에 포함되지 않음.

수도권 및 광역시, 세종시(군, 읍·면지역 제외)외의 지역에 소재하는 분양권의 가액이 양도 당시 3억원 이하인 경우에는 주택수에 산입하지 아니한다.

▣ 관련 법규
소득세법 제89조, 제104조
소득세법시행령 제156의3, 소득세법시행령 제167조의3

32 다주택자가 조정대상지역에 있는 주택을 양도하더라도 기본세율을 적용받는 주택이 있다
(다주택자 중과배제주택)

다주택자가 조정대상지역에 있는 주택을 양도하는 경우 2주택자는 기본세율에 추가로 20%, 3주택 이상자는 기본세율에 추가로 30%의 세율을 적용하도록 되어 있다.(2021년 6월 1일 이후 양도분부터)

다만, 양도하는 주택이 조정대상지역에 있더라도 일정요건을 갖춘 주택은 중과에서 제외하도록 하고 있으니 잘 알아두면 세금을 절약할 수 있다.

1세대 3주택(조합원입주권·분양권 포함) 이상 중과대상 주택

1) 주택 수 계산방법
① 원칙 : 양도일 현재 주택 수
② 다음의 경우에는 주택 수에서 제외됨.
　수도권, 광역시(군·읍·면 제외) 및 세종특별자치시(읍·면 제외) 외 지역의 양도 당시기준시가 3억원 이하 주택

③ 다가구주택 : 한 가구가 독립하여 거주할 있도록 구획된 부분을 1주택으로 봄 다만, 다가구주택을 하나의 매매단위로 하여 양도하는 경우 거주자가 선택하는 경우 그 전체를 하나의 주택으로 봄.

④ 공동으로 상속받은 주택 : 상속지분이 가장 큰 상속인의 소유주택으로 보며, 상속지분이 가장 큰 상속인이 2인 이상인 경우에는 상속주택에 거주하는 자, 최연장자 순서로 한다.

상속주택을 소수지분으로 보유하는 상속인은 주택수에 포함하지 아니한다.

【다주택자 중과 주택수 계산사례 : (답) 2주택 중과】

A주택 : 서울시 소재 3억
B주택 : 대구광역시 소재 2억(군 지역 아님)
C주택 : 세종시 조치원읍 소재 2억
D주택 : 전주시 소재 2억

☞ A주택, B주택은 수도권, 광역시 소재 주택으로 가액관계없이 주택 수 포함
　　C주택 세종시 소재이나 읍면지역 소재로 기준시가 3억이하 주택 수 제외
　　D주택 수도권, 광역시, 세종시외 지역으로 기준시가 3억이하로 주택 수 제외

다주택 중과에서 제외되는 주택

양도하는 주택이 조정대상지역에 소재하는 주택이더라도 아래에 해당하는 경우 중과에서 제외됨.

구분	3주택자 이상	2주택자
중과 배제 주택	① 수도권·광역시·세종시외 지역의 양도당시 기준시가 3억원 이하 주택	① 3주택이상자의 중과제외 대상 주택

구분	3주택자 이상	2주택자
중과 배제 주택	② 장기일반민간임대주택 등으로 등록하여 8년 이상 임대한 주택 (다만, 2018년 3월 31일까지 등록한 경우 5년)으로서 일정요건을 충족하는 경우 ③ 조세특례제한법 상 감면주택 ④ 10년 이상 무상 제공한 장기사원용 주택 ⑤ 5년 이상 운영한 가정어린이집 등 ⑥ 상속받은 주택(5년이내 양도) ⑦ 문화재 주택 ⑧ 저당권 실행 또는 채권변제를 위해 취득한 주택(3년 이내 양도) ⑨ 상기 각 주택 외에 1주택만을 소유하는 경우의 해당주택 ⑩ 조정대상지역 공고 전 매매계약을 하고 계약금을 받은 사실이 증빙서류에 의해 확인되는 주택 ⑪ 10년이상 보유한 주택으로 2020년 6월 30일까지 양도하는 주택 ⑫ 시행령 155조 또는 조특법에 따라 1세대 1주택으로 보는 주택이 비과세 요건을 충족한 주택 (21.2.17.양도분부터)	② 취학, 근무상 형편, 질병요양 등의 사유로 취득한 수도권 밖 주택 및 다른 시·군에 소재하는 주택으로서, 일정요건을 충족하는 경우 ③ 혼인합가일로부터 5년이내 양도하는 주택 ④ 부모봉양 합가일로부터 10년 이내 양도하는 주택 ⑤ 소송진행 중이나 소송결과에 따라 취득한 주택(확정판결일로부터 3년 이내 양도) ⑥ 일시적 2주택인 경우 종전주택 (3년 이내 양도) ⑦ 양도 당시 기준시가가 1억원이하인 주택 (도시환경정비법상 정비구역 주택은 제외) ⑧ 상기 ① ~ ⑤에 해당하는 주택외에 1주택만을 소유하는 경우 해당주택 ⑨ 조정대상지역 공고 전 매매계약을 하고 계약금을 받은 사실이 증빙서류에 의해 확인되는 주택 ⑩ 10년이상 보유한 주택으로 2020년 6월 30일까지 양도하는 주택 ⑪ 선순위 상속주택과 일반주택 소유 1세대가 양도하는 일반주택(비과세 충족) (21.2.17.양도분부터) ⑫ 장기임대주택과 거주주택 소유 시 양도하는 거주주택(비과세 충족 시) (21.2.17.양도분부터)

저자 해설

다주택자가 조정대상지역에 있는 주택을 양도하더라도 지방 3억원 이하 저가주택(상기 ① 해당 주택)은 중과대상에서 제외되어 일반세율이 적용됨.

따라서, 부동산을 추가 취득하는 경우 수도권·광역시·세종시 이외 지역에서 기준시가가 3억 미만인 주택을 취득해서 기준시가가 3억을 초과(대략 시가 5 ~ 6억원)하기 전(매년 기준시가 고시는 4월말)에 양도하면 기본세율을 적용받을 수 있다.

'지방 3억원 이하 저가주택'은 다주택 중과 적용할 때 주택수에서도 제외될 뿐 아니라 저가주택 자체를 양도할 때 중과에서 배제되어 중과세율을 피할 수 있다.

■ 관련 법규

소득세법 제104조
소득세법 시행령 제167의3, 소득세법 시행령 제167조의10

33. 올해부터 일시적 2주택, 장기임대주택 등을 보유한 1세대 3주택자는 일정요건을 갖춘 경우 중과배제 혜택을 받을 수 있다

2021.2.17. 소득세법 시행령이 개정되면서 1세대 3주택 중과 배제주택에 '소득세법시행령 제155조 또는 「조세특례제한법」에 따라 1세대가 국내에 1개의 주택을 소유하고 있는 것으로 보거나 1세대 1주택으로 보아 제154조제1항이 적용되는 주택으로서 비과세 요건을 모두 충족하는 주택'이 신설되었다.

종전에는 일시적 2주택과 조세특례제한법 감면주택 또는 장기임대주택을 소유하여 3주택을 보유하고 있을 때 종전주택을 양도하는 경우 양도가액이 9억이하 양도차익에 대해서는 1세대 1주택 비과세 적용(조특법 감면주택과 장기임대주택은 비과세 판단시 주택수에서 제외)하고, 9억 초과분에 대해 1세대 3주택 중과세율을 적용(중과적용 시에는 조특법 감면주택과 장기임대주택은 주택 수 포함)하고 장기보유특별공제를 배제하였는데, 이 조항 신설로 9억원 초과분에 대해 기본세율이 적용되고 장기보유특별공제도 적용이 가능해져 양도세 부담이 크게 완화되었다. 다만, 2021.2.17.이후 양도분부터 적용됨에 유의하자.

1세대 3주택자 중과 완화(2021.2.17.이후 양도분부터)

【(종전규정) 종전주택 + 신규주택 + 장기임대주택 + 종전주택 양도】

사례	'03.06월	'18.09월	'19.05월	'20.03월
	서울 소재 A주택 취득	C주택 취득 장기임대주택등록	서울소재 신규 B주택 취득	A주택 양도 *고가주택

* A주택과 C주택은 소령§155 20항에 따른 거주주택과 장기임대주택 요건을 갖춘 것으로 봄

☞ 양도가액 9억원 이하 양도차익은 1세대 1주택 비과세 적용, 양도가액 9억원 초과는 1세대 3주택 중과적용(기본세율 + 20%) 및 장기보유특별공제 배제

【(신설규정 적용) 종전주택 + 신규주택 + 장기임대주택 + 종전주택 양도】

사례	'03.06월	'18.09월	'19.05월	'21.04월
	서울 소재 A주택 취득	C주택 취득 장기임대주택등록	서울소재 신규 B주택 취득	A주택 양도 *고가주택

* A주택과 C주택은 소령§155 20항에 따른 거주주택과 장기임대주택 요건을 갖춘 것으로 봄

☞ 양도가액 9억원 이하 양도차익은 1세대 1주택 비과세 적용, 양도가액 9억원 초과는 기본세율 및 장기보유특별공제 적용

중과배제 규정 신설로 1세대 3주택 중과 세부담 비교

【상기 사례를 21.2.17. 전후 양도시 세부담 비교】

· 양도주택은 양도가액 25억원, 취득가액 5억원, 10년 보유 및 거주, 필요경비 5천만원, 기본공제 0원 가정

구분	종전주택 + 신규주택 + 장기임대주택 + 종전주택 양도 (종전주택과 신규주택은 일시적 2주택 요건 충족 전제)	
	21.2.16.이전 양도	21.2.17.이후 양도
양도가액	2,500,000,000	2,500,000,000
취득가액	500,000,000	500,000,000
필요경비	50,000,000	50,000,000
양도차익	1,950,000,000	1,950,000,000
9억원초과 양도차익	1,248,000,000	1,248,000,000
장기보유특별공제(80%)	0	998,400,000
과세표준	1,248,000,000	249,600,000
세율	기본세율 + 20%(62%)	38%
산출세액	738,360,000	75,448,000

☞ 21.2.16.전·후 세부담 차이가 662,912,000원 발생

저자 해설

이번에 신설된 1세대 3주택 이상 중과배제 규정은 소득세법 시행령 제155조에 따라 일시적 2주택, 혼인합가, 동거봉양, 거주주택 과세특례 등으로 1세대 1주택으로 보거나 조세특례제한법 감면주택과 결합되어 1세대 1주택 비과세 요건을 충족하는 경우 중과 배제분만 아니라 장기보유특별공제도 적용받을 수 있어 세부담이 크게 완화되니 적극 활용하자.

■ 관련 법규
소득세법 제104조
소득세법 시행령 제167의3

34. 올해부터 거주주택과 단기임대 등록한 장기임대주택을 보유하고 거주주택 양도 시 비과세뿐만 아니라 중과배제혜택을 받을 수 있다

2021.2.17. 소득세법 시행령 개정으로 1세대 2주택자에 대한 중과배제규정에 '제155조 제20항에 따른 장기임대주택과 거주주택(2년 거주요건)을 소유하고 있는 1세대가 거주주택을 양도하는 경우로서 제154조제1항이 적용되고 같은 항의 요건을 모두 충족하는 거주주택'이 신설되었다.

종전에는 2년 거주한 거주주택과 장기일반임대주택을 보유한 경우 '18.3.31.이전에 구정에 단기임대주택(4년)으로 등록하고 5년간 의무임대기간을 충족하는 경우 고가주택의 경우 양도가액 9억원 이하 양도차익에 대하여 비과세 적용 및 9억원 초과 양도차익에 대해 중과배제 혜택을 부여하였으나, '18.4.1.이후 등록한(21.7.10.까지 등록 한정) 단기민간임대주택을 보유하고 5년간 의무임대기간을 충족하는 경우 거주주택(고가주택)을 양도하는 경우 양도가액 9억원이하는 비과세는 해줬으나 9억원 초과분에 대해서는 중과를 적용하였다.

그러나, 이 경우 신설조항으로 상기 사례의 경우도 21.2.17.이후 거주주택을 양도하는 경우에는 비과세 뿐만 아니라 중과적용도 배제되니 양도시기를 잘 활용하면 세금을 절약할 수 있다.

1세대 2주택 중과 완화(21.2.17.이후 양도분부터)

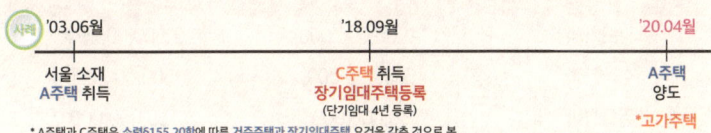

【(종전규정) 거주주택 + 장기임대주택(18.4.1.이후 단기임대등록) + 거주주택 양도】

사례 '03.06월 — '18.09월 — '20.04월
서울 소재   C주택 취득   A주택
A주택 취득   장기임대주택등록   양도
                  (단기임대 4년 등록)   *고가주택
* A주택과 C주택은 소령§155 20항에 따른 거주주택과 장기임대주택 요건을 갖춘 것으로 봄

☞ 양도가액 9억원 이하는 비과세 적용, 양도가액 9억원 초과는 1세대 2주택 중과적용
  (기본세율 + 10%) 및 장기보유특별공제 배제

【(개정규정) 거주주택 + 장기임대주택(18.4.1.이후 단기임대등록) + 거주주택 양도】

사례 '03.06월 — '18.09월 — '21.04월
서울 소재   C주택 취득   A주택
A주택 취득   장기임대주택등록   양도
                  (단기임대 4년 등록)   *고가주택
* A주택과 C주택은 소령§155 20항에 따른 거주주택과 장기임대주택 요건을 갖춘 것으로 봄

☞ 양도가액 9억원 이하는 비과세 적용, 양도가액 9억원 초과는 기본세율 및 장기보유
  특별공제 적용

중과배제 규정 신설로 1세대 2주택 중과 세부담 비교

【상기 사례를 21.2.17. 전후 양도시 세부담 비교】

· 양도주택은 양도가액 25억원, 취득가액 5억원, 10년 보유 및 거주, 필요경비 5천만원, 기본공제 0원 가정

구분	거주주택 + 장기임대주택*¹ + 종전주택 양도 (거주주택과 장기임대주택은 비과세 요건 충족전제)	
	21.2.16.이전 양도	21.2.17.이후 양도
양도가액	2,500,000,000	2,500,000,000
취득가액	500,000,000	500,000,000
필요경비	50,000,000	50,000,000
양도차익	1,950,000,000	1,950,000,000
9억원초과 양도차익	1,248,000,000	1,248,000,000
장기보유특별공제(80%)	0	998,400,000
과세표준	1,248,000,000	249,600,000
세율	기본세율 + 10%(52%)	38%
산출세액	613,560,000	75,448,000

*¹ : 장기임대주택은 18.4.1 ~ 21.7.10.기간동안 단기임대주택(4년)으로 등록한 주택 가정

· 21.2.17. 전·후 대략 약 5억 4천만원 세부담 차이 발생

저자 해설

이번에 신설된 1세대 2주택 중과배제 규정은 2년 이상 거주한 주택(거주주택)과 장기일반임대주택을 보유하는 경우 거주주택을 양도하여 1세대 1주택 비과세요건을 충족한 경우에는 중과적용을 배제하는 규정으로 중과 배제뿐만 아니라 장기보유특별공제도 표2(연간 8%)를 적용받을 수 있어 세부담이 크게 완화되니 적극 활용하자.

▣ 관련 법규
소득세법 제104조
소득세법 시행령 제167의10

35 단기임대주택 및 아파트 장기일반 매입임대주택이 자동말소되는 경우도 다주택 중과배제 및 1주택 비과세 등 세제혜택은 유지된다

    2020.7.10. 주택시장 안정화 보완 대책에 따라 2020.8.18. 단기임대(4년) 및 아파트 장기일반 매입임대(8년)를 폐지하고 단기 임대주택에서 장기일반임대주택으로 변경등록은 불가하고 그 외 장기임대주택 유형은 유지하되 임대의무기간을 8년에서 10년으로 연장하는 등 공적의무를 강화하는 내용의 민간임대주택법이 2020.8.18. 개정되었다.

    따라서, 폐지되는 유형의 단기임대주택(4년) 및 아파트 장기일반매입임대(8년)의 경우 임대의무기간이 경과하면 자동으로 말소시키고, 종료 전이라도 임차인의 동의를 얻어 자진말소 희망 시에는 공적의무를 다한 적법사업자에 한해 자발적인 등록말소를 허용하였다.(임대의무기간 준수위반 과태료 면제)

    다주택자 양도소득세 중과적용에 있어서도 2020.10.7. 소득세법 시행령을 개정하여 2020.7.11.이후 아파트 장기일반민간매입임대주택을 등록하거나 단기임대에서 장기일반민간임대주택으로 유형전환 신청을 한 경우는 세제혜택에서 배제하기로 적용하고 기존 임대사업자 보호를 위해 폐지되는 유형의 민간임대주택으로서 임대등록이 자진 말소 또는 자동 말소된 경우 세제 감면혜택의 추징대상에서 제외하였다.

민간임대주택법 개정에 따른 세법개정 내용

① 2년 이상 거주한 주택(거주주택)과 장기임대주택을 보유하는 경우로서 아래 말소일로부터 5년이내 거주주택을 양도하는 경우 비과세 특례 적용.
 · 등록한 장기임대주택이 단기임대주택 및 아파트 장기일반매입임대주택으로서 임대기간이 만료되어 자동말소 되거나
 · 임대의무기간 내 등록 말소신청(임대의무기간의 1/2이상 임대한 경우 한정)하여 등록이 말소된 경우
② 폐지되는 유형(단기민간임대주택 또는 아파트 장기일반매입임대주택)의 장기임대주택이 말소된 경우 다주택자 중과적용 배제
 · 임대의무기간이 종료되어 자동말소되는 경우에는 양도시기에 관계없이 중과배제 적용
 · 임대의무기간 내 등록 말소신청(임대의무기간의 1/2이상 임대한 경우 한정)하여 등록이 말소된 경우 1년 이내 양도 시 중과배제

※ 단기민간임대주택을 '18.4.1.이후 임대등록하였거나 2018.9.14. 이후 1세대 1주택자가 조정대상지역내 주택을 취득하여 장기일반임대주택으로 등록한 경우에는 중과 적용됨에 유의

저자 해설

민간임대주택법 개정으로 폐지되는 단기민간임대주택과 아파트 장기일반민간매입임대주택을 자동말소 또는 자진말소하는 경우
① 거주주택을 양도하는 비과세 특례기간은 말소일로부터 5년이고,
② 다주택 중과는 자동말소의 경우 처분시기에 관계없으나 자진 말소하는 경우에는 말소일로부터 1년이내 양도하는 경우 중과에서 배제되니 유의해야 한다.

▣ 관련 법규

소득세법 제104조
소득세법 시행령 제155조, 제167의3, 제167의10

36 양도세 및 종부세 과세특례를 적용받는 장기임대주택을 보유하는 경우 임대료 상한 규정을 잘 숙지해야 한다

　2019.2.12. 세법개정으로 기존의 민간임대주택법에 규정하고 있었던 임대료 5% 이하 증액제한 요건을 소득세법상 장기임대주택에도 임대료 5% 이하 증액제한 요건을 추가하였다.

　따라서, 거주주택과 장기임대주택을 보유하고 거주주택을 양도하는 경우 비과세 특례 및 다주택자가 장기임대주택을 양도하는 경우 중과세율 배제 등 세제혜택을 부여하였는데 만약, 임대료 상한 규정을 위반하는 경우 기존에 감면받은 세액을 추징당하거나 종합부동산세 합산배제 대상에서 제외되어 기존의 세제혜택에서 배제될 수 있으니 정확한 규정을 숙지하고 준수 할 필요가 있다.

아래의 소득세법 상 장기임대주택은 거주주택 비과세특례, 다주택자 중과세율 배제 및 종합부동산세 합산배제 혜택을 부여하였으나 임대료 상한 규정(5%)을 위반하는 경우 세제혜택 배제됨

① 민간매입임대주택 1호 이상 임대(5년 이상 임대하고, 임대개시일 당시 기준시가 6억원 이하, '18.3.31.까지 사업자등록 등을 한 경우)

② 민간건설임대주택 2호 이상 임대(대지면적 298㎡이하, 주택 연면적 149㎡이하로 5년 이상 임대하거나 분양전환, 임대개시일 당시 기준시가 6억원 이하, '18.3.31.까지 사업자등록 등을 한 경우)

③ 장기일반민간매입임대주택 1호 이상 임대(10년 이상 임대하고, 임대개시일 당시 기준시가 6억원 이하, 2018.9.14. 이후 1세대 1주택 이상을 보유한 상태에서 새로 취득한 조정대상지역에 있는 장기일반민간임대주택은 제외)

※ 20.7.11.이후 등록한 아파트 장기일반민간매입임대주택 및 단기에서 장기일반으로 전환한 임대주택 제외

④ 장기일반민간건설임대주택 2호 이상 임대(대지면적 298㎡이하, 주택 연면적 149㎡이하로 10년 이상 임대하거나 분양전환하는 주택, 임대개시일 당시 기준시가 6억원 이하)

※ 20.7.11.이후 단기에서 장기일반으로 전환한 임대주택 제외

임대료 상한요건 적용방법

　임대계약 체결 또는 임대료 증액 후 1년 이내 재증액은 불가하며, 임대보증금과 월 임대료 전환은 아래와 같음.

◆ 보증금 ⇔ 임대료 전환시 임대료 인상률 산정방법
· 인상률 = [(갱신 후 환산보증금 - 기존환산보증금)/기존환산보증금] × 100
· 환산보증금 = 임대보증금 + (월임대료 × 12) / 2.5%[*1]

*1 : 과세기준일의 한국은행 기준금리(0.5%) + 주택임대차보호법 산정율(2.0%)

한국은행 기준금리 변동내역

변경일자	기준금리(%)
'20.05.28.	0.50
'20.03.17.	0.75
'19.10.16.	1.25

【합산배제 임대주택 임대료 상한 적용기준】

① 임대료 상한 규정은 '19.2.12.이후 표준임대차계약을 갱신하거나 새로 체결하는 분부터 적용하되, 동 시행일 이후 최초로 체결하는 표준임대차계약을 기준으로 적용하는 것이며, 다른 임대사업자가 이미 임대주택으로 등록한 주택을 취득하는 경우 양수인은 양도인 세제혜택과 과세요건 등을 승계하지 않는 것임.
② 임대보증금과 월임대료간 전환은 「민간임대주택법」 제44조 4항을 준용하는 것임.

【실무사례 1】

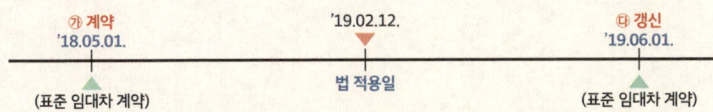

☞ ㉯ 임대차 계약 갱신은 '19.2.12. 이후 최초로 체결한 표준임대차계약이므로 5% 상한 여부적용 대상 제외
㉯ 이후 임대차계약 갱신 시 ㉯ 임대료를 기준으로 5% 초과여부 판단

【실무사례 2】

```
        '19.02.12.              ㉮ 계약              ㉯ 갱신
            ▼                 '19.04.01.           '20.04.01.
           법 적용일              ▲                    ▲
                          (표준 임대차 계약)      (표준 임대차 계약)
```

☞ ㉯ 임대차 계약 갱신 시 이미 '19.2.12. 이후 최초로 체결한 표준임대차계약(㉮)을 체결하였으므로 ㉮ 임대료를 기준으로 5% 초과여부 판단

■ 관련 법규
소득세법 시행령 제167의3, 민간임대주택법 제44조

제5장

재개발·재건축

37

투기과열 지구로 지정되면 재개발 재건축 조합원입주권은 전매가 금지될 수 있으니 취득 시 유의해야 한다

투기과열 지구로 지정되면 재건축 재개발 정비사업의 경우 규제가 강화된다.

일단, 재건축 사업의 경우 투기과열지구로 지정되면 재건축 조합원의 지위양도가 제한된다. 전매제한 금지시점이 조합설립인가 후부터 제한되므로 조합설립인가 이후 단계의 재건축 예정주택을 양수받은 자는 조합원 지위를 취득하는 경우 현금청산 대상이 될 수 있음에 유의해야 한다.

재개발 사업의 경우는 투기과열지구로 지정되면 '관리처분계획인가일 이후부터 소유권 이전 등기시'까지 조합원 분양권 전매가 금지된다. 재건축 사업과 재개발 사업은 전매 제한 금지 시점이 다름에 유의해야 한다.

다만, 부득이한 사유가 있는 조합원의 경우 예외적으로 조합원 지위 양도 및 전매가 가능하니 취득 시 반드시 관련 규정을 숙지하고 확인해야 추후 낭패를 보지 않는다.

조합원입주권 전매금지

구분	재개발 사업	재건축사업
전매제한 시점	관리처분계획인가 후	조합설립인가 후

도시정비법 제39조제2항

주택법에 따른 투기과열지구로 지정된 지역에서 재건축 사업을 시행하는 경우 조합 설립인가 후, 재개발사업을 시행하는 경우에는 관리처분 계획 인가 후 정비사업의 건축물 또는 토지를 양수(상속·이혼으로 인한 양수도 제외)한 자는 조합원이 될 수 없다.

조합원입주권 전매금지 예외

다만, 아래의 사유에 해당하는 경우 전매금지 예외사유에 해당되어 조합원 지위 양도가 가능하다.

도시정비법 제39조	도시정비법 시행령 제37조
① 세대원의 근무상 또는 생업상 사정, 질병치료·취학·결혼으로 세대원이 다른 시군으로 이전하는 경우 ② 상속으로 취득한 주택으로 세대원 전원이 이주 시 ③ 세대원 모두 해외로 이주하거나 세대원 모두 2년 이상 해외 체류 시 ④ 1세대1주택자로서 양도하는 주택이 10년 이상 보유하고 5년이상 거주한 주택인 경우	① 조합설립인가일부터 3년 이상 사업시행인가 신청이 없고 3년 이상 보유하고 사업시행인가 신청 전 양도 ② 사업시행인가일로부터 3년이내 미착공하고 3년 이상 보유하고 착공전에 양도하는 경우 ③ 착공일로부터 3년이상 준공되지 않는 재개발·재건축사업 토지를 3년 이상 보유하고 있는 경우 ④ 토지 등 소유자로부터 상속·이혼으로 인하여 토지 또는 건축물을 소유한자 ⑤ 재건축사업의 토지 또는 건축물이 경매·공매되는 경우 ⑥ 투기과열지구 지정 전 계약을 체결하고 과열지구 지정 후 60일이내 부동산 거래신고를 한 경우

저자 해설

투기과열지구로 지정된 재건축 예정 사업의 주택을 매수하는 경우, 사업단계가 조합설립인가 이후로는 조합원 지위 양도가 제한되므로, 1세대 1주택 물건인지? 10년 이상 보유하고 5년 이상 거주여부 등 전매제한 예외사유에 해당되는지 반드시 부동산 매매 계약 전에 확인해야 한다.

■ 관련 법규

도시및주거환경정비법 제39조
도시및주거환경정비법 시행령 제37조

38. 투기과열 지구 내 정비사업에서 당첨된 세대는 일반분양 뿐만 아니라 조합원 분양도 5년간 재당첨이 금지된다

2017.8.2. 부동산대책에서 투기과열지구 내 재건축·재개발 정비사업에 대한 분양권 재당첨 제한이 강화되었다.

종전에는 투기과열지구 내 정비사업 일반분양을 받은 경우에는 5년간 다른 정비사업의 일반분양분에 대해서만 당첨을 받을 수 없었다.

따라서, 조합원 분양분 등에 대한 재당첨 제한이 없어 조합을 다르게 하여 복수의 정비사업 예정주택 등을 취득하는 경우 조합원분양이 가능하였다.

그러나, 2018.2.9. 이후부터는 투기과열지구 내 정비사업 일반분양 또는 조합원 분양에 당첨된 세대에 속한 자는 5년간 투기과열지구 내의 정비사업 일반분양 또는 조합원 분양의 재당첨을 제한하였으니 재당첨이 제한돼 현금 청산받는 일이 없도록 유의해야 한다.

투기과열지구 내 정비사업 재당첨 제한

투기과열지구 내 정비사업에서 관리처분계획인가에 따른 분양을 받은 자(조합원 분양 및 일반분양) 및 그 세대원은 분양 대상자 선정일(관리처분계획인가일)로부터 5년간 투기과열지구에서 분양신청이 불가능하다.

투기과열지구 내 정비사업 일반분양 및 조합원 분양 당첨제한

旣 당첨(요건)	(5년內) 재당첨 대상(효과)	당초	→ 조정
① 정비사업 일반분양	정비사업 일반분양	X	X
② 정비사업 일반분양	조합원 분양	O	X
③ 조합원 분양	정비사업 일반분양	O	X
④ 조합원 분양	조합원 분양	O	X

① 정비사업 일반분양에 당첨된 세대에 속한 자는 5년간 정비사업 일반분양 당첨에 제한
② 정비사업 일반분양에 당첨된 세대에 속한 자는 5년간 법 시행일 이후 취득한 주택을 통한 조합원 분양분 당첨에 제한
③ 조합원 분양분 당첨된 세대에 속한 자는 5년간 정비사업 일반분양분 당첨에 제한
④ 조합원 분양분 당첨된 세대에 속한 자는 5년간 법 시행 이후 취득한 주택을 통한 조합원 분양분 당첨에 제한

적용 시기

법 시행(18.2.9.) 이후 정비사업 예정주택을 취득하여 조합원 분양을 받거나, 정비사업 일반분양에 당첨된 세대에 속한 자에게 적용함.

다만, 법 시행 전에 투기과열지구 내 주택을 소유하고 있더라도 다음의 ① 또는 ② 경우는 당해 주택의 조합원 분양이 제한됨.

① 법 개정 후 투기과열지구내 정비사업 일반분양을 먼저 받은 경우
② 법 개정 후 투기과열지구내 추가로 정비사업 예정주택을 취득하여 조합원 분양을 먼저 받은 경우

【실무사례】
· '16.8월 A 재건축아파트 취득(조합원 분양 전)
  → '18.2월 도시정비법 개정·시행 → '18.3월 B 재건축아파트 취득
  → '18.4월 B 재건축아파트 관리처분인가
  → '23.4월까지 A 재건축아파트 조합원 분양신청 불가

재당첨 제한 Q&A

① 관리처분계획인가를 받았으나 정비사업 일반분양에 당첨된 주택을 양수하는 경우에도 적용?
☞ 재당첨 제한규정이 적용되지 않음.

② 정비사업 일반분양 미분양분을 양수하는 경우에도 적용?
☞ 재당첨 제한규정이 적용되지 않음.

③ 관리처분계획인가 후 재분양 신청을 할 경우 적용?
☞ 재분양 신청은 중요한 변경에 해당하므로 재당첨 제한규정 적용

④ 주택법에 따른 일반분양을 받은 경우에도 적용?
☞ 재당첨 제한규정 적용되지 않음.

■ 관련 법규
도시및주거환경정비법 시행령 제72조

39 재개발·재건축 입주권을 취득하는 경우 주택 멸실 전·후에 따라 취득세 부담이 달라질 수 있다
(조합원 입주권 취득세)

관리처분계획인가일 이후에 재개발·재건축 입주권을 취득하는 경우 세법에서는 조합원입주권으로 보아 부동산을 취득할 수 있는 권리로 취급하지만 취득세에 있어서는 주택이 사실상 철거·멸실된 날을 기준으로 철거 전 이라면 주택으로 취득세를 과세하고 철거 후이면 조합원입주권으로 간주하여 토지분 취득세를 부과하고 있다.

따라서, 주택분 취득세율과 토지분 취득세율이 다르고 20.8.12.이후부터는 다주택자 취득세 중과규정이 신설되어 관련 규정을 잘 파악한 후 각자 본인의 상황에 맞게 취득시점을 선택하여 취득세 부담을 줄이는 것도 고려할 수 있다.

조합원입주권 취득세 관련 규정

주택이 사실상 철거·멸실된 날, 사실상 철거·멸실된 날을 알 수 없는 경우에는 공부상 철거·멸실된 날을 기준으로 주택 여부를 판단함.

멸실 전	멸실 후
주택세율 적용 (가액별 1.1 ~ 3.5% 적용)	조합원입주권(토지) 세율적용 (4.6% 적용)

유상취득세 등 세율 (1주택자 전제, 취득세 중과 미적용)

구분		취득세	농특세	지방교육세	합계
6억 이하 주택	85㎡ 이하	1.0%	비과세	0.1%	1.1%
	85㎡ 초과	1.0%	0.2%	0.1%	1.3%
6억 ~ 9억 주택	85㎡ 이하	1.01% ~ 2.99%	비과세	0.2%	1.21 ~ 3.19%
	85㎡ 초과		0.2%	0.2%	
9억초과 주택	85㎡ 이하	3.0%	비과세	0.3%	3.3%
	85㎡ 초과	3.0%	0.2%	0.3%	3.5%
주택 외	토지, 상가등	4.0%	0.2%	0.4%	4.6%

> **저자 해설**
>
> 1세대 1주택을 취득하는 경우로 주택을 멸실 전에 취득하는 것이 취득세 부담을 줄일 수 있다.(멸실 전 가액별 1.1 ~ 3.5%, 멸실 후 4.6% 적용)

다주택자가 조정대상지역에서 추가 취득 시

다주택자가 조정대상지역에서 주택을 추가 취득하는 경우 20.8.12.이후 취득하는 분부터 취득세율이 중과됨.

멸실 전	멸실 후
주택 중과세율 적용 (2주택 8%, 3주택 이상 12%)	조합원입주권(토지) 세율적용 (4.6% 적용)

개인의 주택 취득 적용 세율

구분	1주택	2주택	3주택	4주택
조정대상지역	1 ~ 3%	8%[*1]	12%	12%
비조정대상지역	1 ~ 3%	1 ~ 3%	8%	12%

[*1] : 일시적 2주택자는 1주택으로 보아 취득세 과세

☞ (적용례) ① 1주택 소유자가 非조정대상지역 주택 취득시 세율 : 1 ~ 3%
② 1주택 소유자가 조정대상지역 주택 취득시 세율 : 8%
③ 2주택 소유자가 非조정대상지역 주택 취득시 세율 : 8%

저자 해설

다주택자가 조정대상지역에 있는 조합원입주권을 취득하는 경우에는 주택멸실 후 토지상태에서 취득하는 것이 취득세 부담을 줄일 수 있다.

■ 관련 법규
지방소득세법 제11조
지방소득세법 제13조의2

40 조합원입주권은 다주택 중과가 적용되지 않지만 다른 주택을 양도하는 경우 주택수에 포함된다
(조합원 입주권 세법상 취급)

종전에 소유하고 있던 주택이 재개발·재건축 사업으로 인해 관리처분인가가 나면 관리처분계획인가일에 주택에서 조합원입주권인 부동산을 취득할 수 있는 권리로 변환된다.

따라서, 조합원입주권은 주택이 아니므로 조합원입주권 자체를 양도하는 경우에는 다주택자의 중과세율이 적용되지 않는다. 다만 다른 주택을 양도하는 경우에는 주택수에 포함되어 다주택자 중과세율을 적용한다.

또한, 기존에 종전주택을 보유한 1세대가 재개발·재건축사업으로 인해 관리처분계획인가일 후에 조합원입주권을 양도하는 경우 기존부동산 취득일부터 관리처분계획인가일까지만 장기보유특별공제를 적용해 주고, 부동산을 취득할 수 있는 권리상태인 관리처분인가일부터 조합원입주권 양도일까지 양도차익은 장기보유특별공제를 적용하지 않고 있음에 유의해야 한다.

조합원입주권 세법상 취급

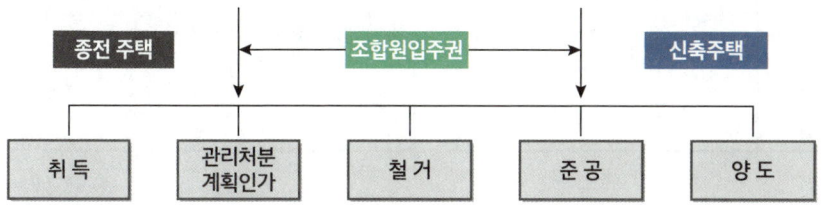

- 재개발·재건축 사업에 의해 관리처분계획인가일부터 준공일까지는 조합원입주권으로 취급하고 있다.
  - 반면, 종전주택을 취득해서 관리처분계획인가일까지, 준공되서 신축주택 양도일까지는 주택으로 취급하고 있다.
- 1세대 1주택 비과세와 다주택자 중과규정을 적용할 때에는 2006.1.1.이후부터 조합원 입주권을 주택 수에 포함하여 계산하고 있다.

주택과 조합원입주권 차이점

구분	주택	조합원입주권
1세대 1주택 비과세	적용가능	특례적용 가능
장기보유특별공제 적용	취득일 ~ 양도일까지	취득일 ~ 관리처분인가일
적용세율	기본세율 + 10%(21.6.1 ~ 20%) 기본세율 + 20%(21.6.1 ~ 30%)	일반세율
취득세 중과	다주택자 취득세 중과	주택멸실전 취득세 중과, 멸실후 취득세 중과안함

재개발·재건축 조합원입주권 양도차익 계산

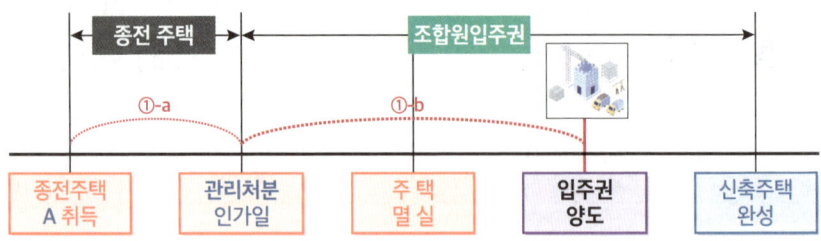

- 조합원입주권 양도차익 = 종전주택 양도차익(①-a) + 조합원입주권 양도차익(①-b)
  - 종전주택 양도차익(종전주택 취득일 ~ 관리처분 인가일) : 장기보유특별공제 적용
  - 조합원입주권 양도차익(관리처분 인가일 ~ 양도일) : 장기보유특별공제 미적용

【실무사례 : 종전주택을 취득하여 관리처분인가일 후 조합원입주권 양도】

· 구주택 취득('08년) 2억, 관리처분인가일('14년) 평가액 3억, 추가부담금 1억, 입주권 양도가액 6억('18년), (1세대 1주택 아님, 구주택 ~ 관리처분일 6년 전제)

구분	관리처분인가 전 양도차익	관리처분인가 후 양도차익	합계
양도가액	300,000,000	600,000,000	
취득가액	200,000,000	400,000,000 (평가액 3억 + 추가부담 1억)	
양도차익	100,000,000	200,000,000	
장기특별공제	12,000,000(6년*2%)	0원(미공제)	
과세표준	88,000,000	200,000,000	288,000,000
세율			38%
산출세액			90,040,000

▣ 저자 해설

종전주택을 취득한지 얼마되지 않아 관리처분인가가 나서 관리처분인가일 후 양도차익이 많은 경우 관리처분인가일 후 양도차익은 장기보유특별공제가 적용되지 않아 세부담이 많을 수 있으니 이런 경우 신축주택 준공 후 양도하는 것이 양도세 부담에서 유리할 수 있다.

▣ 관련 법규
소득세법 제88조
소득세법 시행령 제166조

41. 청산금을 지급받는 경우 종전 부동산의 양도로 소유권이전 고시일 다음날 기준으로 양도세 신고를 해야 한다
(청산금 개요)

재개발·재건축 사업을 진행하다보면 내가 종전에 가지고 있던 주택의 평가액이 신축주택 조합원 분양가보다 큰 경우 청산금을 지급받을 수 있다.

청산금도 종전 부동산의 일부를 정비조합에 양도하고 그 대가로 청산금을 받은 것이므로 부동산의 양도에 해당되어 양도소득세 신고납부 대상이다.

이 경우 청산금의 양도시기는 소유권이전고시일 다음날이므로 소유권이전고시일이 속한 달의 말일부터 2개월이내에 신고를 해야한다.

또한, 양도일(소유권이전고시일 다음날) 현재 다른 주택을 소유하고 있는 경우 다주택자 중과세율을 적용받을 수 있어 유의해야 한다.

청산금 개요

종전부동산의 권리가액이 조합원분양가보다 큰 경우 청산금이 발생한다.

- 권리가액(감정평가액 × 비례율) > 조합원분양가 : 청산금 발생
- 권리가액(감정평가액 × 비례율) ≤ 조합원분양가 : 불입 청산금 발생

청산금 개념(도시정비법 제89조1항)

대지 또는 건축물을 분양 받은 자가, 종전에 소유하고 있던 토지 또는 건축물의 가격과 분양받은 대지 또는 건축물의 가격 사이에 차이가 있는 경우 이전고시가 있은 후에 그 차액에 상당하는 금액을 징수 또는 지급

청산금 징수 또는 지급시기(도시정비법 제89조 1항, 2항)

- 원칙 : 조합이 이전고시 후 징수 또는 지급
- 예외 : 정관 규정 또는 총회의결로 관리처분계획인가일부터 이전고시일까지 분할 징수 또는 분할 지급 가능

청산금 양도시기

청산금(수령분)의 양도시기는 소유권이전고시일 다음날이며, 양도일 기준으로 다주택자 중과세율 적용여부를 판단함.

청산금 양도차익 계산

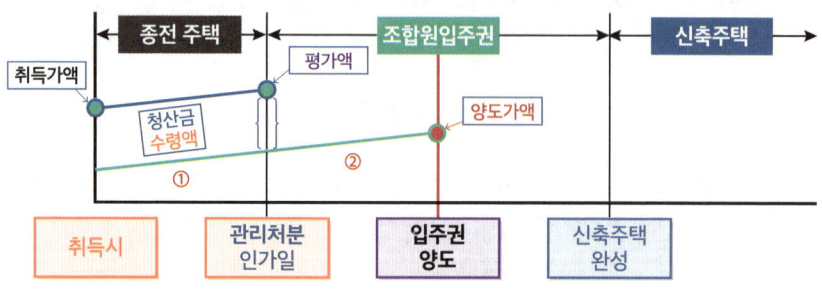

◆ 청산금 양도차익
청산금 수령액 − {(취득가액 + 기타필요경비) × (지급받은 청산금 ÷ 기존건물과 부수토지 평가)액}

【실무사례 : 청산금을 수령한 경우 청산금 양도차익】

· 구주택 취득가액('08년) 2억 (~ 구주택 취득부터 소유권이전고시일까지 6년 전제)

구분	기본세율	다주택 중과 (3주택 중과)	합계
양도가액	100,000,000	100,000,000	청산금 수령액
취득가액	50,000,000	50,000,000	2억×1억/4억
양도차익	50,000,000	50,000,000	
장기특별공제	6,000,000(6년*2%)	0원(장특공제 배제)	
과세표준	44,000,000	50,000,000	
세율	15%	35%	기본세율+20%
산출세액	5,520,000	14,320,000	

> **저자 해설**
> 청산금을 수령하는 경우 소유권이전고시일 다음날(양도시기)을 기준으로 다주택자를 판단하므로 양도시기 경과 후 주택을 취득하면 중과적용을 피할 수 있다.

■ 관련 법규
소득세법 시행령 제166조
소득세법 제104조

제6장
주택 등 증여

42 다주택자가 자녀에게 조정대상지역 내 주택을 증여하는 경우 기준시가가 3억원 이상이면 취득세 중과세율이 적용된다

부모가 자녀에게 주택을 증여하는 경우 지방세법에서는 무상취득으로 취득세율 3.5%를 적용하였다.

2020.7.10. 발표된 주택시장 안정화 보완대책에 따라 다주택자가 조정대상지역 내 주택을 증여하는 경우 취득세율을 12%로 중과 적용한다.

다만, 1세대 1주택자가 소유한 주택을 배우자 또는 직계존비속에게 증여하는 경우에는 제외한다.

다주택자 조정대상지역 내 주택 증여 취득세율 중과

· 조정대상지역 내에 공시가격 3억원 이상 주택을 증여하는 경우 증여받는 자가 내야하는 취득세율이 3.5%에서 12%로 인상된다.
 - 다만, 투기수요와 관계없는 1세대 1주택자가 배우자, 직계존비속에게 증여하는 경우 조정대상지역이라도 3.5% 적용된다.

현행		개정
3.5%	→	· 조정대상지역 내 3억원 이상 : 12% · 그 외 : 3.5%

※ 조정대상지역 공고일 이전에 주택에 대한 매매계약을 체결한 경우에는 조정대상지역으로 지정되기 전에 주택을 취득한 것으로 본다.

【실무사례 1】

- 다주택자(4주택 보유)가 보유주택 중 조정대상지역 내 부부 공동명의(지분 50:50)로 소유하고 있는 주택(공시가격 10억원)의 지분 일부(25%)를 자녀에게 증여하는 경우, 조정대상지역 내의 '공시가격 3억원 이상' 판단 기준
- ☞ 전체 주택가액이 3억원을 초과하므로 12%세율 적용

【실무사례 2】

- 3주택을 소유한 1세대 중 남편 A가 조정대상지역 내 '20.5.15. 공동주택 분양계약 체결한 후, '20.7.15. 해당 분양권의 50%를 배우자인 B에게 증여한 상태에서 '20.12.31. 준공으로 취득한 경우 적용세율은?
- ☞ A의 경우 종전 규정을 적용하므로 4%[1] 적용, B의 경우 개정 규정을 적용하므로 12% 세율을 중과함.

[1] : '20.7.10.이전에 주택 매매계약 체결하는 경우 종전규정 적용(4주택자인 경우 4% 세율)

■ 관련 법규
지방세법 제11조
지방세법 제13조의2

43 부담부 증여를 적절히 잘 활용하면 절세할 수 있지만, 오히려 세 부담이 커지는 경우도 있다
(부담부 증여 양도차익 계산)

부담부 증여란 증여자가 수증자에게 자산을 증여하면서 당해 재산에 담보된 증여자의 채무를 인계하는 계약을 말한다.

부담부증여 계약으로 증여자의 채무를 수증자가 인수하는 경우에는 증여가액 중 그 채무에 상당하는 부분이 유상으로 사실상 이전되는 것으로 보고 있다.

따라서, 수증자가 인수한 채무부담분은 증여자가 양도세 납세의무가 있으며 채무부담분을 제외한 무상이전부분에 대해 수증자는 증여세 납세의무가 있다.

만약, 1세대 1주택을 자녀에게 부담부 증여를 하는 경우 채무부담분에 대한 양도세는 과세되지 않아 부담부 증여가 단순 증여하는 것보다 유리할 수도 있지만 다주택자의 주택을 부담부 증여하는 경우 채무부담분에 대해 양도세 중과세율이 적용되기 때문에 양도세 부담이 커져 단순 증여하는 것이 절세측면에서 유리할 수 도 있어 반드시 전문가와 잘 상의해서 결정할 필요가 있다.

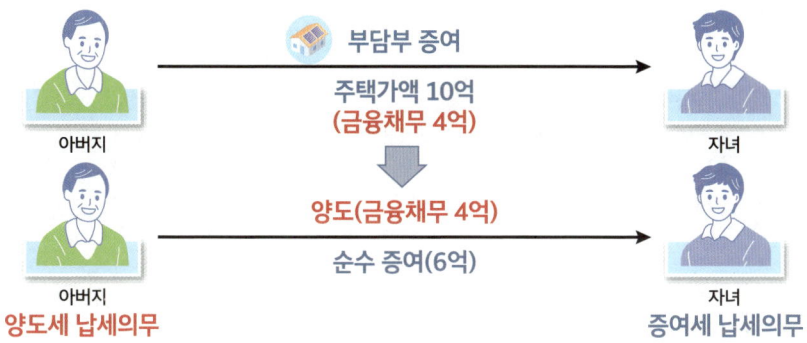

부담부증여 시 과세방법

증여재산 총액 = ① + ②

① 수증자가 인수한 채무부담분 → 유상양도로 보아 증여자는 양도세 납세의무가 있음.

② "①"외 부분 : 무상이전분 → 수증자는 증여세 납세의무가 있음.

부담부증여의 양도(은행채무)부분에 대한 양도차익 계산

부담부증여의 경우 양도로 보는 부분에 대한 양도차익을 계산할 때, 그 취득가액 및 양도가액은 다음에 계산에 따른다.

① 취득가액

> 취득가액 = A × (B / C)
> A : 증여자 취득시 가액(양도가액을 기준시가로 산정한 경우 취득가액도 기준시가)
> B : 채무액
> C : 증여가액

② 양도가액

양도가액 = A × (B / C)
A : 증여일 기준으로 상증법에 따라 평가한 가액
B : 채무액
C : 증여가액

【실무사례 1 : 배우자에게 부담부 증여 시】

· 일반 상가를 배우자에게 '20년에 증여 시(증여재산가액 10억원, 취득가액 2억원, 담보대출 5억원, 10년 보유 가정)

	일반 증여	부담부 증여 시		
		증여세	양도세	
증여재산가액	1,000,000,000	1,000,000,000	양도가액	500,000,000
채무인수액	0	500,000,000	취득가액	100,000,000 (2억×5억/10억)
증여과세가액	1,000,000,000	500,000,000	양도차익	400,000,000
증여공제	600,000,000	500,000,000	장특공제	80,000,000
과세표준	400,000,000	-	과세표준	320,000,000
세율	20%	-	산출세액	102,600,000
산출세액	70,000,000	-	증여+양도	102,600,000

☞ 부담부증여시 부담할 세액(양도세+증여세) 〉 단순 증여시 증여세

【실무사례 2 : 자녀에게 부담부 증여 시】

· 1세대가 보유한 1주택을 자녀에게 '20년에 증여 시(증여재산가액 10억원, 취득가액 2억원, 담보대출 5억원, 10년 보유가정)

일반 증여		부담부 증여 시			
		증여세		양도세	
증여재산가액	1,000,000,000	1,000,000,000		양도가액	500,000,000
채무인수액	0	500,000,000		취득가액	100,000,000 (2억×5억/10억)
증여과세가액	1,000,000,000	500,000,000		9억원초과 양도차익	40,000,000 (4억×(10-9)/10)
증여공제	50,000,000	50,000,000		장특공제	32,000,000
과세표준	950,000,000	450,000,000		과세표준	8,000,000
세율	30%	20%		산출세액	480,000
산출세액	195,000,000	80,000,000		증여+양도	80,480,000

☞ 부담부 증여 시 부담할 세액(양도세+증여세) 〈 단순 증여 시 증여세

저자 해설

국세청에서는 부담부 증여 시 수증자가 인수한 채무에 대해 전산 입력하여 사후관리하고 있으며, 사후관리대상 부채를 연 1회 이상 검증하고 있다. 수증자가 부채를 실제로 인수한 것인지를 확인하여 그 상환자금의 출처까지 확인하니 자금출처가 소명되는 수증자의 자금으로 부채를 상환해야 추후 증여세를 부담하지 않는다.

■ 관련 법규
소득세법 제88조
상속세 및 증여세법 제47조,
상속세 및 증여세법 시행령 제36조

44

증여세 기본구조를
알면 알수록 절세가 보인다
(증여세 세액계산)

 살다보면 자녀가 결혼할 때, 분가시키거나 또는 미성년자라도 교육상 경제관념을 심어 주기 위해 소액을 증여하여 주식을 저축하는 등 생활 속 증여가 종종 이뤄지곤 한다.
 사회 통념상 부양자의 생활비로 소비하거나 교육비 같은 경우 원칙적으로 증여세가 과세되지 않지만, 세법에서는 증여란 그 행위 또는 거래의 명칭·형식·목적 등과 관계없이 직접·간접적인 방법으로 타인에게 무상으로 유형·무형의 재산을 이전하거나 타인의 재산가치를 증가시키는 것으로 포괄적으로 정의하고 있다.
 증여세 계산의 기본구조를 이해하면 증여세 절세방법이 보인다.

증여세 세액계산 흐름

증여재산가액	· 국내외 모든 증여재산으로 증여일 현재의 시가로 평가
(-) 비과세 등	· 비과세 : 사회통념상 인정되는 피부양자의 생활비, 교육비 등
(-) 채무부담액	· 증여재산에 담보된 채무인수액(증여재산 관련 임대보증금)
(+) 증여재산가산액	· 해당 증여일 전 동일인으로부터 10년 이내에 증여받은 재산의 과세가액합계액이 1천만원 이상인 경우 그 가액을 가산 ☞ 동일인 : 증여자가 직계존속인 경우 그 배우자를 포함.
(-) 증여공제	<table><tr><th>증여자</th><th>배우자</th><th>직계존속</th><th>직계비속</th><th>기타친족</th></tr><tr><td>공제한도액</td><td>6억원</td><td>5천만원 (미성년자 2천만원)</td><td>5천만원</td><td>1천만원</td></tr></table>☞ 위 증여재산공제 한도는 10년간의 누계한도액임
증여세 과세표준	과세표준
세율	<table><tr><th>과세표준</th><th>1억원 이하</th><th>5억원 이하</th><th>10억원이하</th><th>30억원이하</th><th>30억원초과</th></tr><tr><td>세율</td><td>10%</td><td>20%</td><td>30%</td><td>40%</td><td>50%</td></tr><tr><td>누진공제액</td><td>없음</td><td>1천만원</td><td>6천만원</td><td>1억6천만원</td><td>4억6천만원</td></tr></table>
산출세액	· (증여세 과세표준 × 세율) - 누진공제액
(-) 세액공제	· 납부세액공제, 외국납부세액공제, 신고세액공제(3%)
납부할 세액	· 산출세액 - 세액공제

45. 증여한 재산을 3개월 이내 돌려받으면 증여세가 과세되지 않는다
(반환자산 증여세 과세)

증여한 재산을 반환 또는 재증여하는 경우 증여세 과세여부

증여받은 재산을 다시 증여자에게 반환하거나 재증여하는 경우에는 그 반환 또는 재증여한 시기에 따라 증여세 과세대상 여부가 달라진다.

반환 또는 재증여시기	당초 증여분	반환 또는 재증여
증여세 신고기한 이내	과세제외	과세제외
신고기한 경과 후 3월 이내	과세	과세제외
신고기한 경과 후 3월 후	과세	과세
금전(시기에 관계없음)	과세	과세

■ 금전증여 합의해제(헌재2013바117, 2015.12.23.)
금전은 소유와 점유가 분리되지 않아 그 반환여부나 반환시기를 객관적으로 확인하기 어렵고, 다양한 증여세 조세회피가 이루어질 수 있어 당사자간에 신고기한내 합의해제를 하더라도 증여세 부과는 합리적인 이유가 있음.

【실무사례 : 배우자에게 부담부 증여 시】

· 2020.4.1. 부동산을 아들에게 증여한 후, 2020.7.15.에 반환한 경우 증여세 과세여부?
☞ 당초 증여 및 반환 모두 증여로 보지 않음.

· 2020.4.1. 부동산(5억)을 아들에게 증여한 후, 2020.8.15.에 반환한 경우 증여세 과세여부?
☞ 당초 증여한 5억은 과세하고, 반환은 과세하지 않음.

■ 관련 법규
상속세및증여세법 제4조, 제68조

46 배우자 또는 자녀에게 주택 양도 시 원칙적으로 증여로 보지만 양도한 사실이 명백하면 양도로 본다
(배우자 등 양도 시 증여추정)

배우자 또는 직계존비속에게 부동산을 양도하는 경우 원칙적으로 양도자가 해당 자산을 양도한 때에 그 재산의 가액을 배우자 또는 직계존비속이 증여받은 것으로 추정한다.

말 그대로 추정이기 때문에 배우자 등에게 대가를 지급받고 양도한 사실이 명백히 인정되는 경우에는 증여추정을 적용하지 않는다.

따라서, 증여 추정을 적용받지 않으려면, 기존에 신고한 소득 또는 증여받은 재산으로 매매대금을 지급을 하였거나 배우자 등의 소유자산 처분한 금액으로 대가를 지급한 사실을 적극적으로 입증해야 한다.

배우자 등 양도한 재산의 증여추정

1) 증여추정의 배제(양도한 사실이 명백한 경우)
① 권리의 이전이나 행사에 등기·등록을 요하는 재산을 서로 교환하는 경우

② 해당 재산의 취득을 위하여 이미 과세(비과세·감면 포함)받았거나 신고한 소득금액 또는 상속재산 및 수증재산의 가액으로 그 대가를 지급한 사실이 입증되는 경우
③ 해당 재산의 취득을 위하여 소유재산을 처분한 금액으로 그 대가를 지급한 사실이 입증되는 경우

2) 증여시기 : 등기접수일(대금청산일 아님)

3) 증여추정가액

증여시기를 평가기준일로 하여 상속증여세법에 따라 평가한 가액을 기준으로 함.

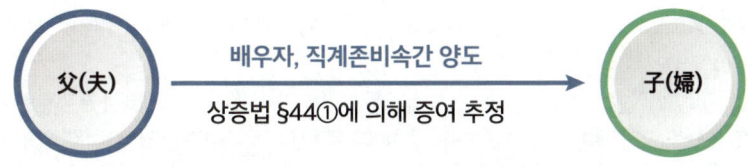

특수관계인이 개입된 양도 시 증여추정

특수관계인에게 양도한 재산을 그 특수관계인이 3년 이내에 당초 배우자 또는 직계존비속에게 양도한 경우 증여로 추정한다.
단, 양도자와 양수자의 소득세 결정세액이 증여추정으로 보아 계산한 증여세액보다 많은 경우에는 적용하지 않는다.

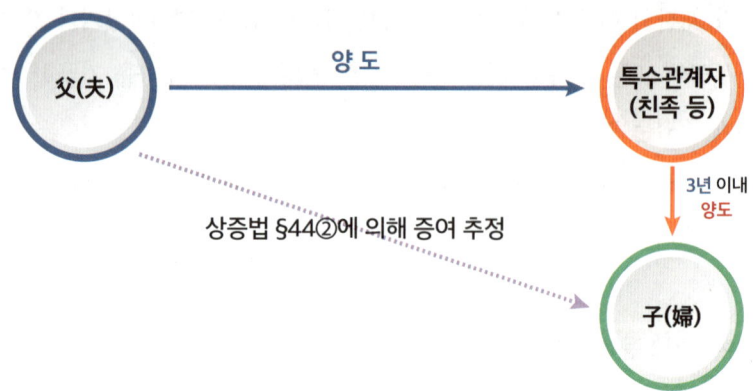

> **저자 해설**

배우자 또는 자녀에게 부동산을 양도하는 경우에는 원칙적으로 과세관청에서 증여로 추정하기 때문에 미리 자녀의 객관적인 취득자금으로 인정받을 수 있는 종전 부동산 양도대금, 급여액, 수증가액 등으로 대금을 지급하고 증빙을 갖춰놓아야 과세관청으로부터 증여추정을 배제받을 수 있음에 유의하자.

또한, 양도가액이 시가의 5% 이상(또는 시가와 대가의 차이가 3억원 이상) 초과하는 경우에는 부당행위계산이 적용되어 양도가액을 시가로 결정하니 매매사례가액, 감정가액을 활용하여 양도가액을 결정할 필요가 있다.

▣ 관련 법규
상속세및증여세법 제44조

제 7 장
LTV·DTI

47. LTV(담보인정비율), DTI(총부채상환비율) 등 주택담보대출에 적용되는 기준에 대해 기본적으로 알고 있자 (LTV, DTI 개념)

주택시장 안정화 관리방안을 보면 규제지역 내 주택담보대출을 제한하고 있다. 조정대상지역의 경우 9억원 이하 LTV 50%, 9억원 초과 LTV 30% 이하, DTI 50% 이하 등과 같이 주택 담보대출을 제한하고 투기 및 투기과열지구에서는 주택 담보대출을 더욱 엄격하게 제한하고 있다.

기본적으로 LTV(담보인정비율), DTI(총부채상환비율) 등 주택담보대출 기준을 정확히 알아야 주택 구입 시 본인 자금 및 은행채무 등 자금계획을 세울 수 있다.

LTV(Loan to Value, 담보인정비율)

주택을 담보로 돈을 빌릴 때 인정되는 자산가치의 비율, 은행에서 주택을 담보로 빌릴 수 있는 대출가능한도를 말하며 '담보인정비율', '주택담보인정비율'등으로 불린다.

※ 포털 검색창에 '부동산계산기'를 입력하면 LTV 금액 계산할 수 있다.

【실무사례 : 대출금액 5천만원, 담보가치 1.5억원, 임차보증금 3천만원, 선순위채권 1천만원 가정 시 주택구입을 위한 LTV 비율 계산은?】

· 대출금액 등 : 9천만원
   대출금 5천만원 + 소액보증금 3천만원 + 선순위채권 등 1천만원
· 담보가치 : 1.5억원
· LTV : 60%(대출금액 등 / 담보가치 × 100)

담보가치는 ① 감정평가업자의 감정평균액, ② 한국감정원 시세, ③ KB 부동산시세로 산정한다.

LTV 기준비율은 지역에 따라 다르며 40 ~ 70% 수준이며 투기지역·투기과열지구 소재 시가 15억원 초과 아파트에 대한 주택구입용 주택담보대출(임차보증금 반환목적 주택담보대출 포함)을 금지하고 있다.

DTI(Dept to Income, 총부채상환비율)

돈을 빌리는 사람이 자신의 소득에 비해 얼마나 많은 원금과 이자를 상환하는가의 비율을 말한다. 총소득에서 부채의 연간 원리금 상환액이 차지하는 비율이다. 추후 상환 능력을 소득으로 따져 대출 한도를 정하는 것이다.

※ 포털 검색창에 '부동산계산기'를 입력하면 DTI 금액 계산할 수 있다.

【실무사례 : 대출금액 3.5억원, 연소득 7천만원, 기타부채 1천만원, 대출기간 10년(120개월), 은행권 가중평균금리 4% 가정 시 주택구입을 위한 DTI 비율은?】

· 연 원리금 상환액 : 49백만원
 (원금 3.5억원 + 총 이자 1.4억원[*1]) / 대출기간(120) × 12
[*1] : 총이자 1.4억원 (3.5억 × 4% × 120)/12
· 기타부채 연이자 상환액 : 400,000원
 (기타부채금액 1천만원 × 이율 / 대출기간(120) × 12)
· DTI : 70.57% (본건원리금상환액 + 기타부채이자상환액)/연소득 × 100

DSR(Debt Service Ratio, 총부채원리금상환비율)

연간 소득대비 대출원리금 상환액이 차지하는 비율, 차주가 전 금융회사에 보유하고 있는 모든 대출의 원리금 상환부담을 보여주는 지표임
DSR = (주택대출 연간 원리금상환액 + 기타대출 연간 원리금상환액) / 연간소득
※ 주택담보대출 뿐만 아니라 신용대출가 카드론, 자동차 할부금 등 차주의 모든 금융권 대출 원리금 상환규모를 파악해 대출여부를 결정하기 때문에 대출받기 어려움

> **48** 조정대상지역 주택담보대출에 대한 LTV 비율을 50% 이내로 적용하고 9억원 초과부분은 30% 이내로 제한하였다

2020.2.20. 「투기수요 차단을 통한 주택시장 안정적 관리 기조강화」와 관련하여 가계 주택담보대출 및 사업자대출에 대한 LTV 규제가 강화되었다.

아울러, 조정대상지역 내 주택담보대출을 시가 9억원 초과주택에 대해 9억원 이하분은 LTV 50%, 9억원 초과분은 LTV 30%로 제한하는 등 추가로 강화하였다.

또한, 조정대상지역 소재의 주택을 구입하기 위한 목적으로 주택담보대출을 받은 기업에 대해 주택담보대출을 금지하였다.

조정대상지역 가계 주택담보대출 LTV 규제 강화

1) 적용대상
 - 조정대상지역 소재의 주택을 담보로 대출을 받는 가계 및 기업에 적용
 - 전 금융권(새마을금고 포함) 가계대출과, 개인사업자 또는 법인사업자로서 주택임대업·주택매매업 대출을 받는 경우

2) 규제내용

- 조정대상지역 소재 주택을 담보로 대출을 받는 경우 LTV 비율을 50% 이내로 적용

시가 9억원 초과 주택에 대한 담보대출 LTV 추가 강화

1) 적용대상

- 조정대상지역 소재의 고가주택[*1]을 담보로 대출을 받는 가계 및 기업에 적용

[*1] : ① 감정평가액, ② 한국감정원 시세, ③ KB 부동산 시세 적용

- 전 금융권(새마을금고 포함) 가계대출과, 개인사업자 또는 법인사업자로서 주택임대업·주택매매업 대출을 받는 경우

2) 규제내용

- 조정대상지역 소재의 고가주택 주택담보대출시 주택가격 구간별 LTV 규제비율 차등 적용

주택가격 구간	적용
9억원 이하분	LTV 50%
9억원 초과분	LTV 30%

주택구입목적 사업자 대출에 대한 관리 강화

1) 적용대상

- 조정대상지역 소재의 주택을 구입하기 위한 목적으로 주택담보대출을 받은 기업(주택임대업·주택매매업 제외)에 적용
- 전 금융권(새마을금고 포함) 개인사업자 또는 법인 사업자로 주택임대업·주택매매업외 업종 영위 사업자

2) 규제내용
- 조정대상지역 소재 주택 구입목적 주택담보대출 취급 금지

주택담보대출의 실수요 요건 강화

1) 적용대상
- 투기지역·투기과열지구 및 조정대상지역 소재 주택구입을 목적으로 주택담보대출을 받은 전 금융권(새마을금고 포함) 가계 차주

2) 규제내용
- (개선) 1주택 세대의 주택 구입에 대해서는 6개월 내 처분 및 전입 의무를 부여하고, 무주택 세대의 주택구입에 대해서는 6개월 내 전입의무 부여

구분	투기지역·투기과열지구·조정대상지역
무주택자	6개월 이내 전입
1주택자	6개월 이내 처분 및 전입

※ '20.7.1.부터 시행됨.
- (종전) 1주택 세대의 주택 구입에 대해서는 2년 내 처분 및 전입 의무를 부여하고, 무주택 세대의 주택구입에 대해서는 2년 내 전입의무 부여

구분	투기지역·투기과열지구	조정대상지역
무주택자	시가 9억원 초과 주택구입시 1년내 전입 의무	2년내 전입 의무
1주택자	1년내 기존주택 처분 및 신규주택 전입의무	2년내 기존주택 처분 및 신규주택 전입의무

저자 해설

종전주택이 조정대상지역에 있는 상태에서 조정대상지역에 있는 신규주택을 취득하는 경우 신규주택 취득한 날로부터 1년이내 이사 및 전입, 1년이내 양도해야 일시적 2주택 비과세 특례를 받을 수 있는 반면, 강화된 주택담보대출 사후요건은 6개월 이내 처분 및 전입요건으로 사전에 준비를 철저히 할 필요가 있다.

> **49** 투기지역·투기과열지역의 주택담보대출에 대한 LTV 비율을 40% 이내로 적용하고 9억원 초과 부분은 20% 이내로 제한하였다

    투기지역·투기과열지역의 주택담보대출에 대한 LTV 비율은 9억이하분은 40% 이내로 적용하고, 9억 초과분은 20% 이내로 제한하였다.
    아울러, 시가 15억원이상의 고가아파트에 대해서는 주택담보대출이 불가능해 졌으며, 초고가주택을 담보로 임차보증금 반환목적으로 대출을 신청하는 경우도 담보대출이 제한된다.
    따라서, 투기지역 또는 투기과열지역에서 주택담보대출을 통해 주택을 매수할 계획이 있는 경우 대출가능금액과 담보대출 후 종전주택 처분기한 및 전입요건 등 사후관리요건을 충분히 숙지한 후 자금계획을 세워야 한다.

투기지역·투기과열지역 고가주택에 대한 주택담보대출 제한

1) 적용대상
    - 투기지역·투기과열지구의 초고가주택을 구입하기 위한 목적으로 주택을 담보한 대출을 받은 가계 및 기업에 적용

2) 규제내용
- 투기지역·투기과열지구의 초고가주택을 구입하기 위한 목적으로 주택담보대출 제한
- 초고가주택을 담보로 임차보증금 반환목적 대출도 제한

시가 9억원 초과 주택에 대한 담보대출 LTV 추가 강화

1) 적용대상
- 투기지역·투기과열지구 소재의 고가주택을 담보로 대출을 받는 가계 및 기업에 적용

※ ① 감정평가액, ② 한국감정원 시세, ③ KB 부동산 시세 적용

- 전 금융권(새마을금고 포함) 가계대출과, 개인사업자 또는 법인사업자로서 주택임대업·주택매매업 대출을 받는 경우

2) 규제내용
- 조정대상지역 소재의 고가주택 주택담보대출시 주택가격 구간별 LTV 규제비율 차등 적용

주택가격 구간	적용
9억원 이하분	LTV 40%
9억원 초과분	LTV 20%

주택구입목적 사업자대출에 대한 관리 강화

1) 적용대상

- 투기지역·투기과열지구 소재의 주택을 구입하기 위한 목적으로 주택담보대출을 받은 기업(주택임대업·주택매매업 제외)에 적용
- 전 금융권(새마을금고 포함) 개인사업자 또는 법인 사업자로 주택임대업·주택매매업외 업종 영위 사업자

2) 규제내용
- 조정대상지역 소재 주택 구입목적 주택담보대출 취급 금지

주택담보대출의 실수요 요건 강화

1) 적용대상
- 투기지역·투기과열지구 및 조정대상지역 소재 주택구입을 목적으로 주택담보대출을 받은 전 금융권(새마을금고 포함) 가계 차주

2) 규제내용
- (개선) 1주택 세대의 주택 구입에 대해서는 6개월내 처분 및 전입 의무를 부여하고, 무주택세대의 주택구입에 대해서는 6개월내 전입의무 부여

구분	투기지역·투기과열지구·조정대상지역
무주택자	6개월 이내 전입
1주택자	6개월 이내 처분 및 전입

※ 20.7.1.부터 시행됨.

> **저자 해설**
>
> 부부합산 연소득 8천만원 이하인 경우 무주택자로서 투기지역·투기과열지구에서는 주택가격 6억원이하, 조정대상지역에서는 5억원 이하인 경우 LTV·DTI 기준을 10% 우대하여 적용한다.('20.7.13.부터 시행)

차주 유형별, 목적별 주택담보대출 LTV 규제 현황('20.3.2. 기준)

구분		목적	아파트 가격	규제지역			비규제 지역
				투기지역	투기과열 지구	조정대상 지역	
가계대출		아파트 구입용	15억원 초과	0%	0%	50%/30%	70%
			9억원 초과 15억원 이하	40%/20%	40%/20%	50%/30%	
			9억원 이하	40%	40%	50%	
		아파트 구입 이외	9억원 초과	40%/20%	40%/20%	50%/30%	
			9억원 이하	40%	40%	50%	
기업 대출	주택 임대업 주택 매매업	아파트 구입용	15억원 초과	0%	0%	50%/30%	규제 없음
			9억원 초과 15억원 이하	40%/20%	40%/20%	50%/30%	
			9억원 이하	40%	40%	50%	
		아파트 구입 이외	9억원 초과	40%/20%	40%/20%	50%/30%	
			9억원 이하	40%	40%	50%	
	기타 업종	주택구입용		0%	0%	0%	
		주택 구입 이외		규제 없음			

반나절 만에 한 권으로 끝내는
주식투자와
주택세금 가이드

초판발행 2021년 5월 10일

저　　자　최일환·이종준

발 행 인　이　은
발 행 처　도서출판 심유
주　　소　인천광역시 연수구 컨벤시아대로 274번길 55

전　　화　032-833-4261
등　　록　2021년 3월 18일 제 2021-000018호
ISBN　979-11-974340-1-3

정　　가　**19,000원**

디자인·편집·인쇄　태진애드컴(02-2266-3530)

저자협의
인지생략

· 이 책은 저작권법에 따라 보호받는 저작물이므로 무단전재와 무단복제를 금합니다.
· 이 책 내용의 전부 또는 일부를 이용하려면 반드시 저자와 도서출판 심유의 서면동의를 받아야 합니다.
· 잘못된 책은 구입하신 곳에서 바꾸어 드립니다.